Rolf Michael Böttcher

Notizen über Notizen

Nachlesen von und Gedanken zu

Texten von Klaus Heinrich

Herstellung und Verlag:
BoD – Books on Demand, Norderstedt, 2021
ISBN 9783752686654

Für

Elisabeth

als Dank nun fast ein Jahrzehnt meines Lebens mit mir zu teilen

&

meine Mutter

die mir den Heinrichband zu Weihnachten schenkte

&

Jürgen Jacobi

der mich einst auf Klaus Heinrich hinwies

Vorbemerkung

Die folgenden kurzen Notizen stehen im Zeichen von Klaus Heinrichs Denken und nehmen dabei Bezug auf drei seiner Texte, die kurz nach seinem Ableben in „Reden und kleine Schriften. Neue Folge 1" gemeinsam vorgelegt wurden. Alle drei waren bereits zuvor an verschiedenen Orten erschienen. Ihre Zusammenstellung ist jedoch nicht willkürlich, sondern aus ihrem Bezug aufeinander bedingt. Die Lektüre dieser drei Texte Heinrichs – erschienen im Ça ira Verlag - wird daher als unabdingbar vorausgesetzt. Sie werden im Folgenden summiert und an ihnen entlang der Versuch unternommen, das Gemeinte zu verdeutlichen (auch um es selbst zu verstehen) und eigene Einschätzungen, Auslegungen und Vorschläge daran anzufügen. Zudem werden Linien gezogen zu oft scheinbar weit entfernten Themenkomplexen und Problemen in Vergangenheit wie Gegenwart, die demonstrieren sollen, wie weithin Heinrichs Gedanken zu reichen vermögen. Im Grunde gibt der folgende Text daher nur eine Leseerfahrung wieder, Gedankengänge, wie sie im Zuge der Lektüre des Heinrichbandes sich beim Autor einstellten. Wenn sie demjenigen, der noch nicht mit Heinrichs Denken vertraut ist eine Hilfestellung geben oder dem mit diesem Denken Vertrauten vielleicht die eine oder andere Fragestellung eröffnen, haben sie ihren Zweck mehr als erfüllt. Keineswegs sollen sie jedoch als Festlegungen verstanden werden, sondern immer nur als Möglichkeiten und Vorschläge, sowohl bei dem wie Heinrichs Äußerungen zu verstehen sein könnten, als auch was die Anknüpfungen an diese betrifft. Freuen würde es mich, wenn solches Verfahren als Hommage an den großen Denker Klaus Heinrich - auch von ihm selbst im von Platon angeregten Jenseitsgespräch der Denkenden, das er zu führen sicher nicht unterlassen und in dem er hochwillkommen sein wird – verstanden würde.

Rolf Böttcher
Bremerhaven / Berlin, Januar 2021

I

Notizen zu

wie eine religion der anderen die wahrheit wegnimmt.
Notizen über das Unbehagen bei der Lektüre des Johannes-Evangeliums

In: Reden und kleine Schriften. Neue Folge 1

Ça ira Verlag Freiburg, 2020

> *„Wenn, wie die Weisen unserer Zeit meinen,*
> *die Liebe, die man empfängt gleich (groß) der Liebe ist, die man gibt,*
> *so könnte es sein, dass dies auch auf anderes wie die Lüge und den Hass zutrifft.“*
> (Veraunir, 2021)

> *„I live on a street named after a Saint*
> *Women in the churches wear powder and paint*
> *Where the Jews and Catholics and the Muslim all pray*
> *I can tell they're praying from a mile away.“*
> (Bob Dylan, 2020)

Vor wenigen Wochen, am 23. 11. 2020, verstarb Klaus Heinrich. Ich hatte das Glück ihn während meiner Studienzeit in Berlin in den 1980er Jahren erleben zu dürfen, und er wurde, wie hätte es anders sein können, nach Jacob Taubes und Peter Furth, eine, wenn auch die am weitest entfernteste, meiner geistigen Adressen, an die ich mich noch heute, inzwischen selbst im höheren Alter, immer noch wende und von denen ich immer noch zu lernen oder Anregungen zu empfangen vermag.[1] Seiner Bedeutung gemäß sind in den vergangenen Tagen zahlreiche Reden auf Heinrich gehalten, viele Artikel geschrieben worden. Ich selbst möchte ihm mit den folgenden Überlegungen meine Referenz erweisen, die zunächst an den Haupttext seiner „Reden und kleine Schriften. Neue Folge 1" anknüpfen, welcher als letzter Text noch von ihm selbst redigiert wurde. Als Notizen über Notizen könnte man diesen Gang entlang am Text von Klaus Heinrich vielleicht bezeichnen, die diesen zum einen summieren, zugleich aber auch mit Bemerkungen und Einwänden zu befragen versuchen. Im gleichen Sinne sollen anschließend die beiden anderen Texte des genannten Heinrichbandes behandelt werden, allerdings mit dem Zusatz nun auch auf ihren Bezug untereinander hinzuweisen. Und nicht zuletzt, zumeist in den Fußnotenexkursen, werden Linien gezogen, die andeuten könnten, wie weit das von Heinrich Angedachte zu reichen vermochte, ohne dass dies von ihm selbst angesprochen und bei manchem wohl auch nicht initiiert war und nur vom Autor dorthin getragen wurde. Ob zu Recht oder Unrecht sei dahingestellt. Am Ende kamen daher auch in diesem Sinne Notizen über Notizen zustande. Nicht mehr, nicht weniger.

Klaus Heinrichs Auslegung des vierten Evangeliums ist summiert in etwa folgende: Im Johannes-Evangelium wird gezielt die Position Gottes durch die Person Jesus Christus ersetzt. Dies geschieht durch Wegnahme und Übertragung der Gottesprädikate, insbesondere Wahrheit und Gnade, aber auch

---

[1] Gemeint sind natürlich Einflüsse und Prägungen, die ich durch Personen erfuhr, welche ich aus der Nähe erleben durfte, also keine Prägungen wie sie rein durch Schriften oder andere Werke zustande kamen, wo noch andere Namen zu nennen wären.

durch die Einführung des Geistbegriffes. Vollzogen wird dies auf einer spekulativen zeitlichen Grundlage, die die Gegenwart in die Vergangenheit setzt, um so aus dieser sich begründen zu können und auf Dauer zu halten, und zwar sowohl in die Vergangenheit als auch in die Zukunft hinein.[2] Anders gesagt: der Gott des Alten Testaments (AT) wird als latenter Christus, der sich ankündigt, aber erst im Neuen Testament (NT) sich offenbart und manifest wird, bestimmt, was zugleich Christus zum wahren und einzigen Gott, also auch zum Gott des AT werden lässt. Es ist die eigentliche Initialzündung[3] der Präfiguration, der Typologie als Zug christlicher Auslegung des AT.[4]

---

[2] Ausführlich siehe Friederike Kunath. Die Präexistenz Jesu im Johannesevangelium. Struktur und Theologie eines johanneischen Motivs. Berlin 2016

[3] Die erste findet sich wohl bei Paulus (Römer 5, 14), wenn er in Adam das Bild Jesu erblickt. *„Adam, welcher ist ein Bild deß, der zukünftig war."* Nimmt man dies zusammen mit 1 Moses (Genesis) 1, 27 *„Und Gott schuf den Menschen zu seinem Bilde"* dann hat man bereits hier das Ineinander von Gott und Christus.

Auch dies aber eine durchaus zweischneidige Stelle, denn damit ließe sich spielerisch nicht nur das hier behandelte Thema der Übernahme des AT durch das NT, die Umwandlung des „alten" Gottes in den „neuen" Gott, die Wegnahme der Wahrheit herbeizitieren, sondern, woran Paulus selbst niemals gedacht hätte, auch eine Säkularisierung, eine Verweltlichung, in der der Mensch (Adam) zu Gott wird, an seine Stelle tritt, wie es bis heute an Versuchen daran nicht gemangelt hat. Also eine Umkehr der Situation. Ob mit gutem oder katastrophalem Ausgang ist umstritten.

[4] Eine Auslegung, die zugleich das Verhältnis der beiden Religionen aus christlicher Perspektive wiedergibt, aber eben auch nur aus christlicher. Eine Auslegung, die das AT nicht als Quelle des NT versteht und keine, die eine geschichtliche Betrachtung von Religion grundlegt, wie Rudolf Bultmann bemerkt hat (Glauben und Verstehen Bd. 1. Abschnitt: Die Bedeutung des Alten Testaments für den christlichen Glauben. Tübingen 1966, S. 313), sondern eine Auslegung, die das AT als Voraussage dessen versteht, was im NT erfüllt wird, das neue im alten aufgehoben findet, um das Alte damit ins Neue zu bringen sowie das Alte seiner eigenen Gestalt zu entleeren und durch die des Neuen zu ersetzen. Man muss sehen, dass das AT in dieser Lesart erst dann Sinn bekommt, wenn es auf das Christusgeschehen des NT hin gelesen wird, ansonsten (dem Christen) aber sinnlos bleibt.

Aber diese Praxis der Auslegung bleibt nicht auf den biblischen Text beschränkt, sondern geht über diesen hinaus, in die theologisch getriebene politisch-geschichtliche Sphäre hinein, mit fatalen Folgen für das Judentum, aber nicht nur für dieses.[5] Wenn der Gott des AT in seiner eigentlichen

---

Radikal geschieht dies natürlich in Marcion, der das AT vollkommen verwirft und als für (das Heilsgeschehen) sinnlos erklärt. Eine Radikalität, die die Theologie des Christentums aber nicht erträgt, da diese es von den eigenen Wurzeln abschneiden würde, und, auch Heinrich weist darauf hin, nicht im Johannes-Evangelium zu finden ist. Heinrich fragt zum Ende seines Textes aber, ob dieses Zurückhaltende nicht sogar noch fatalere Folgen, und zwar theologische wie historisch konkrete, gehabt haben könnte (siehe Abschnitt IX).

Mit Johannes und Marcion liegen aber deutlich zwei Haltungen vor, die bis heute als Alternativen zum AT angesehen und eingenommen werden. Für die eine ist das AT normativer Teil der Bibel und als solcher in präfigurativer, christologischer Perspektive zu lesen. Das Tetragramm JHWA steht hier ganz für Jesus Christus, von dem alles im AT Zeugnis gibt. Für die andere Haltung ist das AT die Hebräische Bibel und nur die Hebräische Bibel, welche als solche für Israel gelten mag, den Christen aber ein fremdes Dokument bleiben muss, das für sie weitgehend belanglos, radikal marcionitisch gedacht sogar abzulehnen ist. Dass diese Alternativen als Alternativlosigkeit zu überwinden sind, ist bis heute eine wichtige theologische Aufgabe, jedenfalls für jenseits dieser beiden stehende Haltungen. Tertium datur!

[5] *Fußnotenexkurs 1*: Um die Brisanz und Reichweite der Thematik von Heinrichs Gedanken anzudeuten, seien einige Schneisen in die Kirchen- und Weltgeschichte geschlagen. Da Christus der Erlöser und zwar der alleinige ist, kann es außerhalb des Bekenntnisses zu ihm, also außerhalb des Christentums, das in seiner legitimen Form durch die Kirche vertreten wird, keine Erlösung geben. Alle vorchristlichen wie alle heidnischen und ungetauften Menschen verfallen der Verdammnis, etwas, was noch Dante und viele andere um- und antreibt, die „Gerechten" der Antike in irgendeiner Weise abzusichern. Etwas auch, was lange Zeit in Bezug auf den Kindstod bei der Geburt ein kirchliches Problem darstellte, das zuerst in der Auseinandersetzung mit Pelagius auftrat und zu dessen Lösung später extra der Limbus, aufgeteilt in „Limbus patrum" und „Limbus puerorum", erfunden wurde. Vor der Taufe gestorbene Kinder, die die Synode in Karthago 418 n. Chr. unter der Leitung von Augustinus noch der Verdammnis preisgegeben hatte, sowie die gerechten Geister der Antike sind hier angesiedelt. Beiden ist, da sie durch das Fehlen der Taufe nicht ins Christentum und in den Gnadenbereich Jesus Christus, der die Ursünde von ihnen genommen hätte, eingetreten sind, verwehrt ins Paradies aufzusteigen, zugleich sind sie, mangels anderer Sünden, aber auch nicht dazu verdammt die Hölle zu bevölkern.

Etwas, was, wie gerade erwähnt, die Synode 418 n. Chr. unter Augustinus noch anders sah, da beide, wenn auch individuell sündenfrei, dennoch der Erbsünde unterlagen. Dies hängt mit der Rolle zusammen, welche diese in der Gnadenlehre des Augustinus spielt. Dazu weiter unten.

Als Dante und Vergil den ersten Rang des Infernos betreten, betreten sie also den Limbus, die Region, in der normalerweise Vergil sein Totendasein fristet. Es ist ein seltsamer Zwischen- und Leidenszustand, der hier besteht. Vergil bemerkt in der „Göttlichen Komödie" über diese Seelen: *„zwar sündigten sie nicht, doch ihr Verdienst genügt nicht, weil die Taufe ihnen fehlt, die erst den Zugang schafft zu eurem Glauben. Und, so sie vor dem Christentum schon lebten, verehrten sie noch nicht genug den Herrn. Zu diesen Mangelnden gehör auch ich. Durch solchen Fehl und keine weitre Schuld sind wir verloren, unser ganzes Leid ist: hoffnungslos in Sehnsucht leben müssen"*. (Dante. Göttliche Komödie. Inferno, 4. Gesang. Gütersloh o. J.)

In dieser Passage wird die Wichtigkeit der Taufe und damit die Machtstellung der Kirche deutlich, deren eindrucksvolles Machtinstrument eben das Sakrament der Taufe ist. Es wird deutlich, wie sehr das Johannes-Evangelium gewirkt hat, wenn es die Gottesprädikate und damit die Gottgestalt auf Jesus überträgt. Denn Dante spricht hier ganz natürlich und ohne Bedenken davon, dass die vor Christi Geburt Lebenden den Herrn noch nicht genug verehrt hätten, was ja nichts anderes heißt, als dass Christus der Herr, also Gott ist.

Was den Limbus betrifft, so wurde er seit der Mitte des 20. Jahrhunderts als Jenseitsregion von der Kirche zusehend in Frage gestellt und 2007 durch die Verlautbarung Benedikt XVI., dass der Begriff keine theologische Bestätigung mehr erhielte, im Grunde abgeschafft, wenn auch als ältere theologische Lehrmeinung nicht verboten. Aber auch zuvor gab es trotz Erwähnung keine dogmatische Festlegung durch das Lehramt und der Begriff ging nie in den Katechismus ein.

Wie auch immer, um das Erlösungswerk Christi fortzusetzen bedarf es, wo Erlösung nur über Christus zu finden ist, bis zu dessen Wiederkunft eines irdischen Stellvertreters, es bedarf also der Institution der Kirche. Hier ist schon der Gedanke absehbar, dass auch die Kirche sich mit Christi Wiederkunft auflösen wird, wie er sich dann später bei Joachim von Fiore findet, und der solche Figuren wie den (oder das) Katechon virulent werden lässt oder die Rede von Dostojewskis Großinquisitor bestimmt, welche die Wiederkunft, d.h. das Ende aufzuschieben gedenken. Bis zur Wiederkunft aber agiert die Kirche als Verkörperung Christi als dessen Stellvertreter, wird zum Gottesstaat auf Erden, zum Reich der Gnade, zur sichtbaren Gestalt Gottes bzw. Christi in der Welt. Dies legitimiert (neben dem Anspruch auf die Tradition der Weitergabe der Apostellehre) die sichtbare Kirche (als Institution) gegen die unsichtbare Kirche der Mystik (der Kirche des Herzens). Sie allein versteht sich als die einzig rechtmäßige Stellvertreterin Christi auf Erden und, da niemand zum Vater denn der Sohn kommt (Joh. 14, 6), auch als einzige Vermittlerin zu Gott.

Da es das Heil für den Menschen nur in und durch Christus geben kann, kann es dies auch nur durch und in der Kirche. Konkret bedarf es, um durch die Tore des Gottesreiches einzutreten, der Taufe und diese ist, wie erwähnt, „das" Sakrament der Kirche. Alles was außen von ihr und ihrem Dogma verbleibt ist daher verdammt und bleibt unerlöst. Von hierher wird verständlich, warum der Limbus keine Aufnahme in den Katechismus findet. All dies aber wäre ohne das Johannes-Evangelium schwer möglich gewesen, zumindest hat dieses in erheblichem Maße dazu beigetragen. Im Johannes-Evangelium wird angelegt, was von Augustinus beendet wird. Im Johannes-Evangelium geht es daher auch um den Geburtsmoment der Kirche. Und deren Verhalten im nationalsozialistischen Dritten Reich (als Terminus möglicherweise über Arthur Moeller van den Bruck auf Joachim von Fiore zurückgehend) war für Heinrich ja indirekter Anlass seiner Überlegungen.

Der Alleinvertretungsanspruch der Kirche erfüllt das ganze MA. Aber das ist noch nicht alles. Die Kirche als mit der alleinigen Macht der Sündenvergebung versehene Instanz, welche allein den Eingang zum Heil und zum Reich Gottes für den Menschen öffnen oder fördern kann, steht somit auch in der Forderung, eine einzige, alle Christen umfassende Kirche, also katholisch zu sein. In solchem Verständnis kann sie keine Abspaltung neben sich anerkennen oder auch nur dulden und ist zudem zur Mission, zur Bekehrung des Heidentums aufgerufen. Wer der katholischen Kirche nicht angehört, ob Heide oder Häretiker, bleibt von aller Vergebung ausgeschlossen und es wird zu einer Gnadentat (der Kirche) alle in sie hinein zu holen, koste es, was es wolle, und alle Widersacher der Verdammnis zu übergeben.

Wenn man, wie u.a. Reinhart Koselleck (s.u.) dies tut, zwischen Ungläubigen, also Heiden, und Abgefallenen, also Häretikern, unterscheidet und die Heiden durch die Mission noch der Erlösung zugeführt werden könnten, während die Häretiker unwiderruflich verdammt sind, dann nimmt das Judentum eine interessante Zwischenstellung ein. Zwar fallen sie zum einen unter den Missionsauftrag, zum anderen ist ihnen aber wie kaum jemand anderen die Verdammung gewiss. Auch dies könnte eine Spaltung sein, die im Spannungsverhältnis der ersten Jahrzehnte des Christentums angelegt ist und sich dort schon in so unterschiedlichen Ansätzen wie denen von Matthäus und Paulus oder Johannes und Marcion äußert. Eine Spaltung, die aber vielleicht auch in der von Bekennender Kirche und den Deutschen Christen wieder auftaucht. Auch dies ein Punkt für Heinrich das Evangelium des Johannes noch einmal zu betrachten, da er seine Verwendung der Terminus AT zunächst mit einem bestimmten kirchlichem Verhalten gegenüber Marianne Awerbuch begründen wollte.

An der Frage also, ob Jesus der Christus ist oder nicht, und daran anschließend, ob er, wie das Johannes-Evangelium postuliert, Gott ist oder nicht, hängt also das gesamte Bestehen und Selbstverständnis der christlichen Kirche, die sich als katholische (allumfassende) Kirche versteht, ein Prädikat, welches meines Wissens erstmals bei Ignatius von Antiochia gegen Ende des 1. Jahrhunderts n. Chr. verwendet wird, also in dem Zeitraum und in einer Region, in dem auch das Johannes-Evangelium entsteht. Vielleicht ist dies ein Teil der Antwort darauf, warum das Johannes-Evangelium neben den synoptischen Evangelien später in den Kanon des NT aufgenommen wurde, ja werden musste. Auch Ignatius ist auf der Baustelle Kirche tätig, wenn auch mehr in den Innenräumen. Sein Grundanliegen dabei ist in den kleinasiatischen Briefen (also nicht der an die römische Gemeinde) der Gehorsam gegenüber den Anordnungen der eingesetzten Bischöfe, um damit möglichen Spaltungen in den Gemeinden entgegenzuwirken. Mit anderen Worten, die Vertreter, Repräsentanten der (sich entwickelnden) Kirche sollen die Leitung der Gemeinde und des Christentums, ohne das Recht auf Einspruch gegen sie, übernehmen. Man sieht, die disciplina catholica wird sehr früh eingerichtet und Johannes und Ignatius spielen sich gegenseitig dabei die Bälle zu. Nicht unwichtig auch, wenn man bedenkt, dass diese Bischofsanspruch dann später unter den Bischöfen selbst erneuert und zum Anspruch des Bischofs von Rom wird, der dadurch den Titel Papst (Vater) erhält. Die Bezeichnung Vater verweist dann wieder auf die Macht, die dem Hausvater in der Antike gegeben war, eine Macht bis zur Entscheidung über Leben und Tod über alle in seinem Hausstand. Wenn die Kirche nun als Stellvertreter Christi auf Erden fungiert und der Papst der Kirche als Vater vorsteht, dann liegt es in der Natur der Sache, dass er zum personalisierten Stellvertreter Christi auf Erden wird – worauf noch der Titel „Der Stellvertreter" des vielbeachteten Stückes von Rolf Hochhut anspielt – dessen Macht als Vater alle in seinem Haus Lebende, und das heißt für die katholische Kirche alle in ihr versammelten Christen, im Grunde aber alle Menschen, umfasst. Höher lässt sich eine Machtposition kaum anlegen.

In der Glaubenszeit des MA bedeutete das nicht nur konkret eine fulminante Macht über Leben und Tod, sondern war noch tiefer gehend, sofern erst die durch die Kirche vermittelte Erlösung nach dem Tode zum wirklichen Leben führte. Neben der Taufe ist daher der Kirchenbann, die Exkommunizierung, der Ausstoß aus der Kirche, der einem Ausstoß aus dem wirklichen (erlösten) Leben gleichkommt, ein kaum zu unterschätzendes Machtmittel jener Zeit.

Auf das unterschiedliche Verständnis des Begriffs „katholisch" für die drei Kirchen des Christentums soll hier nicht näher eingegangen werden. Dafür sei verwiesen auf den ersten Teil des Aufsatzes von Reinhard M. Hübner „Überlegungen zur ursprünglichen Bedeutung des Ausdrucks ‚Katholische Kirche' (καθολικη εκκλεσια) bei den frühen Kirchenvätern". In: Johannes Arnold (Hrsg.) Väter der Kirche. Ekklesiales Denken von den Anfängen bis in die Neuzeit. München 2004, wo diese kurz summiert werden.

In einer (angeblich) säkularen Zeit könnte man all das unter der Bezeichnung Historisierung abtun und betrachten. Wie nahezu alle Historisierung wäre dies aber ein Trugschluss. Spätestens mit dem Wandel zur Staatskirche hängt – und zwar bis in die Neuzeit hinein - an dieser Position der Kirche nämlich auch die Frage der weltlichen Autorität und Staatsgewalt. Nicht umsonst lautet der Satz, der das zentrale

Werk von Thomas Hobbes, den „Leviathan", durchzieht, immer wieder *Jesus is the Christ".* In Frankreich wirkten u.a. Lois G. A. de Bonald und Joseph M. de Maistre in diesem Sinne. Auch Donoso Cortés und, aller Wahrscheinlichkeit nach, zumindest zeitweise, Carl Schmitt denken in diese Richtung. Daran sieht man, dass es um mehr als Theologie geht. Im MA und bis weit in die Neuzeit hinein legitimiert sich Macht und zwar auch weltliche Macht ganz offen aus der Zusprechung dieser durch Gott, die über die Kirche erfolgt. (Daher auch wichtig wie diese Gottgestalt gesehen wird. Weiter unten wird deutlich werden, dass der christliche Gott in seiner Allmachtswillkür einer monarchischen Herrschaft weit entgegen kommt, wohingegen der jüdische als an das Versprechen des Gesetzesbündnisses ganz einer demokratischen entspricht.) Und nachher? In den katholischen Ländern wirkt die Kirche weiter bis ins 19. und 20. Jahrhundert als Machtinstitution, wenn auch überwiegend mit den weltlichen Machtmitteln, die ihr zur Verfügung stehen. Man lese für Frankreich einmal die Romane von Anatole France oder erinnere sich an die Rolle der Kirche unter Johannes Paul II. in Polen zur Zeit der Solidarność. Aber das ist nicht das nun entscheidende. Dieses liegt viel tiefer und findet sich auch in den protestantischen Ländern. Sicher das Offene verfällt in den Ländern der Aufklärung, also im Grunde allen Ländern der westlichen Welt, weitgehend, aber die Lehren der Kirche springen auf den Zug der Verinnerlichung auf, sublimieren sich und wirken als Potentiale weiter. Die Wirkmächtigkeit des Vergangenen, das nie vergangen ist, pulsiert unentwegt. Wie stark ist schwer zu sagen, vermutlich aber doch deutlich. Michel Foucault ging sogar soweit zu meinen, dass man, ohne es zu wissen, mit dem Christentum zu Bett gehe und wieder aufstehe. Sehr wohl möglich, man ist heute noch Christ wie man Ptolemäer ist, dem die Sonne auf und unter geht. Was dadurch aber auch aufgemacht wird, ist der Konflikt, der zwischen dem Machtpotential solcher Verinnerlichung und dem Verfall der äußeren Institutionen besteht und der heute in den Diskussionen eine ganz eigene Rolle spielen könnte. Auch Heinrich dachte in diese Richtung. *„Um es zugespitzt zu sagen: der Gegenstand der Religionen sind nicht die Religionen; sie sprechen nicht von sich, sondern von empirischen Subjekten. Jede wissenschaftliche Beschäftigung mit Religionen wird dadurch über sie hinausgeführt: hat deren Sache, die Formulierung kollektiver Ängste und die Versuche, sie zu bewältigen, ernst zu nehmen, weil sie sich nach dem Erlöschen des Glaubens an die traditionell so genannten ‚großen Religionen' nicht erledigt hat, sondern aktuell geblieben ist".* (Psychoanalyse. Sigmund Freud und das Problem des konkreten gesellschaftlichen Allgemeinen. Dahlemer Vorlesungen Bd. 7, FfM 2001, S. 71)

Noch einmal, am Verständnis Jesus als Gott Christus baut sich Kirche als Verortung, als Heimstatt und Überlebensraum christlichen Glaubens und in der Folge als geistliche und weltliche Machtinstitution überhaupt erst auf. Ein Bauwerk für welches das Johannes-Evangelium einen der Ecksteine legte, dessen Errichtung allerdings Jahrhunderte in Anspruch nehmen wird. Denn das Verhältnis von Jesus Christus zu Gott oder die genauen Umstände des Weltenendes waren zur Zeit von Christi Wirken und in den Jahrzehnten, vielleicht Jahrhunderten danach, noch keineswegs fest umrissen und wurden keineswegs als Lehre, geschweige denn Dogma vertreten. Im Gegenteil, erst mit dem Ausbleiben der Parusie war das Christentum gezwungen in einer Neuinterpretation den Glauben an das Weltenende und die Wiederkunft Christi eindeutig festzuhalten. Zu Lebzeiten hatte die Person Jesus als Christus (Messias) die verschiedenen Auffassungen darüber noch entschärft. Ohne die Gegenwart der Person des Erlösers aber hatte der noch nicht strukturierte neue Glaube zunächst keinen Halt, keine Richtschnur, an denen er sich festmachen und ausrichten konnte. Weder gab es festgelegte Dokumente, noch Institutionen auf die er sich stützen konnte. Der biblische Kanon musste erst zusammengestellt, eine Dogmatik ausgearbeitet werden, die Kirche als Institution errichtet und zuvor die Gemeinden mit ihren Ordnungen eingerichtet werden. Ehe dies nicht geschehen war ließen die äußeren Umstände der antiken Welt - das Ausbleiben des Weltendes und der Wiederkehr des Messias, die Gemeinde bedrängende heidnische Umwelt usw. - die Auflösung der Gemeinden und das baldige Verschwinden des christlichen Glaubens sogar sehr wahrscheinlich werden. Zwar stand Jeus als Christus als Glaubensobjekt für alle Gläubigen unabdingbar fest, aber ohne eine allgemeine, umgreifende Normierung war die Auslegung seiner Person und seiner Taten dem je Einzelnen weitgehend selbst überlassen. Damit hätte sich auf Dauer keine christliche Gemeinde gründen, organisieren und erhalten lassen, und damit kein von diesen getragener christlicher Glaube. Der Aufbau des Fundaments auf dem ein Christentum als Religion bestehen konnte begann mit dem Werk des Paulus und wurde von den Apologeten und Kirchenvätern fortgesetzt. Die Zeit der Apologie ist eine auf die Gefahren nach außen wie nach innen hin gerichtete und auf diese antwortende. Die ganzen ersten Jahre der Patristik hindurch ist diese Unsicherheit, diese Unruhe und Aufgewühltheit des Christentums, die Angst um den eigenen Bestand als Glaube spürbar. Auch hierauf reagiert das Johannes-Evangelium. Für Adolf von Harnack ist die Dogmatik *„die Geschichte der Verdrängung des historischen Christus durch den präexistenten (des wirklichen durch den gedachten)"*. (Zitiert nach Martin Hengel. Der Sohn Gottes. Tübingen 1977), also eine, in der die Person Jesus zum Christus-Gott wird, von dem bereits etwa 25 Jahre nach dem Kreuzestod Paulus (also vor der Entstehung der Evangelien) zu sprechen beginnt und die das Johannes-Evangelium angeht. Ein Vorgang, den Hengel als einzigartig in der Antike ansieht. Erst drei Jahrhunderte später wird der Bau der Kirche als beherbergende und schützende Institution des Glaubens mit Ambrosius und Augustinus einen Abschluss finden, um anschließend, sofern sie es nicht schon zuvor war, zu einer Institution der Macht zu werden.

Aber man kann noch weiter graben verfolgt man die Auswirkungen des Johannes-Evangeliums, auch wenn dieses selbstredend nicht alleiniger Ausgangspunkt ist. Von Beginn an, also schon zur Zeit der Patristik, wurde durch die angesprochenen Bedrängnisse forciert versucht das Wissen der religiösen Erkenntnis des Werkes

Gottes und seines Messias über den schlichten Glauben zu setzen. Daher vermochte auch die Gnosis eine so wichtige Rolle zu spielen und daher kam es auch zu Disputen der Kirchenväter untereinander.

Wie früh, aber auch wie kompliziert, das Verhältnis Glauben – Wissen (Erkenntnis, Gnosis) im beginnenden Christentum auftauchte, zeigen zwei Stellen, wo der Begriff „Gnosis" in den Paulusbriefen benutzt wird. So wird in 1. Korinther 1, 5 die Gemeinde belehrt, dass sie durch die Gnade Christus (Gottes): *„in allen Stücken reich gemacht"* sei, *„in aller Lehre und in aller Erkenntnis"*. Gotteserfüllung ist also auch Gotteserkenntnis. Allerdings nur die richtige, denn es gibt auch eine falsch, eine Erkenntnis, die sich nur anmaßt Gnosis zu sein. Paulus warnt Timotheus zum Ende seines ersten Briefes an ihn daher: *„meide das ungeistliche lose Geschwätz und das Gezänk der fälschlich so genannten Erkenntnis, zu der sich einige bekannt haben"* (1 Timotheus 6, 20/21). Der kirchliche Kampf gegen die Gnosis ist also keiner gegen die Erkenntnis, sondern einer um die Erkenntnis. Auch dies, also das Wissensprimat, wird ein Zug der Selbstlegitimation von Kirche, die diese zum Ort des Wissens machte, was negative wie positive Folgen zugleich hatte.

So wurde das antike Wissen durch die Kirche ebenso bekämpft und verworfen, wenn nicht vernichtet, wie angeeignet und bewahrt. Denn nicht nur bedurfte man wegen des Zusammenhalts und Erhalts von Gemeinde und Glauben eines Dogmas (als behauptete Wissensgewissheit) nach innen, auch nach außen galt es ein solches gegen Konkurrenten und Angriffe aufzubauen. Wollte man der Gnosis und der griechischen Bildung entgegentreten, so bedurfte es eines festgelegten Wissens, an dem sich die Argumentation ausrichten konnte. Hilfestellung konnte da nur die griechische Philosophie geben. Auch hier musste man einem Konkurrenten also etwas wegnehmen.

Im Zentrum stand dabei eine auf Dauer angelegten Sammlung der für den Glauben maßgebenden und verbindlichen heiligen Schriften, also eines Kanons, in dem dieses gesicherte Wissen festgehalten war. Hinzu kam der Schock, dass Marcion einen solchen aufgestellt hatte, in dem er die geltenden Dokumente bereinigte und verkürzte. Ihm galt im Grunde einzig Paulus als wahrer Zeuge, so dass sein Kanon nur aus ausgewählten Paulusbriefen und den Schriften Lukas` besteht. Marcion nahm der Kirche also einiges weg, worauf die Kirche umgehend und vehement reagieren musste. Deren Kanonbildung findet zwar schon mit Irenäus einen ersten Abschluss, kann sich aber erst Jahrhunderte später im gesamten Raum der Christenheit in dieser Form etablieren. Doch es ist Irenäus, der sich als erster Kirchenvater auf eine feste Schriftsammlung bezog, die aus vier Evangelien und einer Reihe von Apostelschriften, welche nicht gänzlich dem heutigen Kanon entsprechen, bestand. Ein Kanon, welchen er gleichberechtigt neben das AT stellte. Wie das AT bezeichnet Irenäus diese Sammlung auch als die „Schrift". Damit ist ein entscheidender Schritt zur christlichen Bibel getan. Es ist auch ein Schritt über das Urchristentum hinaus. Zwar legt auch Tatian, ein Schüler Justins, um 170 eine Evangelienharmonie

16

(„Diatessaron") vor, die in den Kirchen des östlichen Syrien bis ins 5. Jahrhundert in Gebrauch war, die sich aber nicht durchsetzen konnte.

Aber auch die späteren Bücher haben es nicht leicht sich zu etablieren. So hat z.B. Lukas große Schwierigkeiten in den Kanon aufgenommen zu werden. In der Beliebtheit und Verbreitung wie in der theologischen Nutzung konnte sein Doppelwerk nicht mit dem Markus- und mehr noch mit dem Matthäusevangelium mithalten. Die Apostelgeschichte wird von Irenäus noch nicht einmal erwähnt. Auch Justin, der Lukas kennt, greift wenig auf ihn zurück. Dies hat Gründe, die u.a. wohl darin lagen, das die Bücher des Lukas sich als historische Werke verstanden und als solche auch außerhalb der Gemeinden rezipiert wurden, aber auch darin, dass das Evangelium über die spezielle Gemeindestruktur (Heidenchristen) an die es gerichtet war hinausging und sich an alle in Not geratenen wendete, also auch andere als die eigenen Interessen ansprach. Vor allem aber, eine in der Naherwartung stehende Gemeinde kann schwerlich Interesse an Geschichte haben. Vielleicht wurde aber auch an Lukas Hervorhebung des Paulus Anstoß genommen, was in den Augen des sich bildenden Katholizismus schon deshalb Schwierigkeiten, ja Misstrauen hervorrufen musste, da ihr Hauptkonkurrent die Gnosis sich explizit auf Paulus und Lukas bezog.

Zusammenfassend gesagt: Das Urchristentum hatte noch keine Theologie und damit keine Theologen gekannt. Das geistige Geschehen vollzog sich an den Überlieferungen, die durch den heiligen Geist legitimiert wurden oder durch die apostolische Zeugenschaft. Zu einer eigenen geistigen Auseinandersetzung mit diesen Überlieferungen kam es erst im 2. Jahrhundert n. Chr. Verantwortlich hierfür war der Bezug bzw. der Druck einer hellenistischen Bildungstradition, welche im römischen Weltreich vorherrschte, in welches das Christentum in jener Zeit mehr und mehr hineinwuchs, insbesondere nachdem es sich von seinem jüdischen Wurzeln Schritt um Schritt gelöst hatte. Diesem Griechentum, diesem griechischen Geist, sollte es bzw. er überzeugt und zur Mission geöffnet werden, hatte der Glaube von Angesicht zu Angesicht zu begegnen, um überhaupt Gehör zu finden. Das gewaltige Konkurrenzunternehmen Gnosis tat dann ein übrigens. D.h. es war für die Kirche notwendig sich argumentativ einzulassen. Die von den Kirchenvätern aufgebaute Theologie, man kann auch sagen, die Theologie überhaupt, wurde geschaffen, um genau dies zu tun, um in die Auseinandersetzung mit der griechischen Philosophie und allen Häresien einzutreten.

Der erste, der dies tat, und damit zum ersten Kirchenvater wurde, war Justinus. Mit ihm und den Kirchenvätern tritt etwas völlig neues in der Geschichte des Christentums auf den Plan. Denn die Kirchenväter sind nicht mehr unmittelbare Zeugen des christlichen Heilsgeschehens, gehören nicht mehr der apostolischen, nicht einmal mehr der nachapostolischen Zeit an. Sie können keine Evangelien, Apokalypsen oder apostolischen Sendschreiben mehr verfassen, die dieses Heilsgeschehen bezeugen wollen. Ihnen ist dieses längst sicher bezeugt, ja es ist Voraussetzung für ihr eigenes Tun. Ihr Wirken besteht in der Sammlung und

Auslegungen von Zeugnissen, der Zusammenstellung von Texten zum Kanon, in polemischen oder apologetischen Traktaten, welche die Lehre beweisen und ordnen sollen. Die Beamten Gottes haben mit ihnen ihre Stelle angetreten.

Dies findet sich als Zug auch noch gute 1000 Jahre später, als im 13. Jahrhundert die Kirche auf dem Höhepunkt ihrer Macht angelangt war. Aus den apologetischen und konstitutiven Unternehmungen ihrer Mitglieder bzw. der Scholastik waren feste, autonome theologische Systeme geworden, die jetzt auch zu außerkirchlichen Fragen Stellung bezogen. Auch das hatte seinen Grund bzw. Anlass. Zwar dominiert die Kirche zu dieser Zeit Staat und Wissenschaft, aber ein weites Gebiet der Welt war von der kirchlichen Machtsphäre noch unerfasst, die Natur. Daher galt es nun, nachdem das geistliche (und politische) Reich erobert war, die sinnliche Welt, die unter theologischen und kirchlichen Gesichtspunkten bislang nicht betrachtet worden war, der Lehre der Kirche einzuverleiben. Denn, wo alles der Kirche dient und dienen soll, darf und kann die Natur nicht ausgespart bleiben. Geschähe dies, so wäre damit ein Raum freigegeben, der sich – im Denken über diesen – den Vorgaben der Kirchen entzöge und zu einem Gegenpol dieser werden könnte. Dies konnte und kann eine Kirche mit Absolutheitsanspruch aber nicht zulassen. Daher bis heute das problematische Verhältnis, auch wenn es nach Außen harmonisiert wird, zwischen Kirche und Wissenschaft. Dieser verschärft sich mit dem Aufkommen der Evolutionslehre. Ließ und lässt sich das moderne physikalische Weltbild noch irgendwie mit der katholischen Lehre unter Schmerzen vereinbaren, so ist dies mit der Evolutionslehre kaum möglich. Dies gilt auch umgekehrt. Ich glaube, es war Paul Watzlawick, bin mir aber nicht sicher, der bemerkte, dass merkwürdigerweise ein Großteil der Physiker weiterhin an Gott zu glauben vermöchte, während es kaum ein Biologe täte. Das zeigt einiges. Die durchaus starken religiösen Anti-Evolutionsbewegungen des Kreationismus in den USA sind ein praktisches Beispiel für diesen Konflikt, ein theoretisches findet sich im Werk von Alma von Stockhausen. Wieder sieht man, was die Konzentration auf die Person Christi als Machtanspruch bewirkt und wie weit sie wirkt. Für die Kirche darf es als katholische keinen Außenraum geben. Eine Kirche, die Welt und Denken beherrschen will und beherrschen muss, um die Menschen zur Erlösung zu führen, die nur über Christus, d.h. den christlichen Glauben führen kann und darf, hat daher auch einen Naturbegriff zu schaffen, den sie dem Dogma einzugliedern vermag. Was ihr im Falle der Evolutionstheorie eben nicht mehr recht gelingen will. (Diese macht jedoch ihre ganz eigenen Problempunkte auf, die kurioserweise stark an die der Prädestination in der Kirchengeschichte, aber auch an die der Geschichtsphilosophie der Aufklärung erinnern.) Eine solche Kirche hat ein Bild der (Gesamtheit der) Welt zu entwerfen, dessen Farben denen des Glaubens entsprechen. Dringende Aufgabe der Scholastik war es ab dem 13. Jahrhundert daher eine Betrachtung der Natur zu beginnen und diese im kirchlichen Sinne zu erfassen und einzuordnen. Auch dies lässt sich auf die Figur Christus als Gott zurückführen. Wie auch immer, es ging in der Patristik und

Gestalt als Christus sichtbar geworden ist, dann ist jedes Leugnen dieses Gottes als Verstocktheit anzusehen, als Verrat an diesem, und somit ein Feindbild zur Verfügung gestellt, das in dieser Position nur dem Gegenpart Gottes, spricht dem Reich des Teufels, entstammen und zugehörig sein kann. Damit ist aber jede Rücksicht gegen es aufgehoben und seine Bekämpfung vermag sogar zur Pflicht zu werden. Jede Möglichkeit eines Bündnisses ist in solcher Lesart ausgeschlossen.[6]

---

später in der Scholastik um das Verständnis des Geglaubten. Klar ist aber auch, dass dieses Wissen als Verständnis des Glaubens eines ist, welches dem Wissen und der Erkenntnis der natürlichen Welt, also dem natürlichen Wissen übergeordnet ist. Soviel um die weitläufigen Verstrickungen und Ausläufe der Anlagen und Problematiken des Johannes-Evangeliums deutlich zu machen.

[6] *Fußnotenexkurs 2*: Reinhart Koselleck hat dies und seine Steigerung prägnant festgehalten. *„Die Gegenbegriffe verschärfen sich, und damit komme ich zu einem neuen Feindbegriff, seit der Einführung des Christentums. Der Nichtchrist verfällt der Verdammnis, nur der Christ hat Aussicht, vielleicht sogar die Gewißheit, dereinst vom Übel dieser Welt erlöst zu werden. Damit rücken die Zwangsalternativen in eine zeitliche Fluchtlinie. Es gibt die Noch-nicht-Christen: die Pagani, die Heiden, die Juden, aber auch die Hellenen wie die Barbaren zugleich, sie alle sind Adressaten der Mission. Wie auch die Kreuzzüge motiviert wurden: ubi nunc paganismus est, christianitas fiat. Und es gibt die Nicht-mehr-Christen die Häretiker, die Ketzer, die vollends verloren sind, es sei denn, sie werden, wenn möglich, zu ihrem eigenen Heil verbrannt. Gewiß lassen sich in diese plakative Skizze da und dort theologische Toleranzlinien einzeichnen. Aber die Ausgrenzung der Noch-nicht-Bekehrten und mehr noch der Nicht-Bekehrbaren überbietet jede territoriale oder physische Feindbestimmung, wie sie den jeweiligen Barbaren zuteil wurde. Der religiös ausgegrenzte Feind wird spiritualisiert und gerät damit in eine Ausweglosigkeit, die der vorchristlichen Antike unbekannt war. Die Schuld an seiner Vernichtung wird dem ungläubigen Feind selbst angelastet - längst bevor die weltliche Exekution zugriff oder zugreifen konnte. Die Tötung von Heiden und Ketzern war nicht nur rechtens, sondern bei Gott notwendig. Die Aussicht auf Heil und Erlösung, nicht nur Kampf und Unterwerfung, diskriminierten den Feind als Ungläubigen weit radikaler als den nur barbarischen Feind. ... Wo Gott oder Teufel im Bunde sind, ist der wirkliche Feind nur ein Epiphänomen des zu vollstreckenden Heilsgeschehens ... Aber unsere Neuzeit brachte noch eine weitere Radikalisierung der Feindbegriffe mit sich. Seitdem die Menschheit als autonome Letztinstanz an die Stelle Gottes trat, zum Subjekt und Objekt ihrer*

eigenen Geschichte erhoben wurde, rückte auch der Feind in neue Begriffsfelder ein. Der Feind des Menschen ist dann nicht der Mensch, sondern der Unmensch oder noch radikaler dem Übermenschen der Untermensch ... Aber die Verwendung der Oppositionsbestimmungen: Mensch - Unmensch, Übermensch - Untermensch radikalisiert die Feindschaft in sprachlich zuvor gar nicht begreifbarer Weise. Der Barbar war noch natural oder territorial radizierbar, der Heide oder Ketzer waren noch theologisch ausgrenzbar. Wer Hellene war oder Christ, ließ sich auch durch eine Selbstbestimmung identifizieren. Die Handlungsgemeinschaften lebten nicht allein von ihren ausgrenzenden Feindbegriffen, sondern legitimierten sich primär selbst. Der Feindbegriff, den der Mensch als solcher semantisch stiftet: Der Unmensch, ist eine Blindformel, in die jeder den anderen hineindefinieren kann, um sich selbst als Menschen auszuweisen - womit nichts mehr aber auch nicht weniger gewonnen wird, als den Feind funktional zu den eigenen Absichten oder Interessen zu begreifen. Und der Untermensch steht vollends im Belieben dessen der sich per negationem des Anderen selber als Übermenschen etabliert. Es handelte sich also um ideologisch verschieden besetzbare Leerformeln, in die hineindefiniert zu werden dem Anderen die letzte Chance raubt, auch nur ein Feind zu sein. Er wird unter die Schwundstufe menschlicher Möglichkeiten gedrückt, im wörtlichen Sinn entmenschlicht, zur potentiellen Nichtexistenz, »lebensunwert« und so vertilgt." (Feindbegriffe. In: Begriffsgeschichten. Studien zur Semantik und Pragmatik der politischen und sozialen Sprache. FfM 2010, S. 277ff)

Ob diese Verortung der Steigerung in der Neuzeit allerdings so aufgeht ist fraglich, denn Koselleck selbst hat schon in „Kritik und Krise" (FfM 1997) darauf hingewiesen - und darum geht es auch bei den Erörterungen des Johannes-Evangeliums -, dass der als Konfession vorgetragene Wahrheitsanspruch die dieser Konfession gegenüber oder auch nur jenseits von ihr Stehenden in die Unwahrheit und damit in eine im Namen der Wahrheit bis zur Vernichtung nach Belieben zu behandelnde Position stellt. Ja, ihre Vernichtung sogar fordert. Die Verortung dieses Gegenüber als Zugehörigkeit zum Reich des Teufels ist kaum weniger prägnant und konsequent in den Folgen als die Einführung des Begriffs des Unmenschen. Beide stellen zumindest im Handlungskontext eine „Legitimation" der absoluten Vernichtung und Austilgung dar. Dies ist also ein Zug, der keineswegs an die Neuzeit, wenn dort sicher auch in exemplarischer Weise, gebunden ist, sondern auf eine lange nachantike (antike) Tradition verweist, die auch schon in den Kirchenzügen gegen Häretiker und Ungläubige so wie dann in den Konfessionskriegen zu finden ist.

Neu und signifikant ist am „christlichen Feindbegriff" vor allem seine geistige Begründung. Wäre dem nicht so, und würde die Legitimation und der Wille zur Totalvernichtung ganzer, der eigenen Wahrheit entgegenstehender Gruppen sich nicht auf einen Wahrheitsanspruch zurückführen lassen, wie er durch Überlegungen im Johannes-Evangelium gestützt werden kann, so wären diese Legitimation und dieser Wille sowie deren katholischer, allumfassender Umfang kaum möglich und eine Betrachtung des Johannes-Evangeliums wie die hier vorliegende würde viel an Bedeutung verlieren und in eine fachspezifische Nische abgedrängt werden. Religion ist aber, ebenso wie es Denkfiguren sind, ernster als im allgemeinen angenommen, auch wenn klar sein sollte, dass mit dem Verweis auf eine solche Figur als Quelle bei weitem nicht alles erklärt ist. Johannes für den NS und anderes verantwortlich zu machen, wäre ebenso lächerlich wie dies in anderen Fällen, am prominentesten vielleicht bei Friedrich Nietzsche, der Fall ist. Was aber versucht werden muss, ist Spuren von Zügen aufzufinden, die dann irgendwo anders mit anderem zusammenschießen, nicht selten zur Katastrophe, die in vielen Fällen sich aber auch ganz anders hätten zusammenschließen können. Darin liegt die Hoffnung des Denkens. Auch hier sind Bündnisfragen zu stellen und nichts aufzugeben. Apokatastasis der Begriffe wäre ein Gegenmodell von dem schon Benjamin sprach, als er betonte, dass es darum ginge, dem Faschismus die Einsichten und Mächte abzuringen, die für seine hohe Evidenz sprachen, den Mythos auf seinem eigenen Feld zu begegnen und (seine Begriffe) für eine Theorie mit antifaschistischer Perspektive und im Sinne einer befreienden Geschichte einzusetzen. Die Theologie in den in den Dienst zu nehmen, anstatt sie als klein und lächerlich abzutun, was sie als heimlicher Meister des Spiels nicht ist oder auch gerade deswegen ist. Die erste These von Benjamins letztem, seinem Vermächtnistext Über den Begriff der Geschichte spricht genau davon. Am Bild des Schauautomaten macht Benjamin dort deutlich, die Philosophie, sprich Geschichte als rettende und befreiende *„kann es ohne weiteres mit jedem aufnehmen, wenn sie die Theologie in ihren Dienst nimmt"*. (Gesammelte Schriften Bd. I. 2. FfM 1980) oder wie er an anderer Stelle sagt: *„Mein Denken verhält sich zur Theologie wie das Löschblatt zur Tinte. Es ist ganz von ihr vollgesogen. Ginge es aber nach dem Löschblatt, so würde nichts was geschrieben ist, übrig bleiben."* (Gesammelte Schriften. Das Passagen-Werk. Bd. V. 1. FfM 1980, N 7a, 7, S. 588) (Siehe auch Rolf Michael Böttcher. Si vis vitam, para mortèm. In: Studienschriften und frühe Vorlesungen. Bd. 1 Norderstedt 2011) Eine Strategie, die Benjamin offenbar bis in seine Gesprächsformen hinein führte, *„die Meinungen eines solchen Mannes, falls sie nämlich richtig sind, ihm entführen, ihm ausspannen wie eine Geliebte"* heißt es in einer Notiz von 1929 (Notiz über ein Gespräch mit Ballasz (Ende 1929) In: Gesammelte Schriften Bd. VI. FfM 1991, S. 418). Eine Strategie, die er noch als *„Lebenswichtiges Interesse, eine bestimmte Stelle der Entwicklung als Scheideweg zu erkennen"* im Passagenwerk ansprach. (Gesammelte Schriften Bd. V. 2. FfM 1983, S. 676, S 1,6) Das Gegenteil hat Adorno beschrieben: *„Das Zufallsgespräch mit dem Mann in der Eisenbahn, dem man, damit es nicht zu einem Streit kommt, auf ein paar Sätze zustimmt, von denen man weiß, daß sie schließlich auf den Mord hinauslaufen müssen, ist schon ein Stück Verrat; kein Gedanke ist immun gegen seine Kommunikation, und es genügt bereits, ihn an falscher Stelle und in falschem Einverständnis zu sagen, um seine Wahrheit zu unterhöhlen."* (Minima Moralia. FfM 1985, 5. Herr Doktor, das ist schön von Euch, S. 28).

21

Es geht, auch das ein Thema, was später in den Texten Heinrichs seinen Platz einnehmen wird, auch um das Verhältnis von Treue und Verrat. Wer aber wäre auf Dauer kein Verräter? Wer wollte den ersten Stein werfen? Die *„Literarisierung aller Lebensverhältnisse"* (Walter Benjamin, Gesammelte Schriften, Bd. II. 1. FfM 1980 S. 385) muss auf Dauer scheitern, ist aber dennoch nie aufzugeben. Die Apokatastasis der Begriffe anzustreben ist daher Zielrichtung, nie Ziel selbst. Ihr Ausgangspunkt versteht sich nicht als Wahrheitsgarant. Im Gegenteil. Mit dem Scheitern und das Wissen darum ist der Apokatastasis der Begriffe sogar eine Sicherung eingebaut. Eine Sicherung gegen eine Erstarrung, was sie in ihrem Wesen von den aktuellen Versuchen einer Sprachaneignung und –bestimmung der political correctness deutlich unterscheidet, sogar diametral entgegensetzt. Schließt die eine aus, so lädt die andere zum Bündnis ein. Apokatastasis findet in diesem Sinne im Bündnisgedanken, in dem des Umschlags, wie ihn die moderne Philosophie entwerfen wird, im Zuge der Mimikry statt. Es geht um Möglichkeit nicht um Wahrheit.

Apokatastasis ist die Allversöhnung, die Erlösung aller, auch des letzten Verdammten, letztendlich geistlich wie weltlich also der Traum der Aufhebung aller Spaltungen. Zurück geht dies auf eine Stelle in der Apostelgeschichte (3, 21), wo von der Zeit gesprochen wird, *„in der alles wiedergebracht wird, wovon Gott geredet hat durch den Mund seiner heiligen Propheten von Anbeginn."* Innerhalb der Kirchengeschichte riefen vor allem in Palästina *„die mystisch-eschatologischen Spekulationen des Origenes in der Form, wie sie der Mönchstheologe Evagrius Ponticus (gest. um 400) und dann um 530 der Syrer Stephan bar Sudaili in seinem anonym veröffentlichten Traktat ‚Das Buch des heiligen Hierotheos' 313 weiterentwickelt hatten, Streitigkeiten hervor, die den Kaiser zum Eingreifen bewogen. Darin war nicht nur die ‚Christusgleichheit' aller Erlösten, sondern auch die ‚Wiederbringung (απоκαταστασιϛ) aller Dinge' im Sinne der Erlösung auch aller Verdammten und der Einbeziehung aller Wesen und Dinge in die göttliche Natur als Ende allen Werdens gelehrt."* (Adolf Martin Ritter. Dogma und Lehre in der Alten Kirche. In: Die christlichen Lehrentwicklungen bis zum Ende des Spätmittelalters. Göttingen 2011. S. 280)

Aus all diesen Gründen kann in diesem Teil der Steigerung Koselleck nicht gefolgt werden. Dennoch bleibt zu beachten und Koselleck zuzustimmen, dass der Feindbegriff durch die Geistbestimmung gegenüber der griechischen Antike intensiviert und erweitert wird, eben durch seine Gründung im Geist. Auch hier wird das Johannes-Evangeliums, wie noch weiter unten im Text erörtert werden soll, eine wichtige Rolle spielen. In der Neuzeit, explizit in der Moderne, erhält dieser Zug der totalen Vernichtung gegenüber seinem religiösen Ursprung, dann die industriellen, bürokratischen Möglichkeiten zur Ausführung der Vernichtungshandlungen, intensiviert sich also „nur" im Umfang der vollzogenen Vernichtungsaktionen, nicht aber in deren Radikalität als Akt. In der Moderne erfährt im Nationalsozialismus diese „neue" Möglichkeit des Feindbegriffs zum ersten Mal diese bis dahin unvorstellbare Steigerung als Erweiterung, wie man sie nicht nur an den Vernichtungszahlen und nicht nur an den bürokratischen Organisationsabläufen und von den Individuen (der Volksgemeinschaft) selbst ausgeführten Kontroll-Denunziations- und Tötungsverfahren (zu deren Aktualisierung später im Text) ablesen kann, sondern wie sie auch an den Berichten sich zeigt, dass die ersten Nachrichten über die Vernichtungsaktionen in Osteuropa im Umkreis des Exils zunächst nicht geglaubt werden konnten, da sie weder bis dahin vorstellbar waren, noch der Vernunft entsprachen, sofern sie Ressourcen verbrauchten, die kriegstechnisch anderswo dringend benötigt worden wären. Woran sich dann wieder ablesen lässt, welchen Stellenwert die Vernichtung „unwerten Lebens" in der NS-Ideologie hatte, die bei den Juden u. a anfingt, aber sich auch schon in die Volksgemeinschaft selbst auszuweiten begann, was heutigen Apologeten des NS, wenn nichts anderes greift, zu bedenken anstünde.

Von der Unvorstellbarkeit des Umfanges der Vernichtung ist z.B. auch immer wieder aus dem Freundeskreis von Hannah Arendt berichtet worden. Jonathan Littell hat diese Steigerung der Erweiterung der Opferzahlen in einer beeindruckenden Passage gleich zu Anfang seines Romans Die Wohlgesinnten (Berlin 2008) festgehalten, die es Wert ist zur Gänze zitiert zu werden. *„Nun zur Mathematik. Die militärische Auseinandersetzung mit der UdSSR hat offiziell vom 22. Juni 1941 um drei Uhr morgens bis zum 8. Mai 1945 um 23.01 Uhr gedauert, was drei Jahre, zehn Monate, sechzehn Tage, zwanzig Stunden und eine Minute ergibt, abgerundet sind das 46,5 Monate, 202,42 Wochen, 1417 Tage, 34 004 Stunden oder 2 040 241 Minuten (die überzählige Minute mitgerechnet). Für das als »Endlösung« bezeichnete Programm legen wir den gleichen Zeitraum zugrunde: Vorher, als noch nichts entschieden oder systematisiert war, sind die jüdischen Verluste eher zufälliger Natur. Setzen wir unser Zahlenspiel fort: Auf die Deutschen entfallen 64 516 Tote pro Monat oder 14 821 Tote pro Woche oder 2117 Tote pro Tag oder 88 Tote pro Stunde oder 1,47 Tote pro Minute – dies der Durchschnitt für jede Minute jeder Stunde jeden Tages jeder Woche jeden Monats jeden Jahres für die Dauer von drei Jahren, zehn Monaten, sechzehn Tagen, zwanzig Stunden und einer Minute. Für die Juden, die sowjetischen eingerechnet, erhalten wir rund 109 677 Tote pro Monat oder 25 195 Tote pro Woche oder 3599 Tote pro Tag oder 150 Tote pro Stunde oder 2,5 Tote pro Minute für den gleichen Zeitraum. Auf sowjetischer Seite schließlich ergeben sich ungefähr 430 108 Tote pro Monat, 98 804 Tote pro Woche, 14 114 Tote pro Tag, 588 Tote pro Stunde beziehungsweise 9,8 Tote pro Minute, gleicher Zeitraum. Das ergibt unter dem Strich für meinen Tätigkeitsbereich einen Durchschnittswert von 572 043 Toten pro Monat, 131 410 Toten pro Woche, 18 722 Toten pro Tag, 782 Toten pro Stunde und 13,04 Toten pro Minute, und das für alle Minuten aller Stunden aller Tage aller Wochen aller Monate*

jeden Jahres des gegebenen Zeitraums, der, erinnern wir uns, drei Jahre, zehn Monate,
sechzehn Tage, zwanzig Stunden und eine Minute umfasst. Diejenigen, die sich über die
überzählige und in der Tat etwas pedantisch wirkende Minute lustig gemacht haben,
mögen sich vor Augen halten, dass sie immerhin einen Mittelwert von 13,04
zusätzlichen Toten bedeutet, und sich, wenn sie denn dazu fähig sind, dreizehn
Menschen aus ihrem Umfeld vorstellen, die in einer Minute getötet werden. Wir können
auch eine Rechnung aufmachen, die das Zeitintervall zwischen jedem Toten bestimmt:
Das ergibt für die gesamte Dauer des genannten Zeitraums im Durchschnitt einen
deutschen Toten alle 40,8 Sekunden, einen jüdischen Toten alle 24 Sekunden, einen
bolschewistischen Toten (die sowjetischen Juden eingerechnet) alle 6,12 Sekunden,
insgesamt im Mittel einen Toten alle 4,6 Sekunden. Nun seid ihr in der Lage, euch
anhand dieser Zahlen in konkreter Fantasie zu üben." Über die Steigerung bzw.
Ausweitung ist kaum ein Zweifel möglich. Littells Passage hat zudem noch den
Vorteil, klar zu machen, dass die Steigerung der Opferzahlen in der Moderne nicht
nur auf der Seite des ausgemachten „Unmenschen" geschieht, sondern alle einbezieht.
Die Sogwirkung eines zentrierten Wahrheitsverständnisses erfasst am Ende alle,
Anhänger wie Widersacher.

Dennoch bleibt zu fragen, ob sich dieser Vernichtungswille als radikaler
Vernichtungswille nicht sogar schon vor der Einführung des religiösen Feindbegriffs
finden lässt. Die These wäre, dass schon in der Antike dieses radikale
Vernichtungspotential einen Vorläufer hatte und zwar in der Unbarmherzigkeit der
Bürgerkriege der griechischen Poleis. Zu diesem Thema siehe u.a. Hans-Joachim
Gehrke. „Stasis. Untersuchungen zu den inneren Kriegen in den griechischen Staaten
des 5. und 4. Jahrhunderts v. Chr." (München 1985) oder Giorgio Agamben. „Stasis.
Der Bürgerkrieg als politisches Paradigma". FfM 2016. Der eigentliche Punkt in
Kosellecks wie immer brillanten Erörterung ist daher die neue Feindbestimmung als
eine, die keine Verortung und damit keinen Ausweg für den Betroffenen, auch nicht
den der Unterwerfung und des Exils mehr zulässt. Hannah Arendts Begründung für
ihre Bejahung des hochproblematischen Eichmannurteils siedelt genau in diesem
Kontext.

Fußnotenexkurs 3: Der hier Schreibende möchte noch darauf hinweisen, dass dieses
Vernichtungs- und Zerstörungspotential viel näher liegt als seine Auffindung in
semantischen und theologisch-politischen Bereichen, auch wenn dies einen Aufschrei
verursachen mag. Die Figur und die Folgen sind die gleichen, wenn man sie über die
Menschengattung auf Lebewesen allgemein überträgt, wobei die Steigerung der
Opferzahlen noch eine weitere ist. Der Umgang der Moderne mit Tieren (und
Umwelt) verläuft genau danach und zwar mit den gleichen Legitimierungen (*„Im*
Namen der Wissenschaft", „...es sind ja nur ...", „man muss halt ...", „es ist ganz
normal und liegt im Wesen der Natur ...", „es sind ja keine Menschen" usw.) und den
gleichen Leidensfolgen. Es ist das Muster der radikalen Ausgrenzung und Differenz,
die im Gegenüber alle Bündnismöglichkeit zunichte macht und sich alle Herrschaft

und alle Behandlung über jenes Andere vorbehält, indem sie das Gegenüber als „Un" einstuft und dies zur (Bedingung der eigenen) Normalität erklärt. Es war Karen Duve, die einmal sinngemäß ebenso richtig wie schön schrieb, dass ein Unrecht noch lange nicht Recht sei, nur weil es als ein solches gesehen werde. *„Ein Verbrechen bleibt auch dann ein Verbrechen, wenn alle es tun."* Tierwelt und Umwelt sind davon gleichermaßen betroffen. Bei beiden ist die Durchführung des Begriffspaares Mensch-Unmensch in seiner Reinform vorgelegt. Es sind ja keine Menschen, bloß Lebewesen. Dabei ist die Einordnung und Einteilung des Menschen als besonderes Lebewesen eine durch den Menschen selbst erfolgte, wie auch die aller anderen Natureinordnungen, was als Erkenntnisform auf das Werk von Aristoteles zurückgeht. Das intellektuell erschreckende daran ist, dass diese Setzung als Setzung durch den Menschen für diesen nahezu natürlich geworden ist, eine Normalität (und Wahrheit, die wie alle Wahrheit imaginär bzw. eine durch den Menschen gesetzte ist) erhalten hat bzw. als normale Natürlichkeit angesehen wird und somit einen Bequemlichkeitsraum des eigenen Handelns erzeugt und legitimiert. Einiges davon wird später in Heinrichs drittem Text wieder auftauchen. Dies gilt, wie gesagt, für das moderne, „rationale" (das schon lange kein rationales mehr ist) Verhältnis zu Tier und Umwelt gleichermaßen. Auch Duves Passage in Bezug auf die Umwelt im gleichen Buch (s.u.), das dem Umgang mit Tieren gewidmet ist, ist in diesem Sinne erhellend formuliert. *„Obwohl ein ziemlich großer Konsens darüber besteht, dass es nicht richtig ist, den Regenwald großflächig abzufackeln oder absichtlich Blumen zu zertrampeln, und 100-jährige Bäume als schützenswerte Naturdenkmäler geachtet werden, würden die meisten Menschen die Frage nach unserer moralischen Verpflichtung gegenüber Pflanzen als unsinnig ablehnen."* In der Tat ein Verbrechen in Normalität, was sich jeden Tag legionenfach und überall finden lässt. Beim Fleischverzehr und in fragwürdigen Tierversuchen ebenso wie im mutwilligen oder unbedachten Zerstören von pflanzlichem Leben, inklusive der Biotope in ihnen, und dies alles im Bewusstsein und Empfinden der gemütlichen Schutzgeborgenheit der Normalität, im Namen von Wissenschaft und Wahrheit und Normalität.

Das Entsetzliche der Behandlung von Tieren – Sünden, die nicht gesühnt und nicht vergeben werden können, wie Margherita von Brentano schon im Angesicht der ersten Berichterstattungen über die Massentierhaltung bemerkte („Das Politische und das Persönliche". Göttingen, 2010) – sollte inzwischen allgemein bekannt sein, auch wenn es immer wieder in den Schutzraum der „Normalität" oder den Begründungsraum der (wissenschaftlichen und wirtschaftlichen) imaginären Notwendigkeit abgedrängt wird. Ebenso die Naturzerstörungen im Großen, wie die Zerstörungen von Regen- und anderen Wäldern, der Meere und Landschaften. Man muss auch nicht erst auf die heimlich gedrehten Filmaufnahmen des Kabinetts von Jair Bolsonaro zurückgreifen, um der Mentalität des Bandenwesens dabei zu begegnen. Ihr gleichstrukturierter Ableger im Kleinen des Alltags liegt vor der Haustür. Dafür seinen nur zwei analoge Beispiele aus den Städten genannt, in denen ich mich zumeist aufhalte, Berlin und Bremerhaven. Das, was im Zuge der Sanierung mit den umliegenden Gartenanlagen der „AGB" in Berlin geschah und das, was mit solchen der „Industrie- und Handelskammer" in Bremerhaven passierte, kann man in beiden Fällen in der Tat nur als Verbrechen bezeichnen. Und dies gleich im doppelten Sinne, zum einen als Akt der Zerstörung selbst, zum anderen als Teil der *„verordneten Stadt"*, die aus dieser, unter Berufung auf Nutzen und Sicherheit, jede Lebensnische, jede „diese Stadt" kenn- und auszeichnende Enklave, jede Impulsvariante entfernt, zugunsten steriler Ordnungsstrukturen, die von Stadt zu Stadt einander gleichen. Andy Warhol brachte es einmal auf die Formel, dass das Besondere an New York, Peking usw. jeweils McDonalds sei. Was sich da aber im Außen spiegelt ist der auf das Innen zielende Ordnungszwang, ist die Zurichtung zur Nutzanwendung des Individuums. Ideale und ideele Lebensanlage des clean-cut kids. Man kann darin auch, wie Klaus Heinrich einmal bemerkte, den anhaltenden Zug gegen die Stadt als Hure Babylon erkennen, die Trockenlegung jedes erotischen Verhältnisses jenseits der Bandenegalität. Ein architektonischer Zug, welchen er Anlegung eines *„Volksgesundungskörper"* - in dem sich bereits die Biopolitik ankündigt - nannte und als übernommenes Erbe des NS in den Nachkriegsgesellschaften schnell ausmachte. Ein Zug, der sich eben nicht nur in den dafür typischen martialischen und geschliffenen Architekturformen wiederfinden lässt. Es macht den Eindruck, als ob in diesem Sinne die von Klaus Heinrich beschriebene Bandenmentalität (siehe den dritten Text) ins Überdimensionale wie ins „Kleinste" (das zugleich das Größte ist) gewachsen sei. Begünstigt dabei vom Phänomen der „shifting baselines".

Shifting baselines, Bezeichnung für die sich verschiebende Normalitätsannahme für den jeweiligen Zustand in den man hineingeboren wird und aufwächst, das Phänomen fließender Referenzlinien, *„dass Menschen sich mit ihrer Umwelt in ihren Wahrnehmungen und Werten verändern, ohne das selbst zu bemerken"*. Diesen shifting baselines ist schwerlich zu entkommen und dessen brisante Konsequenzen sind unabsehbar. Nach Ansicht des Autors eines der wichtigsten Momente aller betrachtenden Analysen und sowohl auf das Objekt wie das Subjekt der Betrachtung anzuwenden. Das Konzept wird u.a. bei Harald Welzer in seinem Buch Klimakriege. Wofür im 21. Jahrhundert getötet wird (FfM 2010), aus dem auch das gerade angeführte Zitat stammt, in einem eigenen Kapitel (S. 215 ff) beschrieben. Dort greift Welzer auch auf ein schlagendes Beispiel des Phänomens von Andrea Sáenz-Aronjo zurück. Seine Richtigkeit bestätigt aber schon ein einfacher privater Blick auf etwas, z.B. die Gestalt der Stadt in der man lebt, und deren Normalität für seinen Vater noch eine ganz andere war, als für einen selbst, die wiederum eine ganz andere ist, als für heutige Jugendliche usw. Die, insbesondere im Zusammenhang mit der Klimaveränderung angesprochenen, „shifting baselines" gelten aber auch über den ökologischen Bereich hinaus. D.h. sie lassen sich ebenso in im Zuge kultureller oder politischer Veränderungen, sofern diese keine radikalen Umbrüche darstellen oder durch solche gekennzeichnet sind, beobachten. Daran ändert auch die Geschwindigkeit der Veränderungen nichts, das Tempo der sich vollziehenden Veränderungen scheint also nur eine sekundäre Rolle zu spielen. *„Offenbar können auch sich beschleunigende Abläufe zur Gewohnheit werden."* (Reinhart Koselleck: „Gibt es eine Beschleunigung der Geschichte?" In: Zeitschichten. Studien zur Historik (FfM 2000, S.152/3; zum gleichen Thema im gleichen Band: „Zeitverkürzung und Beschleunigung. Eine Studie zur Säkularisation.) Obwohl diese Entwicklungen innerhalb der westlichen Welt an eine Grenze zu stoßen scheinen, wo die Veränderungen augenfällig werden, scheinen die „shifting baselines", trotz der rasenden Geschwindigkeit mit der sich Veränderungen innerhalb der Gesellschaft und damit diese in sich selbst vollziehen, doch noch weiterhin zu greifen. Ob derzeitige Brüche, die sich andeuten, oder in einem gewissen Unbehagen in der Kultur, von dem schon Freud spricht, in der Moderne schon immer vorhanden waren, ob dieses Bemerken also in der Geschwindigkeit der Abläufe oder der Radikalität der Veränderungen liegt, ist nicht genau zu sagen.

Die dabei wirkende Geborgenheit des Tuns ist ein Zug dieser Bandenmentalität, der von Heinrich nicht erwähnt wird, aber anzufügen wäre. Dies ist keine Verwässerung der Konzentration von Heinrichs Bandenmentalität mit Bezug auf den NS. Im Gegenteil, das Bemerken des Normalitätsgedankens der Bandenmitglieder ist ein Moment, der die Gefahr des Unbemerkten, der auch und gerade im Alltäglichsten statthabenden Bandenmentalität, als Instrument der Zurichtung und der Denkblockade, sichtbar machen könnte und sollte, und damit vielleicht aufbricht, zumindest als Seismograph solcher (Denk-)Bewegung und (Denk-)Formatierung dienen könnte. Gerade da er über den Bandenkern hinausführt und auf das von dessen Sogwirkung leicht zu ergreifende Umfeld weist, könnte er jederzeit als Rauchmelder von Schwelbränden dienen. Etwas, was auch Klaus Heinrich in seinem Text (s.u.) einfordert.
Aber noch einmal zur Vernichtungsproblematik, wenn solch ein verharmlosendes Wort erlaubt ist. Isaacs B. Singers berühmter Satz, der eine Welle der Empörung auslöste, dass für die Tiere jeder Tag Treblinka sei, ist nicht falsch, sobald man die Legitimierungs-, Entschuldigung-, Verdrängungs- und Entlastungsprozeduren, die diese Welle der Empörung vorantreiben und vermutlich treiben, die ebenso tief in der menschlichen Evolution, wie in der menschlichen Symbolik und Begriffsgebung und Gattungsordnung (durch Aristoteles begonnen, doch erst im 18. Jahrhundert, in dem der bürgerliche Geist sich in Position bringt, perfektioniert) wurzelt, beiseite schiebt. Empörungen die allzu mal genau die Vernichtungsprozeduren und Opferrituale weitertragen, die sie zu bekämpfen vorgeben. Der Vorteil blickt man hinter solche Verdeckungs- und Verdrängungsstrukturen wäre dann auch, die Gefahr von Instrumentarium und Struktur Totaler Herrschaft wahrzunehmen und nicht in die Isolationszelle des historisch „Einstigen" zu bannen und damit zu verharmlosen.

Denn zutreffen tut auch der Satz „*Denn es gehet dem Menschen wie dem Vieh*" (Prediger 3, 19). Wer das eine über das andere übersieht, dem ist nicht zu helfen. Eine Verharmlosung ist bereits die Bejahung der Ausschlußfigur, welche in der Vernichtungsgewohnheit endet und die der Vernichtungsmentalität totaler Herrschaft nur umso größere Kräfte zuspielt. Auch hier sei Klaus Heinrich gedankt für eine erlebte Geschichte, die mich tief beeindruckte, so einfach sie war, und die man unter den Titel stellen könnte: Wie Klaus Heinrich einmal einen Käfer rettete.

Da die Tierrechtsphilosophie und Tierethik mittlerweile feste Zweige der Philosophie sind - zusammen mit der Ökologie, der Technologie und der Biopolitik vermutlich die signifikantesten aller aktuellen philosophisch-politischen Überlegungen - hat sich auch eine große Anzahl an Schriften dazu eingestellt. Für den Interessierten sei hier nur hingewiesen auf: Charles Patterson. „Für die Tiere ist jeden Tag Treblinka". Über die Ursprünge des Industrialisierten Tötens. FfM 2004; Nick Fiddes. Fleisch. Symbol der Macht. FfM 1998; Hans Wollschläger. Denn es gehet dem Menschen wie dem Vieh: Wie dies stirbt, so stirbet er auch. Bad Nauheim 2001; dergl. Tiere sehen dich an. Göttingen 2002; Peter Singer. Befreiung der Tiere. München 1982; dergl. Praktische Ethik. Stuttgart 1994; Helmut F. Kaplan. Tiere haben Rechte. Erlangen 2002; Jonathan Safran Foer. Tiere essen. Köln 2011; Karen Duve. Anständig essen. Ein Selbstversuch. Berlin 2011; Richard David Precht. Tiere denken. München 2016. Sowie auf die Aufsätze von Gerhard J. Baudy. Hierarchie oder Die Verteilung des Fleisches. In: Neue Ansätze in der Religionswissenschaft (Hrsg.: Burkhard Gladigow & Hans G. Kippenberg) München 1983; Jürgen Ebach. Konversion oder Vertilgung. Utopie und Politik im Motiv des Tierfriedens bei Jesaja und Vergil. In: Spiegel und Gleichnis. Festschrift für Jacob Taubes. (Hrsg.: Norbert Bolz & Wolfgang Hübener) Würzburg 1983 und Rolf Michael Böttcher. „Denn es geht dem Menschen wie dem Vieh". Fleischverteilung und Hierarchie. Eine Skizze. In: Studienschriften und frühe Vorträge Bd. 1. Norderstedt 2011. In historischer Perspektive ist interessant: Johannes Haussleiter. Der Vegetarismus in der Antike. Berlin 1935 und literarisch die entsprechenden Romanabschnitte bei Jonathan Coe. Allein mit Shirley. München, 1998. Auf ein mögliches Kardinalproblem des Umgangs mit Tieren, dem Konflikt zwischen Umwelt- und Tierschützern, weist literarisch T. C. Boyle mit seinem Roman Wenn das Schlachten vorbei ist (München 2013) hin. Denn auch das Richtige, wenn auch nie aufzugeben, ist nie einfach und bruchlos.

Zur Biopolitik grundlegend die Vorlesungen von Michel Foucault am Collège de France, abgedruckt in: Geschichte der Gouvernementalität I. Sicherheit, Territorium, Bevölkerung. Vorlesung 1977-1978. FfM 2011 und Geschichte der Gouvernementalität II. Die Geburt der Biopolitik Vorlesung 1978-1979. 2011. Desgleichen das Homo sacer Projekt von Giorgio Agamben.

Zur Ökologie sei erwähnt Harald Welzer. Das Ende der Welt, wie wir sie kannten. FfM 2011 oder John Robert McNeill. Blue Planet. Die Geschichte der Umwelt im 20.

Diese bekannte Struktur des Judenhasses, der im Antisemitismus gipfelt, wird nach Heinrich im Johannes-Evangelium spürbar[7], vielleicht sogar begründet, auch wenn es nur als eine Möglichkeit in diesem angelegt ist. Denn kaum eine andere Schrift hat dermaßen seine Begriffe aufgeladen und damit in eine Vieldeutigkeit versetzt wie das Johannes-Evangelium. Eine Ambivalenz, die immer wieder zu unterschiedlichsten Auslegungen gedrängt hat. Jede Festlegung, auch die auf den latenten Judenhass, bleibt daher unsicher. Ein Unbehagen diesbezüglich aber ist nicht abzutun und seine Möglichkeit definitiv gegeben. Dennoch, die Aufladung der Begriffe ist im Johannes-Evangelium dermaßen hoch, dass man nicht nur die religiösen Grundlagen des Antisemitismus, sondern genauso gut die der abendländischen Sozialbewegungen in ihm erkennen kann. Daher bleibt es am je aktuellen Leser zu entscheiden, was er aus dem Evangelium zu gewinnen trachtet und - jeder Leser wird so in die eigene Verantwortung seiner Einstellung gestellt. Keine einfache Aufgabe und schon kein geringerer als Augustinus bekannte zu Anfang seiner Vorträge über das Johannes-Evangelium: *„so bin ich in großer Verlegenheit, wie ich mit der Hilfe des Herrn sagen oder nach meinem schwachen Vermögen erklären kann, was aus dem Evangelium verlesen wurde"*.[8] Der beste Schutz aber gegen

---

Jahrhundert Campus. FfM 2003. Literarisch: T. C. Boyle. Ein Freund der Erde. München 2003.

Weitere Verweise dann jeweils in den genannten Bänden.

[7] Ein seit langem in der Religionswissenschaft bekannter Zug des Evangeliums, den Heinrich keineswegs als erster anspricht, so dass seine Gründe, erneut darauf hinzuweisen, anderswo zu finden sein müssen und auf anderes zielen. Nach diesen wird zu fragen sein. (s.u.)

[8] Des heiligen Kirchenvaters Aurelius Augustinus Vorträge über das Evangelium des hl. Johannes; 1. Vortrag. In: Bibliothek der Kirchenväter. Des heiligen Kirchenvaters

eine antisemitische[9] Auslegung könnte der sein, um dieses Potential des Textes zu wissen.[10]

Aurelius Augustinus ausgewählte Schriften Bd. 4-6. Kempten/München 1913-1914. (Die meisten Bände der Bibliothek der Kirchenväter sind auch digital einsehbar unter https://bkv.unifr.ch) In ungewohnter Bescheidenheit fährt Augustinus dann fort: *„Ich wage zu behaupten, meine Brüder, vielleicht hat auch Johannes selbst nicht gesagt, wie es ist, sondern auch er, wie er konnte, weil von Gott ein Mensch gesprochen hat, zwar ein von Gott erleuchteter [inspiratus], aber immerhin ein Mensch. Weil erleuchtet, hat er etwas gesagt; wäre er nicht erleuchtet gewesen, so hätte er nichts gesagt; weil aber ein erleuchteter Mensch, so hat er nicht alles, was ist, gesagt, sondern was ein Mensch konnte, hat er gesagt.“* Also auch hier bleibt unser Wissen Stückwerk und Erkenntnis von Angesicht zu Angesicht versagt. Unser Wissen ist doxa, hier und überall und immer.

[9] Auf die Unterscheidung von Judenhass und Antisemitismus als politische Ideologie, welche sich zum Ende des 19. Jahrhundert herausbildet, soll hier nicht weiter eingegangen werden. Siehe dazu z.B. Hannah Arendt. Elemente und Ursprünge totaler Herrschaft. München 1986. Nach Ansicht des Schreibenden immer noch zusammen mit Ernst Nolte. Der Faschismus in seiner Epoche. München 1984 die beste und eindringlichste Studie zur Totalen Herrschaft.

[10] Dies ist die Möglichkeit, welche der Autor anderen Möglichkeiten des Umgangs mit dem Johannes-Evangelium im Besonderen und dem Problem von Judentum und Christentum im Allgemeinen vorzieht und für geeigneter hält als die Harmonisierung oder die fundamentale Feinderklärung. Die Sichtbarmachung latent schlummernder Möglichkeiten könnte seinem Erachten nach eher zur Sublimierung dieser Möglichkeiten führen, als deren Verdrängung, die bekanntlich das Verdrängte in verzerrter Form zurückkehren lässt oder deren ungefiltertes Ausleben, das im Manifesten erstarrt, fördert. Aufklärung und psychoanalytische Techniken würde so Hand und Hand gehen. Einen ähnlichen Ansatz vertritt vielleicht Karl-Wolfgang Tröger, wenn er die Voraussetzungen des interreligiösen Dialogs in einer Würdigung, die er Carsten Colpe zukommen lässt, benennt: Colpes *„Publikation Problem Islam belegt, wie Sachkenntnis über Religionen und Kulturen, kombiniert mit Analysen aktueller Ereignisse — wie Golfkrieg oder Rushdie-Affäre — den Boden für das Verstehen einer lebendigen Religion im gesellschaftlichen Kontext zu bereiten vermögen. Beides zusammen — die Kenntnis der Religion des Dialogpartners und das Wissen um die aktuellen Lebensbezüge der Religion — sind Voraussetzungen für einen fruchtbaren Dialog, der in die Tiefe geht und neben dem praktischen Gespräch vor Ort, d.h. dem dialogischen Zusammenleben von Menschen verschiedener Religionen, geführt werden muß.“* (Bibel und Koran. Historische und theologische Gesichtspunkte für den christlich-muslimischen Dialog. In: Tradition und Translation. Zum Problem der interkulturellen Übersetzbarkeit religiöser Phänomene. Festschrift für Carsten Colpe

Klaus Heinrich hat, so erfahren wir zu Anfang, seine Notizen aus einem direkten Anlass heraus gemacht. Dieser bestand in der Frage einer Kollegin an der FU. Keine geringere als Marianne Awerbuch[11], um den Namen zu nennen, fragte ihn

---

zum 65. Geburtstag. Hrsg.: Christoph Elsas u.a. Berlin/NY 1994) Und auch Jacob Taubes könnte daraufhin gelesen werden, wenn er in „Abendländische Eschatologie" (München 1991) den Gedanken verfolgt, dass erst die Erkenntnis der Irre als solcher aus ihr heraus führt, insofern man sich nicht länger von ihr beirren lässt. Erst dann kann sich das Wesen der wirklichen Wahrheit (der Welt) offenbaren, als das sich die Irre ausgegeben hat. Das Wesen der Wahrheit ist aber die Freiheit. (Dazu siehe oben auch den Abschnitt zur Apokatastasis der Begriffe.)

[11] Marianne Awerbuch war an der Freien Universität (FU) Berlin Professorin für Geschichte und Judaistik. 1967 war Jacob Taubes Direktor des Seminars für Judaistik und Direktor der Abteilung für Hermeneutik des Philosophischen Seminars geworden, 1977 gab er diese Doppelfunktion auf und konzentrierte sich auf die Hermeneutik und Awerbuch wurde 1979 zur kommissarischen Direktorin der Judaistik ernannt. Inwiefern sie als Leiterin des Instituts in der Nachfolge von Jacob Taubes hier möglicherweise von Klaus Heinrich als kleiner Seitenhieb gegen diesen ins Spiel gebracht wird, bleibt offen. Dieser könnte, wenn es denn einer ist, auf einen konkreten Konflikt sich beziehen, in den Heinrich hier bewusst oder unbewusst eingreift. Der Streit zwischen diesen beiden Denkern, „*Lichtgestalten, die im heutigen Lehrbetrieb undenkbar wären*", wie Max Glauner sie in seinem Artikel Das Grab Jacob Taubes' am Oberen Friesenberg (https://maxglauner.com/2020/11/17/bi-polar-paralipomenon-xxiii-das-grab-jacob-taubes-am-oberen-friesenberg/) beschreibt, die merkwürdigerweise eine Reihe von Schülern und Hörern teilten, ist legendär und bestimmten den gesamten Fachbereich 11, vielleicht das Universitätswesen als solches. Rudi Thiessen hat diesen Streit in einem Artikel unter dem Titel Die jahrzehntelange Fehde zwischen den Religionswissenschaftlern Klaus Heinrich und Jacob Taubes um Geschichte, Apokalypse, Staat und Universität. Eine Fußnote gegen den Rest der Nachkriegsphilosophie eingefangen, der in der Berliner Zeitung in der Ausgabe vom 16. 4. 1998 veröffentlicht wurde. Thiessen spricht dort vom Drama „*dieser Königskinder, die nicht zusammenfinden konnten*". Der Streit zwischen ihnen war geistig tiefgehend und entfachte sich nicht nur in der Verschiedenheit der Charaktere oder dem Duktus ihres Denk- und Redestils, sondern an Eckpunkten ihres Denkens selbst, aus denen beide, was sie zu großen Denkern machte, ihre Identität bezogen. Aus diesen Punkten und Einstellungen ergaben sich beim Zusammentreffen beider unüberbrückbare Differenzen. Der Kern ist nach Thiessen: „*Apokalyptiker, welcher Spielart auch immer, sind für ihn* (Klaus Heinrich, RB) *Verstärker jener*

31

Katastrophenfaszination, welche die größte geistige (und durchaus reale) Bedrohung der Gattung darstellen." Für Taubes dagegen war die Apokalyptik der einzige gangbare Weg zur Rettung der Geschichte und als einzige in der Lage die Zwänge und den Kreislauf des Status quo, des Immer-so-weiter zu brechen, der für ihn zur Vernichtung, geistig wie real, führen musste. Für Heinrich hatte das Gespräch zwischen Kultur und Politik ein endlos langes, immer weiter gehendes zu sein, sollte es nicht ins Schweigen der Katastrophe oder der Unterdrückung - irgendwo im Versuch über die Schwierigkeit nein zu sagen (FfM 1982) spricht Heinrich von der *„Bedrohung der Sprachlosigkeit"* - versinken, hatte immer aufs Neue Balancen auszurichten. Für Taubes war das endlose Gespräch dagegen ein Greul, welches den mythischen Unterdrückungszustand nur immer weiter führen und erhalten würde. Ihm galt es, diesen zu beenden und dies konnte nur (in der Gefahr) der Entscheidung geschehen. Bescheiden könnte man anmerken, dass sich beide „nur" um Reform oder Revolution stritten, das Ziel aber am Ende identisch war. Bekanntlich sollen sich daraus die größten Kämpfe ergeben. (siehe unten die Passagen zu Abraham und Lessing). Noch ketzerischer könnte man sagen, dass da zwei Brüder im Geiste um die eine Wahrheit bzw. den Weg dorthin stritten, die bzw. den beide für die bzw. den ihre(n) hielten. *„Im Verhältnis zur Politik setzt sich all dies nahtlos fort. Die Trennung von Kirche und Staat war für Taubes, salopp gesprochen, immer eine amerikanische Erfindung ... Für Klaus Heinrich dagegen hat die moderne Demokratie auch deshalb utopische Potentiale, weil in der Folge der Trennung von Kirche und Staat neben der Religionsfreiheit auch die Freiheit der Wissenschaften und der Künste garantiert wurden"* (Thiessen). Amüsanter Weise erlaubte Taubes seine Haltung dort Bündnisse einzugehen, wo sie für Klaus Heinrich ausgeschlossen waren. Ein solches war für Taubes dann auch das Angebot des in Berlin zu jener Zeit als Senator wirkenden Peter Glotz, einen *„Zipfel der Macht"* zu ergreifen und Einfluss an der Ausrichtung der FU zu nehmen, was für Heinrich deren Ausverkauf gleichkam und zu einem vehementen Schlagabtausch führte. Womit man wieder bei Awerbuch wäre.

Erst nach Abschluss des Manuskripts wurden mir zwei Bücher bekannt, in denen Heinrich und Taubes eine Rolle spielen sollen und in denn ihre Fehde thematisiert werden soll. Obwohl ich beide nicht mehr einsehen konnte, sei für Interessierte auf sie hingewiesen. Zum einen Hauke Ritz. Der Kampf um die Deutung der Neuzeit. Die geschichtsphilosophische Diskussion in Deutschland vom Ersten Weltkrieg bis zum Mauerfall. Paderborn 2015 und zum anderen der Roman von Heinz Budde, Bettina Munk, Karin Wieland. Aufprall. München 2020

Aber mehr noch, über dem konkreten Konflikt steht ein allgemeiner. Denn Awerbuchs Anliegen war es, zu einer Versöhnung, zumindest einem Miteinander zwischen Judentum und Christentum zu kommen, was Taubes seinerseits theologisch für unmöglich erklärt hatte. Siehe Jacob Taubes. The issue between Judaism and

nach seinem Umgang mit der Bezeichnung AT[12], die er damals in seinen Veranstaltungen wohl verwendete. Eine Frage, die ins Herz eines schon lange bekannten Problemzusammenhangs[13] zielte, dem Problem der in dieser

---

Christianity (1953) (Übersetzt und wiederabgedruckt als Die Streitfrage zwischen Judentum und Christentum. Ein Blick auf ihre unauflösliche Differenz. In Jacob Taubes. Vom Kult zur Kultur. Paderborn, 1996). Das konnte Heinrich natürlich auch nicht so stehen lassen.

[12] Die Bezeichnung geht zurück auf Jer. 31,31–34, wo ein *„neuer Bund"* verheißen wird. *„Siehe, es kommt die Zeit, spricht der HERR, da will ich mit dem Hause Israel und mit dem Hause Juda einen neuen Bund schließen, nicht wie der Bund gewesen ist, den ich mit ihren Vätern schloß, als ich sie bei der Hand nahm, um sie aus Ägyptenland zu führen, ein Bund, den sie nicht gehalten haben, ob ich gleich ihr Herr war, spricht der HERR; sondern das soll der Bund sein, den ich mit dem Hause Israel schließen will nach dieser Zeit, spricht der HERR: Ich will mein Gesetz in ihr Herz geben und in ihren Sinn schreiben, und sie sollen mein Volk sein, und ich will ihr Gott sein. Und es wird keiner den andern noch ein Bruder den andern lehren und sagen: «Erkenne den HERRN», sondern sie sollen mich alle erkennen, beide, klein und groß, spricht der HERR; denn ich will ihnen ihre Missetat vergeben und ihrer Sünde nimmermehr gedenken."* Dem hebräischen Wort *berît* (Bund, Vertrag) entspricht im Griechischen *diatheke* und im Lateinischen *testamentum*.
Etabliert wird der Begriff aber wohl durch Paulus' Rede vom *„alten Bund"* in 2 Kor 3,14. Eine Stelle, in der das Problem schon aufschießt. In 2 Kor 3, 12-18 heißt es: *„Dieweil wir nun solche Hoffnung haben, brauchen wir großer Freudigkeit und tun nicht wie Moses, der die Decke vor sein Angesicht hing, daß die Kinder Israel nicht ansehen konnten das Ende des der aufhöret; sondern ihre Sinne sind verstockt. Denn bis auf den heutigen Tag bleibet dieselbige Decke unaufgedeckt über dem Alten Testament, wenn sie es lesen, welche in Christus aufhöret. Aber bis auf den heutigen Tag, wenn Moses gelesen wird, hängt die Decke vor ihrem Herzen. Wenn es aber sich bekehrete zu dem Herrn, so würde die Decke abgethan. Denn der Herr ist der Geist. Wo aber der Geist des Herrn ist, da ist Freiheit. Nun aber spiegelt sich in uns Allen des Herrn Klarheit, mit aufgedecktem Angesichte, und wir werden verkläret in dasselbige Bild von einer Klarheit zu der andern, als vom Herrn, der der Geist ist."*
[13] Um den Umfang dieses Komplexes anzudeuten sei auf einen Aufsatz von Hubert Cancik hingewiesen, in dem die allegorische Enteignung der Thora durch die Geschichtsschreibung der Kirchenväter behandelt wird: Die Funktion der jüdischen Bibel für die Geschichtsschreibung der Christen in der Antike. In: Richard Faber & Jürgen Ebach (Hrsg.). Bibel und Literatur. München 1998.

Bezeichnung liegenden Aneignung und Einschätzung, ja Wertung des Judentums durch das Christentum. Genau dieses Verhältnis von Alt und Neu, von AT und NT[14], man kann auch sagen das spannungsgeladenen Verhältnis von

---

Wie stark das Modell des Johannes-Evangeliums gewirkt hat, wird vielleicht an einem, wenn nicht dem wichtigsten der Kirchenväter sichtbar, an Augustinus. Liest man Cancik Beschreibung ist man verblüfft, wie groß die Übereinstimmung ist. Cancik schreibt (S. 27 ff): *„Augustin eignet sich die 'wirkliche, eigentliche' jüdische Geschichte an, indem er sie christlich allegorisiert. Dabei werden die Juden enteignet: sie können ihre eigene Geschichte nicht verstehen, sonst wären sie keine Juden mehr. Augustins Entwurf ist strukturell antijüdisch. Er konstruiert keine gemeinsame Geschichte von Juden und Christen, sondern usurpiert die jüdische Geschichte und enteignet die Juden. Bedrohlich erscheint die Auffassung einer geschichtlich begründeten 'Erbfeindschaft' zwischen den beiden konkurrierenden Religionen ... 1. folgende Stoffe, Themen und Formen hat die christliche von der jüdischen Historiographie übernommen: den Weltzeitraum - von der Schöpfung bis zum Gericht; den Orient als Raum der (Heils-)Geschichte; die Schemata einer Heilsgeschichte mit Verheißung, Erfüllung, Lohn, Strafe; die Epochenspekulation; die Religionsgemeinschaft als Geschichtssubjekt (tertium genus; verus Israel). 2. Die christliche Geschichtsschreibung wird darüber hinaus von dem Gedanken geleitet, daß die Juden ihre eigene Geschichte nicht verstehen, daß seit Antiochos ihr Kult Teufelswerk ist (Hieron. comm. Dan. 3,9,24) und daß seit dem Tode Jesu die Geschichte ihrer Bestrafung dient. Die jüdischen Katastrophen sind fester Bestandteil christlichen Geschichtsdenkens. Der christlichen Heilsgeschichte ist, sozusagen als Beweise contrario, eine jüdische Unheilsgeschichte zugeordnet. Exegeten wie Hieronymus und Augustin finden beides in der jüdischen Bibel. ... Die christliche Allegorese der jüdischen Geschichtsschreibung bewirkt einerseits Erbe (bzw. Usurpation), andererseits Enteignung. Nur als christliche macht demnach die Geschichte der Juden einen Sinn. Die christliche Allegorese schafft nicht eine gemeinsame Frühgeschichte, sondern ergreift die gemeinsame als die eigene und besondere Geschichte."* Es scheint, als ob sich die Unversöhnlichkeit der Religionen seit Johannes sogar noch verschärft hätte. Ebenso dass die Wegnahme einer unentwegten Wiederholung bedarf. (Dazu siehe unten Anmerkungen zur Berliner Gemäldegalerie.) Es scheint aber auch, als wenn die Wegnahme von der einen Religion durch eine andere System hätte, denn auch der Islam wäre ohne solche Wegnahmen aus dem Juden- und Christentum nicht möglich. Dazu sie u.a. Wilhelm Rudolph. Die Abhängigkeit des Qorans von Judentum und Christentum. Stuttgart 1922.

[14] *Fußnotenexkurs 4:* Es mag der Hinweis erlaubt sein, dass die Verkettung beider Bezeichnungen auch die jüdische und christliche Zeitvorstellung der Linie impliziert,

die den Zirkel der Antike ablöst und bis in den Fortschrittsglauben der Neuzeit reicht. Zu bemerken ist dann aber auch, dass diese Ersetzung des antiken Kreises durch die jüdisch-christliche Linie, wie sich gezeigt hat, keineswegs den mythischen Verlauf bricht, sondern nur überträgt, insbesondere sofern die Linie ohne Eschaton endlos weiterverläuft. Dies wurde früh bemerkt und u.a. in einer Spiralform aufzufangen versucht. Dazu schreibt Reinhart Koselleck: *„So vergleicht Otto Wigand zwei Jahre vor der 1848er Revolution die Geschichte mit der Bahn des Erdballs - nur daß er »mit unbekanntem Zentralpunkt niemals wieder an denselben Punkt gelangt: So verläuft auch die Geschichte in einer nie in sich zurückkehrenden Linie was man auch reden mag von ihrem Kreisen«. In stetiger Bewegung trete man unaufhörlich »in neue Zustände ein«. Die Spiralmetapher konnte den Anteil des wiederkehrenden Alten und des zu erwartenden Neuen verschieden dosieren, indem die Spirallinie diachron gestreckt wurde, ohne der Wiederholungskurve gänzlich entraten zu können. In diesem Sinne sprach schon Kant von den wiederholten Anläufen, die die Menschheit auf der Bahn des Fortschritts unternehmen werde, um sich einem republikanisch verfaßten Friedenszustand anzunähern. Und ebenso bediente sich Marx der Wiederholungsmetaphorik, um das Proletariat zu immer neuen Anläufen zu ermutigen, bis endlich nach einem langfristigen Lernprozeß die letzte Revolution eingelöst werden könne."* (Revolution als Begriff und als Metapher. In: Begriffsgeschichten, S. 249.) Diese Spiralmetaphorik ist ein verzweifelter Auffangversuch der Fortschrittsthese der Geschichtsphilosophie der Aufklärung.

Der entscheidende Punkt ist aber ein anderer. Auch diesen spricht Koselleck deutlich aus. So heißt es in Zeitschichten (S. 19f): *„Die üblichen Weisen der Historiker, Zeit zu behandeln, sind bekanntlich doppelpolig: Entweder wird Zeit linear, gleichsam als Zeitpfeil dargestellt, sei es teleologisch oder sei es mit offener Zukunft. In diesem Fall handelt es sich um eine irreversible Form von Ablauf. Oder aber Zeit wird rekurrent und kreisläufig gedacht. Dieses Modell, das die Wiederkehr des grundsätzlich Gleichen thematisiert, wird gerne auf die Griechen zurückgeführt, denen gegenüber Juden und Christen das lineare Modell entwickelt hätten. Daß diese Opposition ideologisch vorbelastet ist, hat Momigliano bereits gezeigt. Von beiden Modellen läßt sich sagen, daß sie unzulänglich sind, denn jede geschichtliche Sequenz enthält sowohl lineare wie rekurrente Elemente. Vor allem ist jeder sogenannte Kreislauf in sich auch teleologisch zu denken. Denn das Ende der Bewegung ist das vom Anfang her vorgesehene Ziel, der Kreislauf selber also eine in sich zurückweisende Linie."* Ebenso ist eine ins Unendliche weiterverlaufende Linie eine der Endlosigkeit des Kreises, ist kein Sprung aus dem Mythos, sondern behält dessen Bewegung des Gleichförmigen ganz und gar bei. Dem Dualismus der Zeitvorstellungen, dessen Komponenten doch ineinander fallen und in Eins laufen - trägt der Zyklus doch das Telos der Linie in sich und die Linie die Unendlichkeit des Kreises - versucht Koselleck dann mit einem beeindruckenden anderen Zeitmodell, das zu erörtern hier nicht der Ort sein kann, zu unterlaufen, eben dem Modell der Zeitschichten. Zur Vorstellung von Zeit allgemein siehe: Rudolf

Wendorff. Zeit und Kultur. Geschichte des Zeitbewußtseins in Europa.Opladen 1985 und Karen Gloy. Philosophiegeschichte der Zeit. Paderborn 2008. Hier aber ist wichtig zu erkennen, dass auch den – das Wort sagt es schon – Glaubensvorstellungen und Ideologien der Neuzeit, seien es die der Geschichtsphilosophie der Aufklärung, also des Fortschritts mit den Göttern der Wissenschaft und Ökonomie, oder andere, stets mythische Einkesselung und Dominanzgestalt und -wirkung anhaften. Dies zeigt sich bereits in bestimmten Floskeln und Phrasen. *„Gott wird es richten."* ist nicht allzu weit entfernt von *„Der Markt wird es regeln."* und die Gesetze Gottes sind nicht weniger Hypostasen wie die Gesetze des Marktes. Wahrheitsproklamationen und Weltbilder sind und bleiben Proklamationen und Weltbilder, so felsenfest sie sich auch geben mögen. Auch auf die Strukturgleichheit der Fortschrittsideologie mit der Heilsgeschichte ist schon an zahllosen Stellen hingewiesen worden, ebenso auf die Wissenschaftsdominanz als Religionssurrogat. All dem aber machen Geschichte und Philosophie einen Strich durch die Rechnung, sollen es zumindest. Um diesen Strich, der gegen den Strich verläuft, geht es.

Das ist nicht neu und schon immer konnte man das Wesen der Philosophie in diesem Sinne verstehen. Denn der Anfang aller Philosophie ist nach einer Bemerkung des Platon (Theaet. 155 d) und des Aristoteles (Metaphys. 1, 2, 982 b 12) das ϑαυμαζειν, das thaumazein, das Staunen. Wie funktioniert das? In unserer Umgebung auf und über der Erde, die der gewöhnliche Mensch als bestehend einfach hinnimmt, sieht der philosophisch Veranlagte Auffallendes, der Erklärung Bedürftiges, und stellt, indem er diesem Staunen Ausdruck verleiht, zunächst sich und dann andere vor Probleme, die Zweifel am Gegebenen hervorrufen und, um neue Sicherheit zu erlangen, einer neuen Betrachtung und Erklärung bedürfen. Diese zu unternehmen ist dann die Aufgabe und das Werk der Philosophie.

Dabei beginnt dieses Werk, im Grunde also die Philosophie selbst, mit der Betrachtung der Außenwelt und zwar mit nichts geringerem als dieser im Ganzen. Den mythischen Kosmologien der Antike fügt die Philosophie in langsamen Schritten die große onto-logische Frage, später die Fragen nach der Einheit und Vielheit, dem Entstehen und Vergehen, nach der Ordnung des Seins an. Es ist die Frage nach dem Sein, die später in der Formulierung, warum ist überhaupt etwas und nicht vielmehr nichts, gestellt wird, also die Frage des zureichenden Grundes, die allein weltlich, also a-mythisch und a-religiös beantwortet werden soll. (Dafür den Mythos heranzuziehen ist legitim und wird schon von Platon so gehandhabt, auch dies könnte unter die Kategorie des Ringens um Begriffe fallen.) Sie ist noch ganz die Frage der Vorsokratiker, denen Heidegger daher auch eine Ahnung der Frage nach dem Sinn von Sein zuspricht. Erst im Anschluss wird diese Frage erweitert oder verengt, je nach dem, und es beginnen die Fragen nach Einzelnem in diesem Sein die Frage nach dem Ganzen zu überdecken.

(Könnte sich dies als Figur ähnlich später beim Übergang von der Substanz- zur Existenzphilosophie vollziehen, in deren Schatten wir heute stehen? Wenn ja, dann würde Heidegger ganz paradox gegen sich selbst laufen und die Frage nach dem Sinn von Sein verbergen, anstatt sie ins Unverborgene zu bringen.)

Dies ist für Heidegger der Beginn des Vergessens der Seinsfrage. Der Mensch, dessen Handlungen sicherlich immer Objekte des Nachdenkens waren, die aber zuvor nie in philosophische Zweifel gezogen worden waren, sondern stets im Sinne der Sitte der Väter, also der Tradition behandelt wurden, also nicht als solche (im Ganzen) befragt und in Zweifel gezogen wurden, sondern als Norm unbefragt hingenommen, dieser Mensch und seine Handlungen rücken jetzt in den Fokus der philosophischen Überlegungen, wo sie spätestens mit den Sophisten und anschließend mit Sokrates sich etablieren. Damit nimmt der Grad an philosophischer Irritation enorm zu. Es ist die Geburtsstunde der Ethik wie der Anthropologie. Von da ist es aber noch ein großer Schritt, bis der philosophisch fragende Blick sich auf sich selbst, auf den Geist, die Vernunft als Quelle und Träger aller Erkenntnis zu richten vermag, das Subjekt sich als Objekt zu reflektieren versteht, um in einem letzten Schritt in der Neuzeit und dann in der Moderne noch dieses Hinterfragen zu hinterfragen. Auch dies eine Schwelle, die zu betreten mit Schopenhauer und Nietzsche das Denken beginnt und spätestens mit Freud und der folgenden Philosophie besetzt wird und auf der wir immer noch stehen. Vereinfacht gesagt: Dachte das Denken zunächst das Sein, so dachte es anschließend das Subjekt, den Menschen, um schließlich sich selbst zu denken, was das Dilemma hervorrief, dass es sich selbst, spätestens zu Beginn des 20. Jahrhunderts, fragwürdig wurde. Aber das ist schon Denk- bzw. Philosophiegeschichte, in der der Philosoph, der Denkende eben seine Rolle spielt.

Wenn Hannah Arendt, in einem Vortrag über Sokrates (Sokrates. Apologie der Pluralität. Berlin 2016), die Rolle des Philosophen darin sieht, permanent zu irritieren, so liegt dies in der Tat von vorne herein ganz im Wesen dessen, was man Philosophie nennt und was im 20. Jahrhundert sich ungemein, auf sich selbst gehend, zu verdichten scheint. Dies macht eine heutige Stellungnahme der und zur Philosophie ebenso angemessen wie schwierig. Die Rede von ihrem Ende, vom Ende der Philosophie, spielt dabei weniger eine Rolle, sofern diese die Philosophie so häufig auf ihrem Weg begleitete, dass sie schon fast zum Bestandteil von dieser geworden ist. Das metaphysische Fragen ist Wesensanteil des Menschen und Philosophie daher mal mehr, mal weniger manifest in seinem Alltag verankert und mal mehr, mal weniger als Wert angesehen. Was aktuell viel drängender sich als Frage stellt, wie kann die Philosophie als irritierende ihre konstitutive Rolle spielen, wie soll sie sich anlegen, in einem Stück, in dem alles als und aus Irritation zu bestehen scheint, das voll und übervoll von Irritationen ist. Und wie gelangt sie über die Irritation an sich selbst, an der Nietzsche zerbrechen wird, hinweg? Vielleicht indem sie die als Sicherheit vorgebrachte Irritation irritiert, den Widerspruch in sich selbst bemerkt, den Gang in der Irre als Gang in die Irre ausmacht. Man mag zweifeln. Aber auch der gegenteilige Weg, alle Irritation zu bejahen, führt nicht sehr weit. Philosophische Demut, auch sie von Beginn an Wesensanteil der Philosophie, ist angebracht. Wahrheitsansprüche zu

Judentum und Christentum, gibt dann den Rahmen ab, in dem sich die Überlegungen Heinrichs zum Johannes-Evangelium bewegen. In diesem Evangelium lässt sich das Problem in geballter Form ablesen, wie es Klaus Heinrich in seinen Notizen nunmehr detailiert unternimmt.

Dabei korrigiert Heinrich seine eigene, damals Awerbuch gegebenen Antwort, er verwende den Terminus AT in Reminiszenz an die widerstehende Kirche im III. Reich. Heinrich spürte wohl nicht nur den Mangel dieser Antwort, die nicht nur die Rolle der Kirche zur Zeit des Nationalsozialismus wenig differenziert betrachtete[15], sondern spürte auch, dass das ihre Geschichte durchziehende Verhältnis zum Judentum damit in gewisser Weise verdrängt wurde und seine Antwort zu einer Fluchtbewegung machte. Daher noch einmal sein Blick auf das vierte Evangelium. Denn das Unbehagen, das Heinrich an der eigenen Antwort empfindet wird er im und am Johannes-Evangelium wieder spüren.

Das Gesamtproblem und den Zielpunkt seiner Überlegungen, die wie zumeist durch einen Dschungel von Nebenwegen und Umwegen[16] führen, fasst Heinrich zunächst wie beiläufig in

---

stellen ist so kaum empfehlenswert. Eher das Eingeständnis, dass sie sich auch zu irren vermag, ohne aber deswegen an sich selbst irre zu werden. Dass sich der philosophisch - ebenso schlau wie naiv - Fragende damit wenig „Freunde" macht liegt in der Sache selbst, ist in einer Zeit der „Wahrheitsbesitzenden" aber vielleicht besonders brisant.

[15] Ein vehementes Gegenbeispiel im Verhalten „christlicher Vertreter" wäre die Rede von Reinhold Krause „Gegen die Seelenverjudung" im Sportpalast am 13.1.1933. (Abgedruckt in: Deutsche Glaubensfront Heft 1. Leipzig 1935). Leider nur ein Beispiel von vielen. Die Frontstellung von Bekennender Kirche versus Deutsche Christen ist bekannt.

[16] Welche alle, und dies allein macht nicht zuletzt Heinrichs Geistesgröße aus, einer weit ausgearbeitete Betrachtung wert wären. Welche aber auch alle nie den Kontakt

der Bemerkung: *„die jüdische Wahrheit wurde festgehalten als christliche Wahrheit".*[17] Damit hat er das Thema angesprochen, welches bereits im Titel des Aufsatzes präsentiert wird, dort sogar durchaus stärker wertend und schärfer pointiert, als es diese erste Bemerkung tut, was einfach durch den Einsatz der Vokabel „wegnimmt" anstelle von „festgehalten" erreicht wird.[18] Auch in welchem Problemkontext er sich damit bewegt macht Heinrich gleich deutlich, denn was am Verfahren des Johannes-Evangelium expliziert werden kann, ist eben das gesamte Verhältnis

---

zum Thema verloren und immer zu diesem zurückführten, nun um die Schätze dieser Umwege bereichert. Jürgen Kaube hat dies in einem Artikel der FAZ vom 24. 11. 2020 (https://www.faz.net/aktuell/feuilleton/zum-tod-von-klaus-heinrich-17069031.html) ebenfalls angeschnitten, als er den „typischen" Heinrichgestus beschrieb. *„Auf und ab gehend dechiffrierte er Bildnisse, Märchen, mythologische Figuren oder Gedichte, kam vom einen aufs andere, ohne dass je der Eindruck entstanden wäre, er sei ein Sammler, der Schätze ausbreite."* In der Tat wird jedem, der Heinrichs Vorlesungen erleben durfte wohl genau dieses Bild im Gedächtnis bleiben. Heinrich im blauen Anzug auf und ab schreitend und dabei laut – denkend. Klaus Heinrich sammelte nicht Schätze, sondern brachte sie einem. Geborgen hatte Klaus Heinrich diese Schätze mit *„genialer Deutungsgabe"*, wie sie ihm Thomas Assheuer in seinem Nachruf auf Heinrich Nein zum Schicksalsdenken in der Zeit 26. 11. 2020 (49/2020) bescheinigte. Desgleichen sprach auch Wolfgang Fritz Haug an in seinem Versuch, Klaus Heinrich Dank zu sagen. Zum neunzigsten Geburtstag am 23. September 2017 (Das Argument 323/2017, S. 397): *„Wer Heinrich kennt, weiß, dass er jederzeit bereit ist, Zusammenhängen nachzugehen und ihnen in ihre Verflechtungen zu folgen. Das mag als subjektives »Mäandern« erscheinen (so zuletzt Marleen Stoessel), doch liegt dem zu Grunde, dass Heinrich in seinem Vortrag die Zusammenhänge des jeweiligen Materials durchspricht und dabei dessen objektiven Windungen, Verflechtungen und Verstrickungen nachgeht. Eine staunenswerte Präsenz des Wissens steht ihm dabei zu Gebote, ein atemberaubendes Gedächtnis im Verbund mit historisch-detektivischer Deutungslust. Diese Lehrweise ist Teil einer Lebensweise."*

[17] Heinrich, S. 11

[18] Zwar kann man „festgehalten" durchaus im Sinne von „gefangen genommen" u.ä. lesen, aber eben auch im Sinne von „aufnehmend", „weiterführend", „stützend" etc. Bei der Vokabel „wegnehmen" handelt es sich dagegen vom Gewicht her fast eindeutig um einen gewaltsamen Akt des Entreißens, des Entzuges. Die Gewichtung ist mit diesen beiden Vokabeln also bereits umgeschichtet.

zwischen Judentum und Christentum, vielleicht sollte man besser sagen, theologische Verhältnis, doch man weiß, wie schnell ein solches sich auszubreiten vermag.[19]

Es geht, und damit ist man mitten im Thema, um nichts Geringeres als den Wahrheitsanspruch beider Religionen, um die Frage, wessen Botschaft die wahre frohe Botschaft (Evangelium) ist, die Frage darüber, wie Gottes Heilsplan angelegt wurde, wie in theologischer Sicht die Geschichte des Menschen zu verlaufen hat und was in ihr wie zu bewerten und zu positionieren ist. In Frage steht nicht weniger als die Gestalt des wahren Gottes, des Messias (Erlösers), und damit, welche Religion die wahre und, als monotheistisch ausgelegte, auch die einzige ist.[20] Was in der Frage, der Frage nach der

---

[19] Der Islamismus bietet heute ein furchterregendes Beispiel dafür. Die verkappte religiöse Furcht hat schon lange wieder Einzug gehalten, wie z.B. das Ausscheiden von Aufführungen von Voltairestücken auf den französischen Bühnen zeigt (siehe Jürg Altwegg in der FAZ vom 11. 1. 2021; (https://www.faz.net/aktuell/feuilleton/nach-demonstrationen-voltaire-statue-in-paris-verschwunden-17138854.html), aber auch vieles andere. Überall sind Rückzugsgefechte zu bemerken, die auch noch unter der Fahne der Toleranz glorifiziert werden. Dabei ist zu bemerken, dass man Islamismus nicht mit Islam verwechseln sollte. Dennoch bleibt ein Unbehagen gegenüber jedem Erstarken von Religion mit einem singulären Wahrheitsanspruch, wie es die Aufklärung vor jeder machtvollen Religion überfallen sollte. Ob die Lebensweise der westlichen Welt diese heute noch zu kaptivieren vermag ist keineswegs sicher. Auch nicht, ob das wünschenswert wäre. Aber auch die Geschichte des Islams und sein Missionsauftrag als Wahrheitsreligion sind recht deutlich. Colpes „Problem Islam" ist keineswegs mal eben so zu lösen, weder zur einen noch zur anderen Seite hin. Immer noch führt der Weg zwischen Scylla und Charybdis hindurch, nur dass in der Fahrlinie sich inzwischen ein Malstrom gebildet hat. Aufmerksames Manövrieren wäre also gefragt.

[20] *Fußnotenexkurs 5*: Dabei kommt es zu einer interessanten Schieflage. Denn für beide Religionen steht mit der Beantwortung der Frage auch ihr eigenes Bestehen auf dem Spiel. Für das Judentum allerdings tut es dies nur aus christlicher Perspektive, denn dieses spielt im Heilsgeschehen des Christentums eine wichtige Rolle. Das Christentum dagegen hat für das Judentum gar keine heilsgeschichtliche Bedeutung. Näheres dazu siehe weiter unten. Kurios wird es, wenn man den Koran mit ins Spiel nimmt. Sind im Judentum ausschließlich die Bücher der Hebräischen Bibel die

heiligen Schriften, so ist die Heilige Schrift für das Christentum die Gesamtheit von AT und NT, auch wenn das NT den Vorrang erhält. Im Islam, dem der Sache gemäß der Koran die Heilige Schrift ist, gilt dagegen eine ganz andere Einstellung zu beiden Büchern. Ihm ist das NT, genauer das Evangelium (ingil) im Wortsinne eine frohe Botschaft, die Jesus von Gott anvertraut wurde und die er zu verkünden hat. In der Sure 57, 27 heißt es: *„Und wir ließen Jesus, den Sohn der Maria, folgen und gaben ihm das Evangelium".* Worin aber besteht diese Botschaft? Das wird in der Sure 61, 6 gesagt und ist verblüffend. Denn die Aufgabe der Verkündigung Jesu ist es, die Thora (taurat) zu bestätigen. Also genau umgekehrt zum Christentum und der Präfiguration soll nicht das NT durch das AT, sondern das AT durch das NT bestätigt werden. So heißt es in dieser Sure: *„Und (damals) als Jesus, der Sohn der Maria, sagte: ‚Ihr Kinder Israels! Ich bin von Gott zu euch gesandt, um zu bestätigen, was von der Thora vor mir da war (oder: was vor mir da war, nämlich die Thora)'"* (Der Koran. [Übers.: Rudi Paret] Stuttgart 1985) Eine in der Tat verblüffende Auslegung des Bergpredigtsatzes aus dem an eine jüdisch-christliche Gemeinde gerichtete Matthäus-Evangelium (5, 17): *„Ihr sollt nicht wähnen, daß ich gekommen bin das Gesetz oder die Propheten aufzulösen; ich bin nicht gekommen aufzulösen, sondern zu erfüllen."* Und mehr noch, denn in dieser Sure geht es um die Gliederungen der drei monotheistischen Religionen untereinander. Jesus soll nicht nur die Wahrheit der Thora bestätigen, sondern auch den, der nach ihm kommen wird verkünden. So fährt die Sure fort: *„und einen Gesandten mit einem hochlöblichen Namen zu verkünden, der nach mir kommen wird."* Das mündet dann Sure 61, 9 ein: *„Er ist es, der seinen Gesandten mit der Rechtleitung und der wahren Religion geschickt hat, um ihr (d.h. der wahren Religion (des Islam)) zum Sieg zu verhelfen über alles, was es (sonst) an Religionen gibt – auch wenn es den Heiden zuwider ist."* Deutlicher noch in einer anderen Übersetzung: *„Er ist es, Der Seinen Gesandten geschickt hat mit der Führung und der Religion der Wahrheit, auf daß Er sie obsiegen lasse über alle Religionen, auch wenn die Götzendiener es hassen."* Damit hat ein dritter Protagonist die Arena betreten. Auch von diesem erfolgt – und zwar in der gleichen Sure – ein Angriff auf das Judentum, der in seinem Vorwurf des Mordes und der Leugnung dem Johannes-Evangelium sehr ähnlich ist und sich zudem gnostischer Begriffe bedient. Als die Juden die oben angeführte Verkündung (61, 6) ablehnen, heißt es in 61, 7/8 über diese: *„Und wer ist frevelhafter, als wer gegen Gott eine Lüge ausheckt, während er zum Islam aufgerufen wird? Gott leitet das Volk der Frevler nicht recht. Sie wollen das Licht Gottes ausblasen (wörtlich: mit ihrem Mund löschen). Aber Gott wird sein Licht in seiner ganzen Helligkeit erstrahlen lassen (wörtlich: wird sein Licht vollmachen)".*

Wahrheit, aufgemacht wird, ist daher der Kampfplatz zwischen den Religionen, in diesem Falle der zwischen Judentum und Christentum.[21]

Diese unerledigte - und vor dem Weltende vermutlich unerledigbare - Frage um die Wahrheit des einen Gottes und die darin festgehaltene Auseinandersetzung, und hier scheint Klaus Heinrich überraschend nahe bei Jacob Taubes zu sein,[22] wirkt durch die Zeiten weiter, auch als verdrängte, und findet sich daher auch, und vielleicht gerade da, wo sie im *„rezenten Versöhnungskontext"*,[23] der in der Gegenwart zwischen den

---

[21] Dessen Spielregeln aber für alle monotheistischen Religionen gelten. Auch den aktuellen Konflikt zwischen Christentum und Islam, man mag das wahrhaben wollen oder nicht, könnte man theologisch darauf herunter brechen.

[22] Es fällt daher doch schwerer als zunächst (s.o.) vermutet, Heinrich im Kontext von Awerbuch und Taubes anzusiedeln.

[23] Heinrich, S. 11.

Fußnotenexkurs 6: Es ist schlichtweg eine Verharmlosung des religiösen Sprengstoffes, wenn es z.B. in einem zeitgenössischen Lehrbuch heißt: *„Der Name ‚Altes Testament' setzte sich im Christentum gegen Ende des 2. Jh.s n.Chr. durch und beinhaltete keine Abwertung, d.h. ‚alt' wurde nicht im Sinn von ‚überholt', sondern im Sinn von ‚altehrwürdig, bewährt' verstanden und betonte die Verwurzelung der christlichen Kirche in der von den Juden übernommenen Schrift."* (Jan Christian Gertz (Hrsg.), Grundinformation Altes Testament, Göttingen, 2006 S. 33) Man könnte, und dies ist auch getan worden, auch genau umgekehrt argumentieren, dass im 2. Jahrhundert n. Chr. das Christentum sich zusehends von seinen jüdischen Bindungen ab- und dem römischen Imperium zuwandte, also den Status der Staats- und Weltreligion anstrebte, was zur Herabsetzung des Judentums beitragen musste.

Ein Versuch der Schlichtung ist auch das Bemühen von Rolf Rendtorff, wenn er in „Christen und Juden heute" (Neukirchen 1998) zwischen einer dogmatischen und historischen Betrachtung unterscheiden möchte, wobei die dogmatische die Unterscheidung kaum übersehen lässt, eine historische aber ein langsames Herauswachsen des Christentums aus dem Judentum wahrnimmt. (S. 45) Ob dies haltbar ist, scheint mir fraglich. Zwar lässt sich so mit der historischen Perspektive eine Bündnisfähigkeit, ja fast Bündnisnotwendigkeit ansetzen, man könnte aber auch zynisch anmerken, dass das Herauswachsen die Unterschiede, die Differenzen ans Ende stellt und damit umso fester zimmert. Und es impliziert vielleicht auch eine andere Gefahr, auf die Jürgen Ebach im Zusammenhang mit der im Zuge der Aufklärung erfolgenden Reihenfolge von Monotheismus und Polytheismus, bei dem das eine aus dem anderen herauswächst, aufmerksam gemacht hat. (Babel und Bibel oder Das „Heidnischen" im Alten Testament. In: Richard Faber & Renate Schlesier (Hrsg.) Die Restauration der Götter. Würzburg 1986, S. 28 ff.)

Denn bis zur Neuzeit galt der Monotheismus als die originäre religiöse Form, aus der erst später der Polytheismus sich herausarbeitete. Man berief sich dabei auf die Aussagen des AT selbst und machte damit (dies zeigt wie stark der Glauben immer noch wirkte und die Kirchenmacht in Takt war) Gott zur Träger und Zeugen der Religionsgeschichte. Auch die Philosophie leistete dabei ihren Beitrag, indem der Gott der Bibel in seinem „Wesen", seinem Wesentlichen mit dem Gott der Philosophen identifiziert wurde. Dies beginnt schon im jüdischen Hellenismus (siehe den Aufsatz von Yehoshua Amir. Die Begegnung des biblischen und des philosophischen Monotheismus als Grundthema des jüdischen Hellenismus. In: Evangelische Theologie 38, 1978/01; einsehbar auch im Internet in der zlibrary unter booksc.org/book/44728729/40de61) und änderte sich erst mit dem 19. Jahrhundert. Nun wurde die Reihenfolge umgekehrt und der Polytheismus wurde entwicklungsmäßig als dem Monotheismus vorausgehend gesehen, so wie wir es noch heute (durch unser Weltbild gestützt) gewohnt sind und annehmen. Der Offenbarungsglaube wich dem Prinzip der Evolution und des Fortschritts.

Die Grundlage dafür ist einfach. Ebach spricht von der „bürgerlichen Aufstiegsmentalität" und fährt fort: „hat sich ... emporgearbeitet. Subjekt des Emporarbeitens ist bemerkenswerter Weise nicht der in der Geschichte sich offenbarende Gott und auch nicht etwa die jeweiligen Produzenten der Religion; Subjekt ist die Religion selbst: sie hat sich ... emporgearbeitet ... Der Fortschritt ist als Fortschritt ein Wert ... Das Emporarbeiten landet (und endet) beim gegenwärtigen Christentum." (S. 33) Auch in solchem Herausarbeiten läuft am Ende also alles theologisch auf das Christentum zu. In solcher „Gefahr" könnte also auch der Vorschlag Rendtorffs stehen. Auch dies scheint mir daher keine Lösung.

Darüber sollte auch nicht vergessen werden, dass das Prinzip, dass das Vollkommenste immer das Letzte sei, dass das Vollkommene sich immer nur über dem weniger Vollkommenen erheben kann, ein sehr altes und tief im abendländischen Geist verhaftetes ist, das von Hesiod (und früher) bis zur Fortschrittsideologie der Aufklärung und der Gegenwart reicht. Auch in dem Sinne wäre eine Historisierung mit einer Abwertung des AT verbunden.

Neu an der Historisierung des 19. Jahrhunderts ist zudem nur die Verbindung zur Geschichtsphilosophie der Aufklärung und deren Fortschrittsbegriff, der im Zuge des Wechsels des Weltbildes erfolgte. Die Historisierung der Religionen und Testamente selbst aber gab es bereits in einer im gleichen Zusammenhang auftretenden Krise der Kirche im 3. Jahrhundert n. Chr. Man hatte in den ersten drei Jahrhunderten bemerkt, dass die Gesetzesvorschriften und -gebote sich nicht mit den Lehren Christi in Übereinstimmung bringen ließen. Die bis dahin gültige prophetische Auslegung des AT wurde daher von der sich gerade als katholisch einrichtenden Kirche durch eine Historisierung ergänzt, die das Problem lösen sollte. Nach dieser war das Gesetz des AT, die Thora, in einer Zeit erlassen worden, die chronologisch vor der Zeit Christi lag. Dies vermochte die Unterschiede zu erklären, ohne die Einheitlichkeit Gottes zu beeinträchtigen. Mit der Vorstellung verschiedener Zeiten, der dass das AT der Beginn eines Weges ist, der mit dem alten Bund beginnt und mit dem neuen Bund des NT in Christus endet, das eine also aus dem anderen herauswächst, werden wie bei Rendtorff AT und NT zwar heilsgeschichtlich dogmatisch in verschiedene Epochen geschieden, historisch aber aneinander gebunden. Der hier virulente Punkt jedoch ist, dass das NT auch in der Historisierung nicht als Ergänzung oder Fortsetzung des AT verstehen ist, sondern sein Inhalt, die frohe Botschaft von Christus als Weg, End- und Zielpunkt gesehen wird, womit dessen Rolle als Gott wieder alle erwähnten Folgen nach sich zöge.

Dass Rendtorff seinen Vorschlag aus einer Notwendigkeit heraus macht, also aus einem drängenden (theologischen) Problem, zeigt sich vielleicht daran, dass er selbst die Streitfrage zwischen Judentum und Christentum ungelöst durch die Jahrhunderte hindurch vorliegen sieht, wenn er auf die Frage, ob ein Christentum ohne Antijudaismus möglich sei, antwortet: *„Also ich muss sagen, das hat es in der Kirchengeschichte noch nicht gegeben."* (Ich zitiere diese Aussage nach Jürgen Ebach. Amputierte Antike. Über Ursachen und Folgen des Anti-Judaismus in deutscher Altertumswissenschaft und Theologie. In: Richard Faber & Bernhard Kytzler (Hrsg.) Antike heute. Würzburg 1992, S. 183.) In dieser Aussage wird deutlich, dass der Antijudaismus, zumindest aber das zitternde Spannungsverhältnis der Streitfrage um den einen wahren Gott zwischen Judentum und Christentum, kein räumlich oder zeitlich begrenztes Ereignis ist, sondern ein grundsätzlicher Bestandteil christlicher Theologie und Kirche, wie auch Ebach bemerkt, was in Bezug auf Heinrich die Virulenz wie Aktualität seines Textes zeigt.

Jürgen Ebach gehört seinerseits zu den Herausgebern der „Bibel in gerechter Sprache". Auch diese bemühen sich um einen Ausgleich, wobei sie den Angang über den Begriff wählen und dabei von einer gegenteiligen Annahme der Einschätzung bei Jan Christian Gertz abspringen, wenn sie schreiben: *„Eine Abwertung wird aber durch die seit den ersten nachchristlichen Jahrhunderten eingebürgerte Bezeichnung ›Altes Testament‹ ermöglicht, wenn nicht nahe gelegt, wird doch ein älteres oder ›Erstes‹ Testament im üblichen Sprachgebrauch durch ein neueres außer Kraft gesetzt. Nun steht hinter dem Wort ›Testament‹ aber das alte biblische Wort für ›Bund‹ (s. Glossar unter berit / diatheke), und ein weiteres Bündnis setzt ein früheres keineswegs außer Kraft."* Darüber ließe sich sicherlich diskutieren.

Ein weiterer, ganz auf die Theologie konzentrierter Versuch der Verständigung scheint kurioserweise am weitesten zu führen. In diesem zeigt sich, dass die drei fundamentalen Unterscheidungsmerkmale zwischen Judentum und Christentum - *die Gottheit Jesu, die Inkarnation und die Trinität* - durchaus Schnittmengen aufweisen können, wenn auch in verschiedenem Umfang. Die Frage der Dreieinigkeit könnte ein größeres innerchristliches Problem sein als eines zwischen Judentum und Christentum. Denn die Frage, ob die Lehre von einem dreieinigen Gott mit dem biblischen Monotheismus vereinbar sei oder nicht, wird überraschenderweise vom Judentum nicht zwangsläufig mit „Nein!" beantwortet. Zumindest dem rabbinischen Judentum geht es bei der Frage der Singularität Gottes („*Höre, Israel, der Herr ist unser Gott, der Herr allein*", Dtn. 6, 4), also dem Monotheismus, bis ca. 450 bzw. 651, also bis zum Abschluss der Mischnakommentierung in Gestalt des Palästinischen oder Jerusalemer bzw. des Babylonischen Talmuds, im Wesentlichen um die Zurückweisung des Götzendienstes. Die Monolatrie, die Verehrung Gottes ist für das rabbinische Judentum das Entscheidende, keineswegs ein monotheistisches Prinzip eines einheitlichen Wesens Gottes. Die Abweisung einer Struktur des bzw. im Göttlichen ist eher ein philosophischer als ein rabbinischer Gedanke. Den Rabbinern geht es also vornehmlich darum, dass (nur) ein Gott ist, nicht darum, wie dessen Wesensgestalt aussieht.

Schwieriger ist es bei den christlichen Momenten der Gottheit Jesu und der Inkarnation. Beide bedeuten für das Judentum entweder eine Vergöttlichung eines Menschen, was Gotteslästerung wäre, oder die im Judentum unmögliche Vorstellung eines leidenden Gottes. (Interessanterweise vermag Gott sehr wohl zu zürnen, aber nicht zu leiden. Aber ist das möglich?) Der Inkarnationsgedanke scheint dem jüdischen Denken zunächst also völlig unvereinbar. Dies scheint sich im neuzeitlichen Dialog zwischen den Religionen aber aufzulösen. Vertreter des Judentums wie Hermann Cohen dachten eine Inkarnation Gottes in seiner Allgegenwärtigkeit an. Als Neukantianer hatte Cohen, so eine These Jacob Taubes, Kants Konzentration auf die reine Vernunft, und damit den Ausschluss aller unreinen (anti-jüdischen) Geschichte, wie zahlreiche andere Juden dafür genutzt, den Sprung aus der schmerzhaften Geschichte heraus zu machen und in die Gleichheit der Vernunft einzutauchen. Endlich schien eine gesellschaftliche Lösungsmöglichkeit der Assimilation ohne Assimilation gefunden. Der „Kategorische Imperativ" ließ sich durchaus als religiöse Formel lesen und zwar für alle Konfessionen. Sicher, das Judentum kannte einen Gott, der nicht nur jenseits des Raums, sondern auch jenseits der Zeit stand und alles Menschliche überstieg, aber er vermochte durchaus inkarnatorisch zu sein, sofern er (als Vernunft) in die Welt eintrat, was er immer getan hatte. Ob dies aber wirklich weiterzuführen ist bleibt ungewiss. Es ist eine Spannung innerhalb des Judentums, die Gott zum einen allgegenwärtig, zum anderen in der Stifthütte oder im Tempel verortet sieht, was aber mit deren Verlust in gewisser Weise verloren geht und in die Schrift, mit der Diaspora aber auch in die Welt wechselt. Eine Spannung vor allem aber, die in der Transzendenz Gottes jede Inkarnation auszuschließen scheint, so dass die Dialektik von Transzendenz und Immanenz im Judentum trotz anderer Ansätze, wie bei den Rabbinern und bei Cohen, schärfer als im Christentum bleibt. Und doch kann eine jüdische Insuffizienz gegen eine Inkarnationstheologie nicht a priori angenommen werden. Dies läuft sogar auf das Argument hinaus, dass eine Unmöglichkeit der Inkarnation für Gott eine Beschränkung seiner Souveränität gleichkäme. All das ist aber noch in der Schwebe und bleibt vielleicht letztendlich auch im theologischen Kontext verhaftet. Hinzuweisen wäre auch auf einen Versuch von Jacob Taubes, wie ihn sehr scharsinnig Wolf-Daniel Hartwich, Aleida und Jan Assmann in ihrem Nachwort zu Taubes Paulusvorlesungen ausmachen, der einer „Kehre" des „alten" gegenüber dem „jungen" Taubes gleichkäme. Näheres dazu siehe unten. Vieles im Werk von Taubes spräche für solch eine These, allerdings scheint auch dies nicht ganz sicher, denkt man z.B. an Taubes Pochen auf die Aspekte des Ritualen gegenüber dem Reformjudentum. Ein Thema für jede Untersuchung zum Werkes von Jacob Taubes.

In summa: Sicher, all dies sind lobenswerte Absichten, aber verharmlosen sie nicht auch die Intensität und Aufgeladenheit mit der das frühe Christentum sich durchsetzen musste und wollte? Vernachlässigen sie nicht, dass auch das heutige Christentum als Wesenskern darauf zurückgreifen muss, sofern es seine theologische Identität behaupten will? Vernachlässigen sie nicht, dass der allgemeinen, alltäglichen, spontanen Aufnahme mehr Beachtung zu schenken ist, sofern es um Wirkungen geht, als vermutlich damals wie heute nur wenigen bekannten etymologischen oder theologisch-philosophische Analysen? Lösen sie nicht einen Konflikt, der sich nicht lösen lässt? Denn die theologische Unlösbarkeit des Konflikts zwischen monotheistischen Religionen liegt auf der Hand und lässt sich nicht wegharmonisieren. Darüber kann sich nur eine Kirche, die vielleicht die wünschenswertere ist, täuschen, eine Kirche, die Gott als ihren Wesenskern im besten Fall gegen Humanität, im weniger guten gegen Fortschrittsgläubigkeit ausgetauscht hat. Daher muss auch der im Hintergrund von Heinrich favorisierte Bündnisgedanke scheitern, was hier aber nicht thematisiert werden soll.

All das heißt aber nicht, sich dem Konflikt zu unterwerfen. Es könnte durchaus noch andere Wege des Ausgleichs geben, wie sie unter Nutzung psychoanalytischer und aufklärerischer Kriterien vielleicht betreten werden könnten. Wege, die den Konflikt sichtbar werden lassen und damit ins Denken einbeziehen und ihn mitbedenkend entschärfen, statt ihn zu verdrängen. D.h. ihn zur Sprache zu bringen und damit in ein gemeinsames Gespräch zu heben. Da würde Heinrich wieder greifen. *„Gespräch bedeutet Distanz, erfordert den Anderen als Anderen. Fordert den Andern als Anderen anzuerkennen, ohne dessen Wahrheit anzuerkennen. Das Bündnis bestünde dann in einem Miteinander auf einer anderen Ebene als der der Wahrheit."* (Veraunir 2021) Es wäre zu wünschen, dass das Denkens Heinrichs auch hier die Gabe entwickeln würde, die David Novakovit in seinem Artikel vom 16. 20. 2020 Der Gesellschaft ein Bewusstsein ihrer selbst geben - Klaus Heinrich als inspirierender Gesprächspartner für die Religionspädagogik ihm zusprach, *„scheinbar streng voneinander getrennten Diskursen ein gemeinsames Gespräch zu ermöglichen".* (https://rat-blog.at/2020/10/16/der-gesellschaft-ein-bewusstsein-ihrer-selbst-zu-geben-klaus-heinrich-als-inspirierender-gesprachspartner-fur-die-religionspadagogik/)

Erwähnt sei aber, dass diese Bruchstelle des Bündnisgedankens neben der Frage Awerbuchs der unbewusst treibende Impuls für Heinrich gewesen sein könnte, sich intensiv mit dem Johannes-Evangelium auseinander zu setzen. Denn diese Aporie, diese theologische Unmöglichkeit des Bündnisses, kommt ja dadurch zustande, dass mit Jesus Christus ein neuer Gott neben den alten, diesen okkupierend oder im Sinne von Freuds „Totem und Tabu" diesen verzehrend, gesetzt wird, so dass auch kein Bündnis mehr zwischen den jeweils an ihre alleinig wahren – das ist der Punkt – Gott Glaubenden zustande kommen kann. Genau dieses aber baut das Johannis-Evangelium mit seiner Wegnahme der Attribute und deren Übertragung auf Christus auf und sperrt so den Bündnisgedanken ab. D.h. mit dem Johannes-Evangelium liegt ein Text vor, der den Bündnisgedanken, der im Denken Heinrichs zentral ist, einem Generalsangriff aussetzt.

Anders wäre es, wo nur ein Gott für alle Gruppen gegeben wäre. Wo Jesus als der Sohn nicht wesensgleich mit dem Vater oder in der Trinität aufgehen würde. Dies ist aber wiederum für das Christentum unmöglich, da dies die Göttlichkeit Jesus streichen, zumindest einschränken würde, und damit die Basis der Kirche ins Wanken geriete. Die Trinität ist aber für das Christentum und mehr noch für die Institution der Kirche lebensnotwendig. (Das Phänomen des Heiligen Geistes braucht an dieser Stelle nicht erörtert zu werden.) Dies war der Kirche immer wohlbewusst, wie die blutigen Auseinandersetzungen mit Sekten wie den Arianern, die die Gottgleichheit Jesu bezweifelten, zeigen. Nicht umsonst wurde der Arianismus auf den Konzilen von Nikaia (Nicäa) 325 und Konstantinopel 381 verdammt. Neben der Gnosis war er vielleicht der gefährlichste Gegenspieler der katholischen Kirche, die an solche keinen Mangel zeigte. Auch der Kirchenvater Kyrill, der im 5. Jahrhundert n. Chr. die Nestorianer bekämpft und gegen das Judentum Stellung bezieht, betont noch, dass die Erlösung des Menschen nur durch jemanden bewirkt werden, der *nicht weniger als Gott im vollsten Sinne* war, mit dem Vater wesenseins, und der *„nicht in einen Menschen gekommen, sondern wahrhaft selbst Mensch geworden"* ist, *„ohne dabei aufzuhören, Gott zu sein"*. (Kyrill. *or ad dom*, 31)

> Arianismus, Lehre nach der Christus nicht gottgleich und ewig, sondern vornehmstes Geschöpf Gottes sei und als »Logos« eine Zwischenstellung zwischen Gott und Welt einnehme.
> Nestorianismus, Lehre, die die göttliche und die menschliche Natur in Jesus Christus prinzipiell trennt, in der Liebe jedoch miteinander verbunden bzw. aufeinander bezogen sieht.

Nebenbei sei bemerkt, dass man die Bündnisfrage in der Geschichte der christlichen Kirche auch im Zuge der Auflösung der Scholastik, die mit dem Beginn des Machtverfalls der Kirche in der Neuzeit parallel geht, beobachten kann oder könnte, sofern bei Meister Eckhart es zur Schöpfung, zur Kreatur kommt, weil nur durch diese die Gottheit sich (in dieser) erkennen kann. Gott und Geschöpfe benötigen also einander, sind aneinander gebunden. Alma von Stockhausen wird das, Gott vom Menschen abhängig zu machen, dann vehement Hegel vorwerfen, vorwerfen dass dieser Gott in die Figur seiner Dialektik einspannt. Hegel „*bringt das Faktum der Inkarnation des Logos auf die Faktizität der Vernunft und will erklären, dass Gott notwendigerweise Mensch werden musste zu seiner eigenen Ergänzung. Gott ist nicht Gott ohne den Menschen. Gott kommt erst zu sich selbst im Wissen des Menschen. Gott braucht den Menschen zu seiner Selbstherstellung.*" (Vernunft und Glaube 02, abrufbar auf https:www.youtube.com/watch?v=J6w_wIV_1Ro; Zeitpassage 12.10 - 13.25).

Dagegen setzt sie, wenig überraschend, die Lehre der katholischen Kirche, dass Gott Mensch geworden ist, um den Menschen zu erlösen von seiner Schuld.

Warum aber führt Bündnishaftigkeit zum Verfall der Scholastik und damit der katholischen Kirche? Zum einen, weil mit dem Bündnischarakter der Plural anstelle des Singulars getreten ist und wie im Fall der Wahrheitsbücher der Hebräischen Bibel, also Jona oder Hiob, der Mensch mit und gegen Gott zu disputieren vermag. (Siehe dies später im Text) Allein damit wäre die (Macht-)Position der Kirche als Stellvertreter Christi auf Erden und alleiniger Zugang zu Erlösung und Wahrheit erschüttert. Zum anderem aber auch, weil die Kirche damit vom Vernunftprimat der Scholastik abgedrängt und zu einem des Glaubens hingedrängt wird. Eine auf den Glauben (und Humanität) beschränkte Kirche aber lieferte (und liefert) nicht mehr den Mutterboden für die Vernunft, die daher anderswo aufblühen konnte, und zwar im weltlichen (politischen und wissenschaftlichen) Kontext. Eine solche Kirche vermag sich weder selbst mit Vernunft zu begründen, noch die Vernunft zu stützen. (Die gilt verstärkt für die evangelische Kirche. Eines der peinlichsten Zeugnisse der Entleerung eigener theologischer Identität für die Evangelische Kirche kann man in der willigen Aufgabe von Feiertagen, als der Neoliberalismus dies – jenseits jeglicher Vernunft – einforderte, erblicken.)

Mit Eckhart und dann mit Duns Scotus und noch mehr mit Wilhelm von Ockham, der als Vertreter des Nominalismus den Universalien radikal die Realität abspricht und damit den Universalienstreit abbricht, sind die Türen eines Skeptizismus gegenüber möglicher vernunftgeleiteter Erkenntnis (Gottes) geöffnet. Ist das Disputieren mit Gott, sofern die katholische Kirche dessen Stellvertreter auf Erden ist, aber erlaubt, ist Gottes Souveränität bzw. die der Kirche in ihrer Selbstdefinition in Frage gestellt. Das Wissen ist frei geworden, sich anderswo anzusiedeln, mit anderen Ernten. Wird eine auf Vernunft gegründete Kirche bzw. eine, die ihre Autorität darauf aufbaut, dass sie im Besitz der Wahrheit diese argumentativ belegen kann, anstatt sie nur zu glauben, auf den Akt des Glaubens – oder wie später bei Kant auf den Bereich der Sittlichkeit - beschränkt, was brachial im Protestantismus durchbricht, und auf a-theologische Bereiche fixiert (Humanismus etc.), hat dies zwangsläufig ihren Machtverlust zur Folge. Und es hat zur Folge, dass die Vernunft sich weltliche Bündnispartner und Themen zu suchen anschickt und findet. Das

Religionen von christlicher und jüdischer Seite angestrebt[24] wird, nicht mehr präsent oder aktuell zu sein scheint. Überwunden jedenfalls ist sie nicht. Gerade aber im Rückblick auf einen ihrer Ursprünge, also am Johannes-Evangelium, lässt sich dieses bis heute drängende Wahrheitsproblem (in den Religionen und der Religionen), das

---

wiederum hat zur Folge, dass andere Mächte und Institutionen erwachsen, die jenseits der Kirche stehen können, die in (Wahrheits-)Konkurrenz zu ihr stehen und der Anspruch der Kirche folglich kein katholischer mehr sein kann, so dass der Verfall kirchlicher Autorität weiterläuft. Es ist ein Riss im Fundament. Dieser hat für die Kirche nach Wilhelm von Ockham stattgefunden. Dies scheint kaum mehr rückgängig zu machen, Gott sei Dank. Dennoch, einer Kirche und deren Religion, die sich unter den Auspizien von allumfassender Wahrheit verstehen, sollte von Verfechtern weltlicher Aufklärung immer ein wachsames Auge geschenkt werden, egal welcher und unter welchem Namen.

In der Theologie der katholischen Kirche zumindest bildet sich seit Ockham eine stärker auf das Übersinnliche gehenden Ausrichtung heraus, die eine Trennung von Glauben und Wissen, Kirche und Welt vollzieht, die die Kirche in ihrer Theologie entweltlicht und die Welt entkirchlicht und den Weg für eine weltliche Wissenschaft freimacht. Die Verbindung zur Welt hält die Kirche von da an eher über den politischen und den sozialen Kontext. Die Wissenschaft aber kann dann, nach diesem Schritt aus der Kirche heraus, ihrerseits keine Eingriffe in die von ihr gesetzten gesetzlichen Abläufe mehr dulden, da sie, als autonom und objektive sich verstehende, mit solchen ihrerseits ihr Fundament verlöre. Ein einziges Wunder würde reichen, um alle Naturgesetze in Frage zu stellen. Auch die Wissenschaft sollte bei den sie betreffenden entsprechenden Tendenzen heutiger Zeit hellhörig werden. Aber auch die Aufklärung sollte bei diesem neuen Spieler im Wahrheitsspiel, auf den sie zuerst ihren Wetteinsatz gemacht hat, wachsam bleiben. Die Wissenschaft als Wahrheitskünder unterliegt wie die Kirche in dieser Rolle vielfachen Gefahren, denen beide zu begegnen versuchen, indem sie auf ihre Unbedingtheit pochen. Aber dies ist bereits ein anderer Kampfplatz, bei dem Galilei vor den Vorhang tritt, um das Stück anzukündigen. Ein Stück in dem die Wissenschaft dann die Rolle der Herrschaft zu spielen gedenkt, was bereits weiter oben angedeutet wurde. Dies sei im „Wissen" aller Unterschiede gesagt.

[24] Mit dem Islam als Dritten im Bunde der großen monotheistischen Religionen verhält es sich ähnlich, aber doch komplizierter.

zugleich immer ein Machtproblem ist, in nuce zeigen und damit vielleicht begegnen.[25]

I

Klaus Heinrich macht nun seine Überlegungen mit einer Erinnerung an ein Trickspiel auf, das Kinder zuweilen spielen, und zwar ein sogenanntes „Wahrheitsspiel". Dieses ist mit den Augen heutiger Sprachphilosophie und Linguistik

---

[25] Muss darauf hingewiesen werden, dass dies nicht zu neuen konkreten Auseinandersetzungen führen darf? Viel eher geht es darum, diesen zu begegnen. Ob man dies wie im *„rezenten Versöhnungskontext"* tut oder ob dieser nicht eine Verdrängung ist und damit deren verzerrte Wiederkehr potentiell in sich trägt, so dass eher ein anderer Ansatz, beispielsweise eben der Hinweis auf das Unerledigbare dieser Frage, zum Bündnis statt zum Konflikt führt, oder ob es nicht etwas ganz anderes sein müsste, wird sich zeigen. Solches ist etwas, was der Einzelne jeweils nur für sich entscheiden kann. Dem allgemeinen Versöhnungskontext wäre zumindest vorzuhalten, dass er auf Dauer setzt, die aus theologischer Hinsicht nicht zu erreichen ist, und daher zumindest der Zeitcharakter von Bündnissen zu beachten wäre, was keineswegs gefahrenlos und der Weisheit letzter Schluss ist.

Es drängt sich aber auch noch eine ganz andere Möglichkeit auf, die Möglichkeit, dass das Versöhnungsstreben zwischen Judentum und Christentum ein Versöhnungsstreben zweier sich erschöpft Habender ist, denen heute ein ganz anderer „Feind", zumindest Kontrahent begegnet, oder mehrere. Zwei fallen einem da ganz spontan ein. Auch das knüpft an das oben gesagte an.

Was das Christentum betrifft, war einst das Humanistische dem Christentum Instrument, welches zu seinem theologischen Wesenskern führen sollte, so hat sich dies heute umgekehrt, ist der Humanismus, was vom Sozialen zu unterscheiden ist, den Kirchen weitgehend zum Kern geworden, zumindest zum öffentlichen, und ihre theologisch-politische, über die Identitätsstiftung von Subjekt und Gruppe laufende, Rolle weithin an den Rand gerückt. Jesus wird, wie Jacob Taubes andernorts und mit Bezug auf das Reformjudentum spottete, zum *„nice guy"* gemacht (Die Politische Theologie des Paulus. München 1993, S. 14). Norbert Bolz hat diesen Umstand am Beispiel der protestantischen Kirche in seinem Buch Zurück zu Luther (Paderborn 2016) angesprochen und verfolgt, und entsprechende Empörungsreaktionen hervorgerufen. Ob zu Recht oder Unrecht sei dahingestellt. Aber auch das Judentum ist in eine Position geraten, in der es gleich an mehreren Orten in seinem Identitätskern in Frage gestellt wird. Jacob Taubes hat das einmal an der Frage der Rituale und des Reformjudentums erläutert, aber vieles andere ließe sich anschließen.

50

betrachtet, die nicht zuletzt zu den Grundsäulen des modernen Weltverständnisses gehören,[26] hoch komplex. In der Frage „*Kannst du die Wahrheit sagen?*"[27] kommt es dabei, ganz im Sinne der Moderne, zunächst einmal auf das Sagen an. Daher sind alle zunächst vorgebrachten Inhalte falsch.[28] Aber auch der Inhalt behält, ganz im Sinne der Tradition, sein Gewicht, und alles Sagen allein läuft ins Leere. Erst wenn es, wieder ganz im Sinne der Moderne, zu einer Übereinstimmung[29] von Wort und Sagen kommt ist die Antwort gefunden. Für einen kurzen Moment kommt es zu einer Übereinstimmung von Sache und Zeichen (res et signum), von Inhalt und Form, von Signifikat und Signifikant.[30] Aber eben nur für einen Moment, ist es doch

---

[26] Für das Geistesleben der Moderne ist neben Heideggers Fundamentalontologie sicherlich Wittgensteins sprachkritische Wende, der „linguistic turn", von herausragender Bedeutung. Was für Heidegger das Wesen des Seins ist, ist für Wittgenstein das Wesen des Satzes. Beide Denker sind aller Wahrscheinlichkeit nach philosophisch die entscheidende Architekten des 20. Jahrhunderts, auch wenn Wittgenstein hinter Heideggers allgemeiner Bekanntheit zurückbleibt und in keiner Weise mit den (temporären) Popularitäten wie sie u.a. Sartre, Adorno oder Foucault entfalten konnten mithalten kann.

[27] Heinrich, S. 12

[28] Die richtige Antwort ist also nicht etwas wie: „das Schöne", „das Gute" usw., sondern schlicht das Sagen des Wortes „Wahrheit".

[29] Im Kontext der Moderne würde und sollte man im Bereich der Philosophie und der Physik eher von Relation oder Wechselbeziehung oder Umschlag sprechen. In der Literatur dagegen scheint die klassische Moderne genau diese Identität zu beanspruchen, man denke nur an Ulysses und Finnegans wake von James Joyce oder an Samuel Becketts Romane ab Watt und der Romantrilogie (Molloy, Malone stirbt, Der Namenlose), aber auch die späteren Werke. Obwohl das eine das andere nicht ausschließt.

[30] Man könnte daran eine weite Reihe von Überlegungen anschließen, denn in dem Moment, wo es zur Übereinstimmung von Signifikant und Signifikat, von Sagen und Wort kommt, verschwindet in dieser Deckungsgleichheit der Inhalt, leert sich das Wort. Der Namenlose von Beckett erzählt von nichts außer dem Erzählen (im Erzählen). Sein und Nichts fallen zusammen, was eine aus der Theologiegeschichte bekannte Figur ist. In dem Moment, wo das Kind im Wahrheitsspiel antwortend sagt:

eine Übereinstimmung, die sich nicht halten lässt und nach einem kurzen Augenblick, den Heinrich einer Epiphanie gleichsetzt, wieder auflöst, schließlich ist dem Signifikanten[31] doch nicht Einhalt zu gebieten und der Sprachkomplex nur in der Differenz oder Relation „sinnbildend" und daher nur für den bzw. einen Augenblick der Wechselbeziehung von Bestand.[32]

„Die Wahrheit", sagt es ein inhaltsloses Wort. Die Antwort auf die Frage: „Was ist Wahrheit?" bleibt leer, sie ist nur zu sagen, nicht mehr. Sie erschöpft sich auf die Frage des (Wahrheits-) Spiels: „Kannst du die Wahrheit sagen?". Aber wäre eine Antwort mit „Ja" oder „Nein" nicht eine eigentlich treffende, da das Aussprechen „Die Wahrheit" eine Wahrheit als Demonstration ist, die selbst wie der Sprung des Brahmanen (siehe 2. Text) fragwürdig erscheint?

[31] Die Begriffe Signifikant und Signifikat sind hier im Sinne der Lacanschen Terminologie gebraucht.

[32] *Sinn ist Bestand im Augenblick."* (Veraunir, 2020) und Wahrheit stellt sich dort ein, wo für einen Moment das Signifikat die Bewegung des Signifikanten mit vollzieht, dieser an jenem, es streifend, vorüberhuscht, so dass an die Wahrheit geglaubt (!) werden kann. Wahrheit erscheint also nur für diesen Augenblick, alles andere ist nur richtig und ergibt sich aus der Bezugsstruktur der Differenz (die zwischen zwei Signifikanten liegt). Wie das Sein vielleicht nur über den Zeitbezug des Daseins angegangen werden kann, so die Wahrheit nur über das Intervall des Signifikanten. Dies könnte ein bislang unterschätztes Bestimmungskriterium von Wahrheit sein, vielleicht auch der Wahrheit des Seins. Solches wäre die „wirkliche" Gegenperspektive zur oben angesprochenen Entleerung. Die Frage ist also Epiphanie oder Entleerung? Dem wäre nachzuspüren.

Zu denken wäre auch an Benjamins Aufblitzen, in dem sich auf einen Augenblick eine treffende Konstellation (zur aus einer umschließenden Historie befreienden Geschichte) herstellt. Die Differenz von Historie und Geschichte soll hier, wir glauben im Sinne Benjamins, als die von eindimensionalen, gleichläufigen Zeitverlauf (Historie) und auf Befreiung gerichteter pulsierender Zeiterfüllung (Geschichte) verstanden werden. Also leicht abweichend von dem üblichen Differenzschema von Historie und Geschichte, das seine ganz eigene, nicht unwichtige Geschichte hat. Dazu Reinhard Koselleck: *„Früher gab es die Historie, es gab das historein auf der einen Seite, und es gab auf der anderen Seite die res gestae, die pragmata, die Geschehnisse, die Taten und die Leiden der Beteiligten und Betroffenen. Diese Opposition hielt sich terminologisch durch von der vorchristlichen in die christliche Welt, bis sie seit der Aufklärung, vorzüglich im deutschen Sprachbereich, unterlaufen wurde ... Und hierin liegt exakt die zweite Bedeutung des neuen Kollektivsingulars*

Wie das „Wahrheitsspiel" stellt nun auch das Johannes-Evangelium die Wahrheitsfrage, fragt also nach der Wahrheit. Doch bereits bevor diese Frage von Pilatus[33] direkt, wenn auch ein wenig anders, formuliert wird („*Was ist Wahrheit?*"; „*Quid est veritas?*", „*ti estin aletheia*"),[34] wird im Text diese Wahrheit immer wieder angesprochen und umschrieben. Denn das Johannes-Evangelium fragt nicht nur nach der Wahrheit, sondern will auch eine Antwort geben.

Geschrieben ist das Johannes-Evangelium auf Griechisch und das griechische Wort, das in ihm für Wahrheit benutzt wird, lautet „αληθεια" („aletheia").[35] An- und ausgesprochen wird

---

»Geschichte «: *Der neuzeitliche Geschichtsbegriff saugt nämlich die Historie in sich auf. Was bisher als Erfahrung, als Erkundung, Erforschung und Erzählung der Wirklichkeit gesondert gedacht werden konnte, verschwindet jetzt im Begriff der Geschichte, die ehedem nur den Ereigniszusammenhang, aber nicht seine Deutung meinte. Die erzählte Historie geht in der sogenannten wirklichen Geschichte auf - und umgekehrt. Erzählung und Wissenschaft von der Geschichte lassen sich seitdem von der tatsächlichen Geschichte begrifflich nicht mehr trennen. Reflexion und Wirklichkeit werden im Ausdruck »Geschichte« auf einen gemeinsamen Nenner gebracht. Geschichte wird seitdem, anders formuliert, geschichtsphilosophisch verfremdet. Daraus ergeben sich wissenschaftstheoretisch Zweideutigkeiten und Unbestimmtheiten, die politisch zahlreichen Ideologien zum Durchbruch verholfen haben.*" (Desgleichen in: Die Geschichte der Begriffe und Begriffe der Geschichte. S. 74 ff & Begriffliche Innovationen der Aufklärungssprache, S. 329 f. Beide in Begriffsgeschichten.) Was hier von Koselleck als Geschichtsphilosophie mit dem leichten Unterton einer Gefahr ausgeführt wird, wird bei Benjamin eher zur Möglichkeit. (Siehe Rolf Böttcher. Si vis vitam para mortem). Auch unterscheidet Benjamin, die alte Trennung aufgreifend, aber verschiebend, in den Geschichtsthesen nochmals deutlich zwischen Geschehen und Geschichte, wovon wir das eine jeweils erleben, das andere nie.

[33] Man könnte darüber spekulieren, inwiefern es von Bedeutung ist, dass ausgerechnet ein Römer sie formuliert und keineswegs ein Jude, Grieche oder Christ.

[34] Joh. 18, 38. Alle Zitate der Lutherübersetzungen, sofern nicht anders vermerkt, nach dem Text von Klaus Henrich oder „Das Neue Testament" (gr. - archetypum, lat. - Vulgata, dt. - Luther, engl. - King James). Zürich 1981

[35] *Fußnotenexkurs 7:* Insbesondere Heidegger hat sich in seiner Philosophie um eine Auslegung des Begriffs „aletheia" - Heidegger übersetzt mit „*Unverborgenheit*" - bemüht und dadurch eine Anzahl von Kontroversen über den Begriff ausgelöst. Das

dabei auch der Anti-Theologe Heidegger auf die Theologie zurückgeht, kann an etwas demonstriert werden, das zu den Kernbegriffen des Johannes-Evangeliums gehört, was eben auch zeigt, wiewiet dieses auf das Entstehen späterer philosophischer Denkfiguren Einfluss nimmt. Gemeint ist die Bedeutung, die das „Wort", die Sprache, der logos für das Dasein und die Wahrheit besitzt. Bei Heidegger gibt es einen unlösbaren Zusammenhang von Sein-Wahrheit-Wort-Dasein und nur wo und solange es Wahrheit über das Wort gibt, gibt es für Heidegger auch Dasein und damit die Möglichkeit der Frage nach dem Sinn von Sein. Was wiederum darauf deutet, dass das Wesen des Daseins als seine Voraussetzung im Aufgreifen des Wortes auf dem Weg zur Wahrheit liegt. (Im Grunde spricht damit schon Heidegger vom Menschen als Sprachwesen.) Wahrheit, aletheia, meint bei Heidegger Unverborgenheit, Offenbarwerden. Ins Offenbare aber bringt erst das Wort und nur durch das Wort kann es Wahrheit geben. Das ist die These des Johannes-Evangeliums. Am Beispiel von Heidegger Auffassung der Dichtung macht dies z.B. Else Buddeberg. Heidegger und die Dichtung. Stuttgart 1953 deutlich.

Aber auch abseits von Heidegger hängt an der Wahrheitsfrage einiges. Ernst Tugendhat hat dies in den ersten Abschnitten der Einleitung seines Buches „Der Wahrheitsbegriff bei Husserl und Heidegger" (Berlin 1970) zusammengefasst, wobei man anstatt „Philosophie" auch „Denken" lesen kann. *„Die Frage nach dem Sinn von Wahrheit und nach den Bedingungen eines Wahrheitsbezuges des Menschen ist für die Philosophie seit jeher schon deswegen eine Grundfrage gewesen, weil sie ihre eigene Möglichkeit betrifft. Denn ‚Philosophie‘, im weitesten und zugleich im ursprünglichsten Sinn dieses Wortes, steht für die Idee, das menschliche Leben im Ganzen auf Wahrheit auszurichten, d.h. für die Idee eines Lebens in kritischer Verantwortlichkeit. Die Möglichkeit einer solchen Orientierung des Lebens im ganzen auf Wahrheit hat in neuerer Zeit immer mehr an Überzeugungskraft verloren. Gegenüber den idealisierenden und theoretisierenden Überformungen durch die metaphysische Tradition erscheint jetzt die ‚Praxis‘, die ‚Existenz‘, das ‚Interesse‘ als der Grundzug des menschlichen Lebens. Während die Skepsis der Antike und der frühen Neuzeit nur bezweifelte, ob es Wahrheit gibt und ob sie, wenn es sie gibt, erkennbar ist, wird daher seit Marx und Nietzsche schon der Sinn von Wahrheit und die Ausrichtung auf Wahrheit, das theoretische Verhalten selbst, als bedingt von anderen, praktischen Bedürfnissen in Frage gestellt. Was Wahrheit und Wahrheitserkenntnis besagt, mag verständlich sein, wo es sich um elementare Tatsachenaussagen und ihre aussagenlogischen Verbindungen handelt. Die umfassenderen Zusammenhänge aber, in die wir sie einordnen, erscheinen von geschichtlich praktischen Interessen bestimmt, und was es heißen könnte, nach der Wahrheit von diesen selbst zu fragen, ist unklar; unklar ist daher, was es dann noch heißen könnte, das menschliche Leben im ganzen auf Wahrheit auszurichten. Und auch wenn das klar wäre, kann man nun mit Nietzsche zweifeln, ob eine solche Unterordnung aller anderen Interessen unter das Interesse an der Wahrheit wünschenswert ist. Aber selbst wenn wir auch daran nicht*

es im Evangelium das erste Mal von Johannes dem Täufer[36] als er Jesus verkündet als *„das wahrhaftige Licht, welches alle Menschen erleuchtet, die in diese Welt kommen. Es war in der Welt, und die Welt ist durch dasselbige gemacht, und die Welt kannte es nicht."*[37] Doch damit nicht genug, denn kurz darauf heißt es über den Kommenden weiter: *„Und das Wort ward Fleisch, und wohnete unter uns, und wir sahen seine Herrlichkeit, eine Herrlichkeit als des eingebornen Sohns vom Vater, voller Gnade und Wahrheit."*[38] Schon hier sind die Gottesprädikate Wahrheit und Gnade auf Jesus übertragen und dieser damit als (neuer) Gott vorgestellt. Bestätigt wird dies dann von keinem geringeren als dem dort proklamierten Gott und Messias, von Jesus Christus selbst, wenn er sagt: *„Ich bin der Weg und die Wahrheit und das Leben; niemand kommt zum Vater, denn durch mich. Wenn ihr mich kennetet, so kennetet ihr auch meinen Vater. Und von nun an*

---

zweifeln, haben wir doch seit Marx und Freud sehen gelernt, wie ursprünglich unser Interesse an der Unwahrheit ist, so sehr, daß es auch noch den vermeintlichen Willen zur Wahrheit zu umgreifen scheint. Gelingt es jedoch der Philosophie nicht, die Möglichkeit einer Ausrichtung des menschlichen Lebens im ganzen auf Wahrheit unter den neuen Voraussetzungen neu zu begreifen, dann gibt sie sich offenbar selbst auf." Und gäbe sich dann nicht auch der Mensch auf als sinnvoll lebender? Wäre nicht Aufgabe da, wo es keinen Sinn an sich zu greifen gibt, nun einen Sinn in die Sinnlosigkeit zu legen bzw. an der Sinnlosigkeit anzulegen?

[36] Joh. 1, 9-10

[37] Es ist nicht ohne Witz, wenn eine modernisierte Übersetzung wie folgt lautet: *„Das war das wahre Licht, das alle Menschen erleuchtet, die in diese Welt kommen. Er war in der Welt, und die Welt ist durch ihn gemacht; aber die Welt erkannte ihn nicht."* (Die Heilige Schrift. Stuttgart 1960) Man kann an dieser Stelle erkennen, wie stark der Gedankengang des Johannes-Evangeliums Früchte getragen hat, denn diese Übersetzung, springt offenbar bedenkenlos vom sachlichen Artikel „das" (Licht) zum maskulinen „der" (Messias-Gott) über. Dies geht nur, sofern eine Verschmelzung der Prädikate und Symbole (Wahrheit, Gnade, Geist, Licht) in Christus stattgefunden hat und als selbstverständlich angesehen wird. Dies ist aber auch schon bei Luther selbst der Fall, wenn man den nächsten Satz hinzunimmt. (s.u.).

[38] Joh. 1, 14

kennet ihr ihn und habt ihn gesehen."[39] Das ist das gesamte Programm des Johannes-Evangeliums, zumindest sein Kern. Wer Christus erkennt, der wird, so wird versprochen, die Wahrheit und damit Gott erkennen und in diesem Erkennen von ihm in Gnade aufgenommen werden. Christus und Wahrheit werden identisch und treten an die Stelle Gottes als von Beginn an und auf Dauer gestellte S/seiende,[40] wie schon der Prolog des Evangeliums es proklamiert hatte.[41] *„Im Anfang war das Wort, und das Wort war bei Gott, und Gott war das Wort."*[42]

Und mehr, denn Christus als Wahrheit ist nicht nur zum Ursprung und zum Ziel geworden, zum A und Ω,[43] sondern auch zum Weg und zwar zum einzigen Weg. Das impliziert, und da setzt das Unbehagen von Heinrich ein, dass wer ihn nicht erkennt, wer Jesus nicht als Christus, als Messias anerkennt und vernimmt, von der Wahrheit und Gnade prinzipiell ausgeschlossen bleibt, keinen Weg und Zugang zu Gott und der Wahrheit hat und, da sich Christus inzwischen als Gott offenbart hat, zum Gottes- und Wahrheitsleugner wird, dem alle Gnade versagt werden muss. Als solcher gehört der ihn Leugnende dem Reich des Todes an, denn der Akt der

---

[39] Joh. 14, 6-7

[40] Dies liegt schon zwangsläufig in den traditionellen philosophisch-christlichen Gottes- und Wahrheitsvorstellungen, die, aller Zeit enthoben, ewige sind und sein müssen, um sie selbst als Absolutes zu sein.

[41] Damit umfassen sie auch die gesamte Schöpfung und wer sich an ihnen vergeht, vergeht sich an der Schöpfung. Daher werden alle seine Feinde zu einer nahezu ursprungsmythischen Kraft, die es mit ursprungsmythischer Energie zu bekämpfen gilt.

[42] Joh. 1, 1

[43] *„Ich bin das A und das O, der Anfang und das Ende, spricht Gott der Herr, der da ist und der da war und der da kommt, der Allmächtige."* (Offenbarung 1, 8) sowie *„Ich bin das A und das O, der Anfang und das Ende, der Erste und der Letzte."* (Offenbarung 22, 13). Desgleichen Offenbarung 21, 6

Wiedergeburt zum neuen, wahren Leben[44], der nur über Christus verläuft, bleibt ihm verschlossen.[45] Wobei immer in Erinnerung behalten werden sollte, dass hier bei Wahrheit, wie immer diese angelegt ist, stets Macht (Vertretungsanspruch und Bestimmungshoheit) mitschwingt und zwar religiöse wie weltliche. Denn alle theologischen Bestimmungen haben zwangsläufig weltliche Konsequenzen.[46]

---

[44] Der Gedanke des „wahren Lebens" wird später auch in den Texten über den Sprung ins Zentrum in spiritueller und die Gemütlichkeit in säkularisierter Gestalt wieder auftauchen und von dort seinerseits aufs Johannes-Evangelium zurückweisen.

[45] Hieraus erklärt sich später die entscheidende Rolle der Taufe als Sakrament der Kirche und damit auch die Machtposition der Kirche. Man kann dies nicht oft genug wiederholen. Die entscheidende Figur ist hier Johannes Der Täufer. Schon Johannes ist ein Glied der Evangelienereignisse und wie jedes dieser Glieder unersetzbar. Er ist Gottesbote und Künder und er ist derjenige, der die Taufe für die Kirche als ihr vornehmliches Sakrament bereitstellt. Die Beifügung „der Täufer", die ihn charakterisiert, ist keine beliebige. Denn der Brauch des Taufens, des Eintauchens ist schon lange vor Johannes gegenwärtig. Innerhalb wie außerhalb des Judentums sind Taufbäder eine weit verbreitete Praxis und jeder, der Menschen oder Gegenstände in solchen Bädern eintaucht, könnte als „Täufer", als „Eintauchender" bezeichnet werden. Wenn trotzdem in den Evangelien gerade „der Täufer" als fester und bezeichnender Beiname für Johannes gewählt wird, dann weil bei Johannes der Akt der Taufe zum einzigen, zumindest zum alles entscheidenden religiösen Akt wird. So ist für das Christentum Johannes nicht nur als Künder, sondern viel mehr deshalb wichtig, weil er die Taufe vollzieht und ins Zentrum stellt. Er ist der Wegbereiter (Christi), der wichtig wird, weil er die Taufe als entschiedener Akt, als eines der wenigen festen Grundelementen der Urgemeinde vorbereitet, verkündigt und etabliert, und damit der späteren Kirche als zur Verfügung stellt. (Siehe dazu auch Ernst Lohmeyer. Das Evangelium des Markus. Übersetzung und Erklärung. Göttingen 1967) Zur Einführung der Taufe siehe neben vielen anderen F. M. Rendtorff. Die Taufe im Urchristentum. Leipzig 1905 oder Wilhelm Heitmüller. Taufe und Abendmahl im Urchristentum. Tübingen 1911.

[46] Es sei daran erinnert, wie Carsten Colpe dies auf einen ganz simplen Umstand herunter bricht, wenn er schreibt: *„Machtdenken ... findet auch statt, wo Gott zu einem theistisch-weltanschaulichen Prinzip von Macht und Herrschaft gemacht wird, die konkret doch immer nur von fehlsamen Menschen ausgeübt werden kann."* (Zu

Was mit der Wahrheitsfrage des jüngsten, zur Mitte der 90er Jahre n. Chr. hin entstanden Evangeliums in solcher Auslegung aufgetan ist, muss zum Konflikt von Thora[47] und Evangelium, Judentum versus Christentum führen. Noch der spätere Kanon der Bibel, den es zur Zeit der Entstehung des Johannes-Evangeliums noch gar nicht gibt,[48] wird diese Spannung, diesen Konflikt zwischen AT und NT in sich tragen. Die Auslegung der Wahrheitsfrage im Johannes-Evangelium sprengt alle Bemühungen einer Übereinkunft auf, die des Paulus im Rahmen der Gesetzesfrage nicht weniger, als die des Matthäus im Sinne der Bergpredigt[49]. Das Gesetz,

---

einigen islamischen und westlichen Wert- und Weltvorstellungen. In: Problem Islam. FfM 1989)

[47] Die Thora wird hier als Teil für das Ganze der Hebräischen Bibel genommen, zumal die Gesetzesfrage analog zur Gottesfrage der Brennpunkt zwischen beiden Religionen ist. Nicht umsonst wird z.B. Franz Kafkas Parabel „Vor dem Gesetz" im Roman „Der Prozeß" ausgerechnet im Dom erzählt. Sie ist aber auch der Teil der hebräischen heiligen Schriften - deren Kanon zur Zeit Christi und der Urgemeinden ebenfalls noch nicht feststeht; erst zum Ende des 1. Jahrhunderts n. Chr. bestimmen die jüdischen Schriftgelehrte den genauen Umfang ihrer heiligen Texte -, auf welchen die Christengemeinden bis dahin als Dokument zurückgreifen.

[48] Zur Entstehung des Kanons u.a. Hans Freiherr von Campenhausen. Die Entstehung der christlichen Bibel. Tübingen 1968.

[49] Die synoptischen Evangelien weisen jeweils einen bestimmten Adressaten auf, von dem sich ein Großteil ihrer Ausrichtung erklären lässt. Sie sind von Glaubenden für Glaubende geschrieben und spiegeln überwiegend die Interessen der urchristlichen Gemeinden wider. So hat das Matthäus-Evangelium als Adressaten eine palästinensisch-jüdische Gemeinde, während Marcus sich an eine römisch-christliche wendet und Lukas an eine griechisch-christliche sowie an alle in Not und Unterdrückung Geratenen. Jesu wird von Matthäus daher als der von der Propheten des Judentums stets verheißene Messias gezeichnet, als König Israels, der sich vom Judentum abwendet als ihm dieses den Glauben / Gehorsam versagt, um sich der Sammlung eines neuen Gottesvolkes zuzuwenden, welches im Glauben an ihn wurzelt. Marcus dagegen schildert Jesus als den kraftvollen Sohn Gottes, der durch alle Anfeindungen und Leiden hindurch in seiner Auferstehung durch die Kraft Gottes am Ende als Weltherrscher inthronisiert werden wird. Daher ist der Glaube an ihn (als Sieger) keineswegs töricht im römischen Machtsinne. Lukas schließlich bietet

Jesus als erhofften Retter aus Not und Bedrückung für alle an. (Siehe Karl Heinrich Rengstorf. Das Evangelium nach Lukas Übersetzung und Erklärung. Göttingen 1962) Dabei wendet Lukas sich vornehmlich an aus Heidenchristen bestehende Gemeinden und wandelt, den Richtlinien des Paulus entsprechend, für die Heidenmission die Naherwartung in eine Gewissheit der Heilsgeschichte um, die mit der Geschichte Israels beginnt und sich über die Zeit Jesu Christi als Zeitenmitte in die Missionsarbeit und den Gemeinde- und Kirchenaufbau in die Zukunft erstreckt.

Das Johannes-Evangelium seinerseits entsteht im Kreis der syrischen Kirche - nach einem Zeugnis Ephraim des Syrers soll es in Antiochia geschrieben worden sein. (Religion in Geschichte und Gegenwart Bd. 3. Tübingen 1912 S. 613) - und ist, auch wenn es ebenfalls am Bau eines Fundamentes beteiligt ist, auf dem sich der christliche Glaube auf Dauer einrichten kann, damit ganz anders ausgerichtet. Zwar wendet es sich ebenfalls wohl an griechisch sprechende Gemeinden, also an Heidenchristen, mit dem Universalanspruch der Heidenmission, aber in einer Abkehr vom palästinensischen Judentum. Zudem, sind die synoptischen Evangelien überwiegend erzählerische, während das Johannes-Evangelium eher spekulativ ist. In diesem syrischen Kulturraum, mit Edessa und Antiochia als durchaus unterschiedlichen Zentren, aus dem auch Ignatius (s.o.) und vermutlich Lukas kommen, entsteht bereits zur Zeit des Paulus die erste heidenchristliche Gemeinde. Aber Johannes und die von ihm angesprochenen Gemeinden stehen in einem ganz anderen Verhältnis zum Judentum als Lukas und Paulus und deren Adressaten.

Bemerkt sei: In seiner für den Ça ira Verlag geschriebenen Rezension des Heinrichbandes (zu finden unter: https://www.ca-ira.net/verlag/rezensionen/) vermerkt Thomas Jurczyk , dass die frühen Christusgläubigen zu beachtlichen Teilen der jüdischen Tradition entstammten, also selbst Juden waren, *„was die von Heinrich aufgeworfenen Fragen in diesem Falle nicht mehr ausschließlich im Kontext eines inter- religiösen (»Wie eine religion der anderen...«), sondern zumindest in Teilen auch intra- religiösen"* Konflikt rücken lässt. Das ist ein sehr treffender Einwand für viele Problemfragen innerhalb der frühen Gemeinden. In diesem Falle scheint er mir allerdings kaum zu greifen, sofern das Johannes-Evangelium wie angeführt im syrischen Raum entstand und an eine griechisch-sprachige Gemeinde gerichtet war, also keine aus Judenchristen, sondern eine aus Heidenchristen bestehende. Dennoch könnte man hier einen interessanten Faden für andere Problemfelder aufnehmen.

Was Paulus betrifft, so könnte man scherzhaft sagen, wenn später einmal Jacob Taubes diesen ins Judentum zurückholen möchte (Die Politische Theologie des Paulus, S. 22, auch Nobert Bolz erzählt in seinem Buch über Luther davon: *„Taubes, der sich gegen Ende seines Lebens fast ausschließlich mit Paulus-Studien beschäftigte. Auf die Frage Warum? antwortete er mir einmal, er wolle Paulus für das Judentum zurückgewinnen."* (S. 7)), er nur die Bewegung des Paulus umdreht, der seinerseits darum bemüht ist, das Judentum ins entstehende Christentum zu führen bzw. in diesem zu erhalten und darin seine zweite große Aufgabe nach der Heidenmission

also das Gesetz des Judentums, die Thora, findet mit Johannes, anders als bei Paulus und Matthäus, im Christentum[50] keine Erfüllung, sondern wird von der

sieht. Brennpunkte der paulinischen Ellipse sind daher stets das Kreuz und das Gesetz. Johannes denkt da ganz anders.

[50] Auch das „Christentum" als solches gibt es zur Zeit der Entstehung des Johannes-Evangeliums natürlich noch nicht. Dennoch soll der Einfachheit halber hier dieser Terminus gebraucht werden, zumal er auch das erfasst, um dessen Festlegung in dieser Zeit gerungen wird, eben auch mit dem Johannes-Evangelium. Desgleichen ist es natürlich auch eine Vereinfachung, wenn auch eine notwendige, will man etwas verdeutlichen, von dem Judentum zu reden, denn dieses ist zur Zeit Jesu ebenfalls keineswegs einheitlich. Darüber schreiben Carl Andresen und Adolf Martin Ritter: *„Es gab verschiedene Gruppen und Richtungen in priesterlicher Tradition (Priester/Leviten als religiöse Gruppen, Zadokiden, Sadduzäer), ferner Strömungen auf der Basis eines eschatologisierten deuteronomistischen Geschichtsbildes (Hasidäer/ Chasidim, Pharisäer, Essener/ Qumrangemeinde, Zeloten und Sikarier, Täufer [in der Art des Johannes]), endlich ein hellenistisches Judentum innerhalb wie außerhalb Palästinas sowie allerlei Randerscheinungen. Trotzdem waren diesen unterschiedlichen Strömungen einige Grundüberzeugungen und religiöse Ausdrucksformen gemeinsam, das, was E. P. Sanders als „Durchschnittsjudentum" (Common Judaism) bezeichnet ... Dessen Merkmale und konstitutive Elemente sind: der Glaube an den einen Schöpfergott (Monotheismus), wie ihn der fromme Jude zwei Mal täglich zu bezeugen hatte (Dtn 6,4ff); die Gewissheit der besonderen Beziehung, des „Bundes" zwischen diesem einen und einzigen Gott und seinem Volk Israel („Bundesnomismus" [covenental nomism]); die Hochschätzung der Thora als Ermöglichung des „Bleibens" Israels in diesem Bund, nicht im strengen Sinne als „Heilsweg", auf dem, durch Gebotserfüllung, allererst die Voraussetzung für den Gottesbund geschaffen werden musste; Tempel und Synagogen als die gegenständlichen, Opfer- und Wortgottesdienst als die vollziehenden und endlich Heilige Schrift(en) und (schriftliche oder mündliche) Tradition(en) als die sprachlichen Ausdrucksformen jüdischer Religion. Hinzukommt die Herausforderung des Judentums durch die hellenistische Kultur. Nach der Eroberung Palästinas durch die Heere Alexanders d. Gr. (356–323 v.Chr.) erlebte die „Hellenisierung" des palästinischen Judentums im 3. Jh. v. Chr., unter den Ptolemäern, einen ersten, mit dem Eingreifen der Römer in der östlichen Mittelmeerwelt (1. Jh. v. Chr.) einen zweiten, nun dauerhaften Schub. Auf diese Herausforderung gehen letztlich sämtliche Erneuerungsbewegungen innerhalb des frühen Judentums, die des 2. Jh. v. nicht anders als die des 1. Jh. n. Chr., zurück. In ihr wurzeln auch sowohl die Weiterentwicklung der Prophetie zur Apokalyptik als auch die Fortbildung und Weitergabe einer autochthonen weisheitlichen Tradition, die sich mit der apokalyptischen ungezwungen verbinden konnte. Wie ordnen sich nun in dieses*

Wahrheit ausgeschlossen und damit Gott und Volk des AT. Anders als bei Paulus ist das Gesetz bei ihm abgetan. Das Evangelium des Johannes führt mit dem Aufgreifen der Wahrheitsfrage seinen Angriff im Konflikt um den einen Gott der Wahrheit, die die Wahrheit der Welt ist, somit genau ins Zentrum der jüdischen Religion und ihres Grundtextes.[51]

Panorama Jesus und das Urchristentum ein? ... Aus jüdischer Sicht sind es dann vor allem drei Theologumena gewesen, die einen scharfen Bruch des Christentums mit seinen jüdischen Wurzeln bedeuteten: die Gottheit Jesu, die Inkarnation und die Trinität. Dabei wird zumeist – bewusst oder unbewusst – Judentum ohne weiteres gleichgesetzt mit „rabbinischem Judentum" oder „normativem Judentum" (formative Judaism), wie es sich nach J. Neusner auf dem Hintergrund der in der Katastrophe endenden antirömischen Erhebungen von 66–73, 115–117 und 132–135/36 n. Chr. auszubilden begann und seither mehr und mehr zur Vorherrschaft gelangte. Nachdem der Krieg und die Zerstörung des Tempels i. J. 70 den meisten jüdischen Gruppen die Grundlagen entzogen hatten, vor allem natürlich den Aufstandsparteien, aber doch auch den auf einen gereinigten Tempeldienst wartenden Essenern, blieben – von den Christen abgesehen – im Grunde allein die Pharisäer übrig, die schon vor der Tempelzerstörung i. J. 70 gelernt hatten, auch ohne den Tempel jüdische Frömmigkeit zu verwirklichen, bemüht, das ganze Gesetz – auch das sich direkt auf den Tempel beziehende – in Haus und Familie zu praktizieren und so die Trennmauer zwischen Kult und profanem Leben niederzureißen. Als Gründergestalt gilt nach der rabbinischen Überlieferung einhellig Jochanan ben Zakkai, eines der pharisäischen Schulhäupter. Dieser hielt sich nach 70 in Jabne (Jamnia) am Mittelmeer auf und scharte dort führende Pharisäer und Schriftgelehrte um sich, die sich daranmachten, das jüdische Leben ohne Tempel neu zu organisieren. Allein, diese Gleichsetzung ist problematisch und geht auf Kosten nicht zuletzt des hellenistischen Judentums, das für das Urchristentum eine schlechthin unverzichtbare historische Voraussetzung bildet. Zwar hat Jesus selbst der hellenistischen Stadtkultur gegenüber eine auffällige Reserve bewahrt und – wohl deshalb – gerade um die am stärksten hellenisierten Städte Galiläas, wie Sepphoris und Tiberias, einen Bogen gemacht. Doch die ältesten Vermittler und Empfänger der urchristlichen Verkündigung sind von Haus aus ganz überwiegend hellenistische Juden gewesen. ... Doch auch zwischen „normativem" Judentum und Frühchristentum scheint sich die Gesprächssituation etwas offener gestaltet zu haben, als man gemeinhin annimmt." (Die Anfänge christlicher Lehrentwicklung. In: Die christlichen Lehrentwicklungen bis zum Ende des Spätmittelalters. S. 5 ff.)

[51] Interessanterweise scheint genau hier ausgerechnet Luther dem Konflikt ausweichen zu wollen, wenn er in einer Glosse am Rand des Bibeltextes festhält:

Auch moderne Versuche wie die von Franz Rosenzweig, der das Johannes-Evangelium dahin auslegte, dass die Erlösung („σωτηρια", „soteria"; „redemptio") für alle nur über Christus geschehen könne, außer für das Judentum, scheitern, sofern sich dafür kaum ein Beleg im Johannes-Evangelium finden lässt. Der Sprung in die Wahrheit ist einer zu etwas hinauf, bei dem der Absprungpunkt zu etwas hinabgestoßen wird, damit sich der Abgesprungene in dem erheben kann, wovon er abgesprungen war. In das er nun aber auch gebannt ist.

II

Gezeigt werden soll nun, wie diese Übernahme der Wahrheit und dem, was an ihr hängt, eine Übernahme, die eher eine Wegnahme sein wird, geschieht. Es ist eine Wegnahme, die den alten jüdischen Vater-Gott am Ende durch den neuen christlichen Sohnes-Gott ersetzen wird, was es Heinrich immer wieder leicht macht auf psychoanalytische Züge zu kommen.[52] Der Übergang vollzieht sich in der Weise, dass die Gottesprädikate – Wahrheit und Gnade – von JWHW[53] nicht einfach übernommen, sondern weggenommen und auf

---

„Wiltu von wahrheit reden / so bistu verloren." [Alle Glossen zitiert nach Heinrich, hier S. 14, der seinerseits als Quelle „Luther. Die ganze Heilige Schrift 1545", 2 Bände & Ergänzungsband, hrsg. von Hans Voltz, München 1972. Bd. II, S. 2179, angibt.] Oder ist dies ein von Luther dem Judentum entgegengehaltener, auf dem Johannes-Evangelium basierender Vorwurf? Dies muss offen bleiben, da mir derzeit der Luthertext nicht zur Verfügung steht, und wäre nachzuprüfen.

[52] Mit dieser Vater-Sohn Konstellation ist für Heinrich daher auch gleich die psychoanalytische Figur des *„ödipalen Triumphes"* (Heinrich, S. 17) sichtbar geworden, der sich im Christentum ausspricht.

[53] Auf die Unterscheidung zwischen den Abschnitten des Jahvisten (J) und des Elohisten (E) - denen dann die Umarbeitung im Priestercodex (P) folgt - braucht hier nicht eingegangen werden.

Christus übertragen werden. In der Folge ist der „alte" Gott des AT nur noch die leergewordene Gestalt, in die der „neue" Gott des NT, Christus Einzug hält als der Gott, der (er) immer schon war.

So ist auch der Prolog des Johannes-Evangeliums nicht zufällig Aug in Aug mit dem Schöpfungsbericht der Genesis gestaltet. Die Absicht dahinter ist, die (christliche) Gottesgestalt Jesu der (jüdischen) Gottesvorstellung der Genesis entgegenzusetzen, mit dieser gleichzusetzen und diese durch jene dann zu ersetzen. Der entscheidende Moment dabei ist, dass der Schöpfungsakt („actus") durch das (Schöpfungs-) Wort, den „logos" („λογος"), ersetzt wird[54]. Das Wort ersetzt den Akt, das Sagen den Inhalt, und führt vom Materiellen zum Geistigen,[55] was ebenfalls noch von Bedeutung sein wird, wenn es um die Geistfrage geht. Hieß es einst: *„Am Anfang schuf Gott Himmel und Erde"*[56], so heißt es jetzt: *„Im Anfang war das Wort ... und Gott war das Wort ... Alle Dinge sind durch dasselbige gemacht".*[57] Als Wort wird sich aber bald eindeutig Christus definieren. Immer noch sind wir also im Sprachgeschehen und das kindliche Wahrheitsspiel gültig.

Allerdings ist einzuwenden, dass Heinrich doch zu leicht „logos" mit Wort übersetzt. So nahe dies liegt und so oft es so gehandhabt wurde, so wenig eindeutig ist es. So haben sich die Übersetzer und Herausgeber der „Bibel in gerechter

---

[54] Hier wird deutlich, warum Heinrich seinen Überlegungen den Hinweis auf das Wahrheitsspiel der Kinder vorwegschickt. Der Inhalt (Schöpfung) wird durch das Sagen (Wort) ersetzt und erhält erst darin seine Erfüllung.

[55] Die Weltgebundenheit des alten Bündnisses wird zur Weltabhängigkeit des neuen. Dazu weiter unten.

[56] Gen. 1, 1

[57] Joh. 1, 1-3

Sprache"[58] z.B. dafür entschieden „logos" mit „Weisheit" zu übersetzen, so dass bei ihnen das Johannes-Evangelium mit dem Satz beginnt: *„Am Anfang war die Weisheit"*,[59] während bei Heinrich im Rückgriff auf Luther es lautet: *„Im Anfang war das Wort"*. Dies verschiebt einiges.

Mir persönlich scheint es zudem kaum weniger interessant nachzufragen, was es bedeutet und wo der Unterschied liegen könnte, zwischen einem *„Am Anfang"* (*„berê'šît"*, „bereschit")[60] der Genesis (Lutherübersetzung, ebenso beim Johannes-Evangelium der „Bibel in gerechter Sprache"), und einem *„Im Anfang"* („en arche") des Johannes-Evangeliums (ebenso in der Buber-Rosenzweig Übersetzung[61] beim „1. Buch der Weisungen"). Eine nicht uninteressante Überkreuzung. Ob diese Frage aber überhaupt jenseits des Übersetzungsspielraumes, der ja vom hebräischen über das griechische verläuft, zu klären ist, wer weiß?

Getragen wird Heinrichs Argumentation nun vor allem durch die im Johannes-Evangelium nachfolgende Passage, denn die schon im ersten Satz angesprochene Identität von Wort und Gott wird darin festgezimmert. Auf *„Im Anfang war das Wort, und das Wort war bei Gott, und Gott war das Wort"* folgt *„Dasselbige war im Anfang bei Gott. Alle Dinge sind*

---

[58] Bibel in gerechter Sprache. (Hrsg.) Ulrike Bail u.a. Gütersloh 2011

[59] Damit geraten die Übersetzer allerdings in noch gefährlicheres, gnostisches Fahrwasser, als dies ohnehin bei diesem Evangelium der Fall ist.

[60] *„berê'šît" heißt übersetzt:* „Am Anfang" oder „durch einen Anfang" und gibt dem 1. Buch der Thora, wie in der Antike üblich, als Anfangswort auch seinen Namen, wohingegen in der christlichen Bibel die Bücher zumeist nach ihrem Inhalt benannt werden, in diesem Fall „Genesis" („Schöpfung", „Ursprung"). Siehe Die Israelitische Bibel herausgegeben von Ludwig Philippson. 1. Theil. Leipzig 1858, S. III.

[61] Martin Buber & Franz Rosenzweig. Die Schrift. Bd. 1 Die fünf Bücher der Weisung. Stuttgart 1992

durch dasselbige gemacht, und ohne dasselbige ist nichts gemacht, was gemacht ist."[62]

Ohne dass Heinrich es erwähnt kann man, das sei kurz vorweg bemerkt, aber auch sehen, dass durch den letzten Satzteil eine Transzendenz eingeführt wird, eine Trennung von Gott und Welt, die noch eine signifikante Rolle für das Weltgeschehen spielen wird. Denn das Seiende, die Welt wird darin als Gemachtes auch vom Machenden, Gott abgeschnitten sowie diesem preisgegeben. Damit ist jegliche pantheistische Vorstellung ausgeschlossen, zugleich aber auch ein Herrschaftsverhältnis hergestellt. Auch hier zeigt das Johannes-Evangelium eine erstaunliche Ambivalenz, wenn in dieser Passage Schöpfer und Schöpfung ebenso getrennt wie vereinigt werden. Beides ist für Christus als Gottesgestalt von Bedeutung. Im von Heinrich behandelten Problemkontext aber liegt die Betonung erst einmal auf der zweiten Variante.

Dabei tut sich zudem gleich noch ein Konflikt auf und zwar der mit der Gnosis. Für die Gnosis ist im Allgemeinen die Welt keineswegs die Schöpfung Gottes, sondern des Demiurgen, und soll vom wahren Gott gerettet werden, zumindest die vom wahren Gott stammenden Funken in ihr, man mag auch Seelen sagen, die um ihren Ursprung „wissen" („γνωσις", „gnosis") und sich zu diesem zurücksehnen. Auch dies ein Konflikt, der sich schon im Johannes-Evangelium anzeigt, das in vielem der Gnosis nahe zu stehen scheint. So ist beispielsweise für Jacob Taubes der Prolog des Joannes-Evangeliums es, mit und in dem der Abstand, aber auch die Nähe der Kirche zur Gnosis sichtbar werden. Die Zeilen des Anfangs sind, wie gesehen, in direkter Bezugnahme auf die Genesis der Thora geschrieben. Dort schafft Gott Himmel

---

[62] Joh. 1, 2-3

und Erde, bei Johannes erfolgt die Schöpfung durch den Logos als überirdisches Licht, ein λογος, der schafft, was bereits besteht. Das Wort, der logos, *„war das Leben, und das Leben war das Licht der Menschen."*.[63] Ein Umstand, der wenig später durch die Worte Johannes des Täufer erneut angesprochen wird. Verständlich wird dies für Taubes erst in der Perspektive des gnostischen Erlösungsdramas, in dem aus der bestehen alten Welt die neue wird.[64] Im Unterschied zur Gnosis aber wird bei Johannes das Wort, der Logos Fleisch. Die Fleischwerdung des Erlösers trennt das christliche Schema jedoch strikt vom gnostischen.[65] Der Prolog des Johannes-Evangeliums rückt damit ebenso in die Nähe der Gnosis wie von dieser ab.

Auf die Gnosis weist nun auch Heinrich hin, wenn er an diesem Abschnitt des Prologs des Johannes-Evangeliums mit seiner Lichtmetapher an den gnostischen Weg des Lichts erinnert, zunächst in die Finsternis (der Körper, der Welt) und

---

[63] Joh. 1, 4

[64] Jacob Taubes. Sozialgeschichtliche Zusammenhänge von Stoa, Gnosis und frühchristlicher Theologie (1961) (wieder abgedruckt in Apokalyptik und Politik. Paderborn 2017).

[65] Siehe Alma von Stockhausen. Die Inkarnation des Logos – der Angelpunkt der Weltgeschichte. Weilheim-Bierbronnen 2008. Dabei handelt es sich um eine Publikation der Gustav-Sieberth-Akademie, die von A. v. Stockhausen geleitet wurde und zu deren Förderern der spätere Papst (Benedikt XVI.) und damalige Kardinal Joseph Ratzinger gehörte. Die Akademie verstand sich seit ihrer Gründung als theologische Gegenkraft zum Marxismus der Frankfurter Schule und argumentierte in diesem Sinne. Sie entstand aus dem Schock des NS heraus und der Weiterführung seiner vermeintlicher „Vorbereiter" in der Nachkriegszeit, insbesondere der Philosophie Hegels, die durch Joachim Ritter, aber eben auch durch die Frankfurter Schule vermittel wurde. Man kann daran erkennen, wie aus der gleichen Quelle höchst unterschiedliche Verläufe entspringen können. Die konservativ katholische Ausrichtung der Akademie zog häufig Vertreter des Engelwerks an, das durch Benedikt XVI. zwar anerkannt wurde, von vielen Mitgliedern der Kirche aber als Sekte innerhalb dieser verstanden wird.

dann aufsteigend aus dieser zurück zur Lichtquelle (dem Licht- und Glanzmeer der Seinswelt, der Fülle Gottes). Im Evangelium des Johannes heißt es vom Wort[66] dementsprechend: *„Und das Licht scheinet in der Finsternis, und die Finsternis habens nicht begriffen."*[67] Ein hochkompliziertes Verhältnis, über das nachzudenken verlohnen könnte.[68]

---

[66] Auch das Primat des Begriffs Logos ist sehr nahe dem gnostischen Logos.

[67] Joh. 1, 5. Moderner übersetzt: *„das Licht scheint in der Finsternis, und die Finsternis hat's nicht ergriffen."* Das ist natürlich nicht gnostisch, sofern hier Schöpfer und Schöpfung zusammenstimmen. Und es ist doch schon gnostisch, sofern hier die Finsternis vom Licht getrennt wird. Interessant dabei ist die Finsternis und die Frage, wie diese zu umreißen wäre und in welchem Verhältnis sie zu Gott steht, spielt sie doch schon in der Genesis eine Rolle, wo die Erde als finster beschrieben wird, bevor Gott das Licht schafft. Zu fragen wäre auch, warum scheint das Licht „in der Finsternis" und nicht „in die Finsternis", auch dies ein Hinweis auf die Gnosis?

[68] Wie sehr sich in Kosmogonien allgemein die Motive gleichen und durchdringen, zeigen die wunderbaren Verse mit denen Anchises in der Aeneis des Vergil seinen Sohn Aeneias die Entstehung der Welt und den Lauf der Seelen beschreibt. Noch vor der Zeitenwende finden sich hier neben dem Mythos philosophisches, gnostisches wie christliches (was es noch gar nicht gibt) wieder. Wie später Vergil mit Dante den Limbus, so betritt hier Vergils Aeneias in der Unterwelt die *„Orte der Freude"*, wo sein dort weilender Vater ihm folgendes berichtet, das sich, denke ich, in der gesamten Länge zu zitieren lohnt: *„Anfangs nährte den Himmel, die Erde, die Wassergefilde / Und die leuchtende Kugel des Monds und die riesige Sonne / Innen ein Geist und bewegte als Seele all diese Masse, / Strömt durch die Glieder und einigt sich ganz mit dem mächtigen Leibe. / Daher stammt das Menschengeschlecht, die Tiere und Vögel / Und was riesenhaft lebt in den glänzenden Wassern der Meere. / Feurig durchdringt sie die Lebenskraft und der himmlische Ursprung, / Wenn sie entstehn, solange nicht schädliche Körper sie lähmen, / Nicht die irdische Hülle sie schwächt und sterbliche Glieder. / Hier ist die Quelle der Furcht und Begier, des Grams und der Freude, / Nicht mehr schaun sie zum Himmel, von Dunkel und Kerker umschlossen, / Selbst wenn das Leben sie flieht und zuletzt dann die Augen noch brechen, / Dennoch verläßt die Armen nicht ganz das Übel, nicht völlig / Alle Vergiftung des Körpers, denn tief – bei der langen Verbindung - / Mußten all die Gebrechen des Leibs mit der Seele verwachsen. / Also reinigt die Buße sie erst, und in quälenden Strafen / Büßt man die alte Schuld. Die einen schweben in Winden / Ausgespannt, die anders läutern im Strudel des Wassers / All ihrer Sünden Keim, die dritten im Brande der Flammen. Jeder trägt seiner Manen Geschick. Durch Elysiums Fluren / Wandern wir dann, doch nur wenige ruhn in den*

Der Hinweis auf die Gnosis bereitet aber nur späteres vor. Zunächst geht es im Interpretationszug von Heinrich darum, dass die Identifizierung von Wort und Gott eine Verschiebung hin zu Christus ist, der das Wort sein soll, also Gott ist, sofern eben das Wort Gott ist. Das Wort und damit Christus ist jetzt selbst das Licht und das Leben. Das Wort ist hier Leben, ist Fleisch geworden, wie es wenig später bei Johannes dem Täufer konsequent heißt („*ho logos sarx egeneto*"),[69] und es ist zum Licht-Ereignis („*et vidimus gloriam ejus*")[70]

Wonnegefilden / Bis sich endlich der Tag im Laufe der Zeiten erfüllt und / Eingefreßne Verderbnisse tilgt, die ätherische Seele / Und den reinen Geist geläutert vom Feuer zurückläßt. / Wenn dann das Rad der Zeiten an tausend Jahre gelaufen / Ruft sie den mächtigen Scharen ein Gott zum Strome der Lethe, / Daß sie erinnerungslos aufs neu das Gewölbe des Himmels / Schaun und wieder zurück in Körper zu wandern beginnen." (Aeneis, 6. Gesang Vers 724-751. Stuttgart 1989. Übersetzung Wilhelm Plankl, S. 165 f.) Dies bedarf wohl keiner weiteren Erläuterung bzw. eine solche würde wohl jeglichen Rahmen sprengen.

[69] Joh. 1, 14. (Vulgata: „*Et Verbum caro factum est*"; Luther: „*Und das Wort ward Fleisch*". Die King James Bibel übersetzt etwas offener: „*And the Word was made flesh*") Hier wird noch einmal die Problematik der Übersetzung von „logos" deutlich, denn der Begriff ließe sich zudem auch als „Geist" verstehen, was neben Wahrheit und Gnade schon auf das dritte Moment um das es geht hinweist.

[70] [70] Joh. 1, 14. („*und wir sahen seine Herrlichkeit*" („δοζα", „doxa").

Fußnotenexkurs 8: Zur philosophisch-politischen Implikation des Begriffs „doxa", siehe auch Hannah Arendt „Sokrates. Apologie der Pluralität". Dort: „*Das Wort doxa bedeutet nicht nur Meinung, sondern auch Glanz und Ruhm. Insofern steht es mit der Politik in Verbindung, der Öffentlichkeit, in der jeder erscheinen kann und zeigen, wer er ist. Seine eigene Meinung zu vertreten, das gehörte zu der Fähigkeit, sich zu zeigen, von anderen gehört und gesehen zu werden. Für die Griechen war dies das große Privileg, das mit der Öffentlichkeit zusammenhing und das dem privaten Haushalt fehlte, wo man nicht von anderen gesehen und gehört wurde.*" Die heutige leicht abfällige Konnotation von „Meinung" ist also keineswegs zielgenau und entstammt einem von objektiver Wissenschaft dominierten Weltbild. Vielleicht ist auch hier die oft beschworene Dialektik zu erkennen. Sicher, Sokrates Bemühen ging im Konflikt mit der Sophistik darauf, eine sichere Richtschnur für die Äußerungen solcher doxa zu finden, was über Platon und Aristoteles bis in das heutige Rationalitätsprimat führte. Es ging ihm aber nicht darum, die doxa zu streichen. Das von Sokrates praktizierte dialegesthai, das Durchsprechen von etwas, so liest man im Arendttext weiter, sollte die Wahrheit nicht freilegen, indem sie die doxa zerstörte, sondern die doxa in ihrer eigenen Wahrheit enthüllen bzw. hervorbringen. Dies wird daher von Sokrates auch als Maieutik, als Hebammenkunst verstanden. Daher auch die Rolle des Eros, der Hingabe ohne zu Unterliegen. (Siehe dazu Rolf Böttcher / Martin Figura. Platons „Symposion" / Plato's Symposion. Berlin 2002) Dies läuft parallel zur Ansicht Heinrichs, die Thomas Assheuer in seinem Nachruf so beschrieb: *„Deshalb dürfen wir Mythen nicht zerstören; wir müssen sie vom gewaltverliebten Schicksalsdenken lösen und ihre Stoffe deuten."*

Die doxa als Meinung war also zunächst einmal, zumindest potentiell, die eigene und nicht die übernommene, als die sie sich zumeist manifestierte. Diese Spaltung bestimmt auch heute noch sowohl den politischen wie auch den philosophischen Diskurs. Aus ihr ergibt sich am Ende auch die Rolle der Eigentlichkeit, wie sie sich in der Philosophie immer wieder findet, nicht erst bei Heidegger. (Hier sei bereits auf das Problem der Eigentlichkeit verwiesen, das Heinrich ja ablehnte, sofern auch darin ein Mythisches aufscheint. Das aber auch dieser Begriff einer Dialektik, einem Umschlagen unterliegt, wird unten noch angesprochen und erörtert werden.) Von Beginn an definiert sich der Philosoph als derjenige, der selbst durch Überlegung zu seiner doxa gelangt, also sich als aktives Subjekt des Denkens erweist, anstatt als bloß passiv rezeptierendes, was nicht heißt und heißen kann, dass er jeden Gedanken selbst entwirft. Auch dazu siehe unten. Aber er zieht eigene Schlüsse, fällt eigene Urteile, entwirft eigene Konstellationen, um diese dann - als seine Meinung - zu vertreten. Um sie zu vertreten bedarf er aber, ebengerade als Selbstdenker, der Vernunft als Richtschnur, an der er seine Meinung aufbaut. Das ist der Punkt. Es ist aber auch der Punkt, der ihn von der Mehrheit, die nach und in den Normen der Tradition und des Alltags lebt, unterscheidet. Dieses Alltagsleben ist keineswegs zu verurteilen, sondern Lebens- und Überlebensnotwendigkeit. Die Frage ist nur, in welchem Maße es geschieht und wo es geschieht. Denn was im Lebenszusammenhang Notwendigkeit sein mag, das ist es in der Sphäre von Politik und Wissen, in denen die Vorgabe von Normen eine ganz andere Rolle spielt, durchaus nicht. Darin gleicht der Philosoph, gleich Sokrates dem tollen Menschen Nietzsches. Ständig ist der Philosoph irritiert und irritiert seinerseits, gewollt oder nicht gewollt, alle anderen, indem er gegen den Strich fragt und damit nicht zurückhält, sich selbst indem er über alles ins Staunen gerät. Man könnte Fragen als die eigentliche Tätigkeit des Philosophierenden betrachten. Und darin liegt auch die Aufgabe des Philosophen, im Akt der Verunsicherung alles sich Verfestigenden. *„Die Rolle des Philosophen besteht also nicht darin, den Staat zu regieren, sondern dessen Bürger permanent zu irritieren"*, so Arendt. Ein Standpunkt, den der Autor durchaus teilt, dafür plädierend, entgegen aller akademischen Regel, mit der argumentativen doxa, sie mag sich als richtig oder falsch erweisen, nicht hinter dem objektiven Berg zu halten. Genau so verstand sich auch einst das Konzept des λογον διδοναι (logon didonai, rationem reddere), d.h. des Begründens, Argumentierens, Rechenschaft Gebens, wie es bei Platon formuliert wurde (Phaidon 76 b, 95 d, 101 d). Es sei einmal wieder auf Margherita von Brentano verwiesen, wenn sie schreibt: *„Ich meine nämlich, daß dort, wo noch Ungerechtigkeit herrscht, sei es viel oder sei es wenig, gehöre man selbst zu den von ihr Betroffenen oder – was noch ärger ist – zu den von ihr Profitierenden, die Parteinahme, cum ira et studio, Bedingung objektiver Erkenntnis ist, die Forderung nach Neutralität hingegen zu eben dem Mechanismus gehört, der gesellschaftliches Unrecht zur Natur verklärt und damit nicht erst seine Aufhebung, sondern schon seine Erkenntnis verhindert".* (Text nach einem Vortrag von 1963 an der FU Berlin. Neu abgedruckt in: „Das Politische und das Persönliche". Wallstein, Göttingen, 2010 (S. 357) sowie in: „Akademische Schriften". Wallstein, Göttingen, 2010 (S. 132).) Dies wäre auch einer zunehmend geistlos werdenden Universität und (Geistes- und Gesellschafts-)Wissenschaft ins Stammbuch zu schreiben, einem, wie Thomas Jurczyk in seiner Rezension des Heinrichbandes zurückhaltend einräumt, *„vorherrschenden Trend einer zunehmenden Versozialwissenschaftlichung ..., der mit einer Fokussierung auf quantitativ-statistische sowie auf minutiöse Nachvollziehbarkeit ausgelegte qualitative Methoden einhergeht. Mit dieser Orientierung, die einen vermeintlich objektiveren, unpolitischeren Zugang bietet und auf die Vermeidung von wissenschaftlich nur schwer beantwortbaren ... Fragen bedacht ist, geht eine wachsende Ignoranz sowie partiell offensive Ablehnung gegenüber Ansätzen einher, die diesen Prinzipien vermeintlich zuwiderlaufen".* Jurczyk Sätze beziehen sich auf die deutschsprachige Religionswissenschaft, wären aber wohl auch allgemeingültig anwendbar. Hand in Hand gehen solche Tendenzen mit dem Zug zum erweiterten und zugleich eingeschränkten Wissen des Expertentums, das Denkern wie Heinrich oder, um einen anderen Namen zu nennen, Hans Heinrich Eggebrecht (so betont z.B. in Musik im Abendland. München 1996) immer suspekt war. So bemerkte Eike Gebhardt in einem Radio Feature Die Schwierigkeit nein zu sagen - Ein Spaziergang mit dem Philosophen Klaus Heinrich vom 19. Juni 2006 auf SWR 2: *„Nichts läge dem quirligen und doch so bedachtsamen Mann (Klaus Heinrich, RB) ferner als ein spezialisiertes Expertentum, das, nach einem bösen aber wahren Wort von Chesterton, immer mehr über immer weniger weiß. Heinrich war sich des Risikos seiner kühnen, für manche Kollegen frivolen Brückenschläge schmerzhaft bewusst."* Im Sinne Brentanos formulierte Christian Meier 2014 für sein Fachgebiet ganz ähnlich: *„Historie wird keineswegs objektiver, indem sie vom Ethischen schweigt, im Gegenteil, sie wird nur einseitiger, irrelevanter, und zumindest heute macht sie sich einer Komplizenschaft mit Mächten schuldig, die ohnehin schon kaum zu kontrollieren sind."* (In: Christian Meier. Der Historiker und der Zeitgenosse. München, 2014, S. 214)) Im gleichen Buch verweist Meier auch auf den Soziologen Werner Hofmann: *„Es hat sich nämlich, wie der Marburger Soziologe Werner Hofmann es formuliert hat, gezeigt, daß normalerweise ... der des eigenen wertenden Urteils sich Enthaltende die etablierten Wertungen rezipiert. Werturteilsfreiheit aber, die nicht mehr Freiheit zur Kritik der Werturteile bedeutet, ist eben hierdurch Freiheit vom Urteil über Werte. Der*

Wissenschaftler tritt aus dem Wertverhältnis nicht heraus. Vielmehr überkommt ihn dieses Verhältnis jetzt: Er findet sich gegeben an das, was er nicht zu seiner gegebenen Sache gemacht hat." (S. 194) Ähnlich dachten schließlich auch Walter Benjamin und Hannah Arendt und vielleicht auch schon Platon, wenn er Sokrates formulieren ließ: „ *... daß wir aber, wenn wir glauben, das suchen zu müssen, was wir nicht wissen, besser werden und mannhafter und weniger träge, als wenn wir glauben, was man nicht wisse, sei nicht möglich zu finden, und man müsse es also auch nicht erst suchen, dafür möchte ich allerdings streiten, wenn ich könnte, mit Wort und Tat.*" (Menon (86 b/c) Man kann aber auch daran denken, dass in der Moderne die Denkbewegung Subjekt und Objekt zusammenschließt. Dies offen darzulegen trägt am Ende vielleicht eher zum Dialog und vielleicht sogar zum Bündnis bei, als es die unter angeblicher Objektivität verheimlichte doxa tut, für die das *„Soziale, das der Politik gegenübersteht und ihr Legitimität gibt, ... nur als statistische Größe, deren Repräsentation über Quoten und Umfragen festgestellt wird*" existiert (Peter Furth Über Massendemokratie (II). In: Massendemokratie. Berlin, 2015. S. 149) und dabei steril auf Ewigkeit zu hofft. So zumindest die doxa des hier Schreibenden.

Also, die geforderte doxa ist eine, die sich an der Vernunft ausrichtet, um in sich selbst Haltung zu finden, anstatt am hingehaltenen Außen einen Halt zu finden. Diesen gerade verschmäht sie. Aber das Pochen auf Vernunft ist kompliziert. Denn, was ist und wie vorgehen, wenn diese von Platon geforderte praktische Vernunft zur starren dominierenden Rationalität wird? Wenn sie der Dialektik verfällt und auf ihrem Höhepunkt umschlägt? Als Rationalität zur Irrationalität wird? Und dafür scheint vieles zu sprechen. Nicht zuletzt, dass jeder Einspruch in der Rationalität als Irrationalität erscheint. Könnte das heutige Aufblühen von Meinungen, doxai, egal ob diese nun gut oder schlecht, d.h. vernunftbegründet oder nicht sind, ein Aufbrechen solcher Rationalitätserstarrung andeuten und bedürfte es einer neuen sokratischen Suche, um dem *„Gehäuse der Hörigkeit*" – der eigenen wie der äußeren – anders als in eine Beliebigkeit zu entkommen? Wäre die Wirrnis um dieses derzeitige Aufblühen und das Unvermögen damit umzugehen ein Zeichen dafür? Und, vertritt man eine solche doxa, wäre dann nicht zu bedenken, dass Souveränität sich vielleicht nicht daran zeigt, sich durchzusetzen, sondern darin, sich korrigieren zu können? Das würde vielleicht auch endlich die Aufnahme eines Gesprächs, ein dialegesthai zwischen den heutigen Wahrheitspropagandisten ermöglichen, an dem es mangelt. Dafür aber gilt es sich zu entscheiden. (Wer darin einen Versuch sieht, Heinrich und Taubes zusammen zu denken, mag nicht ganz fehlgehen.)

Für die doxa und gegen das Ablehnen dieser spricht aber auch das Denken selbst. Schließlich besteht die Faszination der Philosophie im Besonderen und des Denkens im Allgemeinen gerade darin, nahezu alles mit allem verbinden zu können, ins Bündnis bringen zu können, in einer logisch unmöglichen unendlichen Zahl von Kombinationen und Konstellationen. Um es mit den Worten eines Bekannten zu sagen: *„Ich kann Arthur Moeller van den Bruck nicht ohne Suzie Quatro denken.*"

Auch die Faszination als solche ist nicht eindeutig, sondern ambivalent. Auch autonomes Denken kann Faszination sein oder erzeugen. Vielleicht lässt sich daran erklären, warum gerade Personen wie Klaus Heinrich oder Jacob Taubes in ihrer Warnung vor aller Faszination und deren Sogkraft selbst eine solche Faszination ausstrahlen konnten, ein solches Charisma besaßen, das bis heute ungebrochen scheint, sogar bei Personen, die sie selbst gar nicht mehr kannten. Es wäre vermutlich recht interessant einmal die Wirkung von Heinrich oder Taubes auf die verschiedenen Generationen ihrer Hörerschaft zu untersuchen. Wie wirkten sie auf ihre Hörerschaft in den 1960er, den 1970er und 1980er Jahren, die ja, ohne Trennschärfe, in sehr verschiedene Erfahrungen und Auseinandersetzungen hineingeboren waren und wuchsen. Anyway, die Faszination des Denkens besteht in seiner Fähigkeit zur (eigenen) Kombination, dies kann verführen und zum schlechten, aber auch zum (hoffentlich) guten führen. Immer ist Denken mit Ausnahme des ersten Denkens Eklektizismus, ohne aber das Abwertende dieses Begriffs zu beinhalten. Selbst dieser Gedanke steht nicht einzeln, sondern findet sich in der Figur des christlichen Denkens der Erbsünde, der alle Menschen eingeordnet sind, mit Ausnahme des ersten, Adam. Damit ist gleich auch ein Beispiel für das heimliche Weiterwirken des Christentums, von dem Foucault gesprochen hat gegeben. Welcher Gedanke aber entwarf seine Figur zuerst? Das Neue ist fast immer nur die Kombination des Uralten oder dessen Auslegung, d.h. Freisetzung dessen, was als Potential schon in diesem lag. Bereits Kant hatte bemerkt, dass ein neuer Gedanke kaum jemals vorkomme und solche schon sehr weit zurücklägen. Darum ist auch das Aufspüren, das Zurückverfolgen des Weges, der einen Gedanken zur Präsenz führte, so wichtig, wobei es nie nur ein Weg ist, sondern immer eine Anzahl von Wegen, die auf ihn zulaufen und in die er sich wieder verzweigen wird. Nur daher werden Unternehmen wie dieses so wichtig, Fragen wie die nach dem Johannes-Evangelium so virulent. Nur daher bekommen die Fähigkeiten von Heinrich wie Taubes, einen Moment der griechischen Antike mit einem der Moderne nahtlos zu verknüpfen, ihre Bedeutung. Immer tragen Gedanken und Begriffe mehr als ihr Manifestes in sich und immer vermag auch ihr Latentes in (den) neuen Kombinationen an die Oberfläche zu steigen. Auch daher ist alle Zivilisation nur der dünne Firnis, als den ihn schon Freud gesehen hatte. Die Welt des Denkens ist nicht die Welt des einmal Kreierten, sondern gleicht eher der Welt des De rerum natura (Lukrez) mit seinem unentwegten Zerfall und Zusammenfall der Atome. Wichtig ist daher auch stets die Kraft, die Intension, die sie zusammenführt. Cui bono? Dies betont Heinrichs Satz aus seiner Vorlesung zur Psychoanalyse. *„Wo immer auf Altes zurückgegriffen wird, müssen Sie, quer zu den Ihnen bekannten typologisierenden Schematisierungen, nach der spezifischen Intention des Rückgriffs fragen".* (Psychoanalyse. Dahlemer Vorlesungen Bd. 7, S.103) Und ist dieses Alte nicht nur historisch so alt, keineswegs aber im Geflecht des Denkens bzw. der Gedanken, wo es stets gegenwärtig ist? Sprach- und Zeitspiele auch hier.

geworden, dem Gnade und Wahrheit („charis" und „aletheia")
potentiell zukommen. Vorbereitet sind in dieser
Zusammenstellung von Gottesprädikaten und Fleischwerdung
natürlich auch die Menschwerdung Christi und der
Zusammenfall von Schöpfer und Schöpfung im Wort, das
wiederum Christus ist, worauf hier aber nicht näher

Natürlich birgt dies große Gefahren, nicht zuletzt die eines beliebigen „anything
goes". Solches hat Hannah Arendt im Gespräch mit Günter Gaus als ihr Entsetzen
darüber bekundet, dass vielen, und gerade den Hochgebildeten unter ihren
Bekannten, so manches zu Hitler einfiel. Die Möglichkeit, dass man alles mit allem
verbinden kann, darf nicht dazu führen, dies beliebig und allein um des Verbindens
willen zu tun. Das Diktum, dass es stets um die Intention geht, darf nicht zur
Willkürlich der späten Sophistik führen. Das Urteil über den Gedanken als Bündel
solcher Verknüpfung, ist daran gebunden, ob seine Ausrichtung auf eine Befreiung
oder eine Unterdrückung solcher, eben auch seiner eigenen, Autonomie angelegt ist?
Wie der Weg dazu aussieht, das ist dann schon wieder Teil des Gesprächs. Dennoch,
die Möglichkeit der Verknüpfung, in der anderes anders aufscheint – Walter
Benjamin sprach von Collage und Zitation - ist das Faszinierende des Denkens.
Gerade dort, wo Katastrophenfaszination und Erlösungsfaszination so eng
beieinander liegen, wäre auf solches Faszinierendes vielleicht zu drängen, vielleicht
auch gerade um aus solcher Faszination sich aus jenen anderen Faszinationen zu
retten und ihnen zu entkommen, ihnen zu widerstehen oder sich auch nur durch
Alternative vor ihnen zu schützen. Auch hier ein Ringen. Auch Faszination ist nicht
eindeutig, sondern ambivalent. Keine sterile objektive Laborwissenschaft ist dabei
gefragt, sondern eine sich einsetzende und hinterfragene, deren Handlungen kein
nietzscheanisches Lachen sind, wohl aber eine fröhliche Wissenschaft. Wollte Klaus
Heinrich nicht selbst Dämonen beschwören und Katastrophen auslachen (Reden und
kleine Schriften 3. dämonen beschwören katastrophen auslachen. FfM 2013)? Und
beschreibt ihn Eike Gebhardt nicht so: *„Dass er ironisch, verschmitzt, geradezu
koboldhaft verspielt ist und sein kann, wie es sich weder mit dem sogenannten
‚wissenschaftlichen Ernst' noch jener ‚akademischen Würde' zu vertragen scheint,
tangiert ganz offenbar nicht im geringsten seine Würde, so wenig wie seine
Wissenschaftlichkeit. Und dass er verträumt, sensibel, ja geradezu ein lyrisches Gemüt
ist, schlägt sich nicht nur in den Gedichten nieder, sondern in einer feinsinnigen
Empathie, einem atemberaubenden Einfühlungsvermögen in die Vorstellungswelt
Anderer, auch und sogar anderer Epochen und Kulturen."* Noch einmal scheint der
Hinweis auf Sokrates angebracht. Darauf, dass auch er sich dem Eros hingab, ohne
ihm zu unterliegen. Sokrates trinkt mit, sinkt am Ende des Symposions aber nicht
unter den Tisch, sondern geht ins Freie. (Symp. 223 c)

eingegangen werden soll. Betont werden soll hier erst einmal nur, dass zusammen mit dem Gottesprädikat „Wahrheit" bereits im Prolog auch schon das der Gnade vom „alten" Gott weggenommen und dem „neuen" Gott zugesprochen wird bzw. wird dieser dadurch zu einem solchen. Beide Begriff fallen an dieser Stelle zwar noch nicht direkt, sind aber im Gesagten mitgedacht und so für und auf das im Folgenden im Evangelium durchgeführte Verfahren hin angelegt. An dieser Stelle gilt aber vor allem, wenn das Wort, also Gott, in Jesus Christus Fleisch geworden ist, dann ist dieser Jesus als Christus auch Gott geworden. Der Boden für die Übernahme der Prädikate, die diesen Wechsel dann versiegeln werden, ist also bereitet.

Zugleich hat sich damit auch ein sich selbst überholendes Zeitverhältnis eingestellt, jenseits aller kausalen linearen Vorstellung. Denn das Geschaffene ist nun zugleich das, was geschaffen hat. Auch dies wird schon durch die Worte Johannes des Täufers, der als Vorläuferfigur Christi direkt im Anschluss an die Eingangsworte eingeführt wird, ~~in Wahrheit~~ historisch aber wohl ein konkurrierender Religionsstifter[71] war, ganz direkt ausgedrückt. *„Nach mir wird kommen, der vor mir gewesen ist; denn er war eher denn ich."*[72] Neben der Verschiebung bzw. Übertragung der Gottesprädikate ist es

---

[71] Und damit ein Repräsentant alter und unwahrer Religion. Anders als das Judentum im Allgemeinen konvertiert Johannes der Täufer aber, bekennt und kündet die neue Wahrheit. Durch diesen Johannes fällt im Johannes-Evangelium auch erneut ein Leitbegriff zur Gnosis mit dem diese das Glanz- und Lichtmeer als Sitz Gottes fasst, „pleroma" („πλήρωμα"), die Fülle: *„von seiner Fülle (πληρώματος, pleromatos) haben wir alle genommen"*, heißt es bei Johannes (1, 16) Der gotterfüllten Seinswelt des pleroma steht in der Gnosis das Kenoma („κένωμα") als stoffliche Leere gegenüber. Martin R. von Ostheim spekuliert, dass die Gnosis diesen Begriff dem Johannes-Evangelium entnommen habe. (Selbsterlösung durch Erkenntnis. Die Gnosis im 2. Jahrhundert n. Chr. Basel 2013)
[72] Joh. 1, 15

diese Verdichtung bzw. Konzentration des Zeitgeschehens, die von zentraler Bedeutung und abstrahlender Kern dessen ist, was im Johannes-Evangelium als Wegnahme geschieht und angelegt ist.

Über die Figur des Johannes des Täufers wird dann schließlich auch das christliche Geistprimat[73] anstelle der Geburt unter den Juden unterstrichen.[74] *„Es war ein Mensch, von Gott gesandt, der hieß Johannes. Der kam zum Zeugnis, daß er von dem Licht zeugete, auf daß sie alle durch ihn glaubeten. Er war nicht das Licht, sondern daß er zeugete von dem Licht. Das war das wahrhaftige Licht, welches alle Menschen erleuchtet, die in diese Welt kommen. Es war in der Welt, und die Welt ist durch dasselbige gemacht, und die Welt kannte es nicht.*[75] *Er kam in sein Eigenthum, und die Seinen nahmen ihn nicht auf. Wie viele ihn aber aufnahmen, denen gab er Macht, Gottes Kinder zu werden, die an seinen Namen glauben, welche nicht von dem Geblüt, noch von dem Willen des Fleisches, noch von dem Willen eines Mannes, sondern von Gott geboren sind.“*[76]

---

[73] Nach der Wegnahme der Wahrheit wird damit nun die Wegnahme des Geistes vorbereitet.

[74] Eingeleitet durch die bereits erfolgte Übernahme der Prädikate. Wegnahme der Prädikate, Gottwerdung (& Menschwerdung) und Zeitstruktur zusammenfassend lautet der gesamte Abschnitt Joh. 1, 14-15: *„Und das Wort ward Fleisch und wohnete unter uns, und wir sahen seine Herrlichkeit, eine Herrlichkeit als des eingebornen Sohns vom Vater, voller Gnade und Wahrheit. Johannes zeuget, rufet und spricht: Dieser war es, von dem ich gesagt habe: Nach mir wird kommen, der vor mir gewesen ist, denn er war eher denn ich.“* Siehe auch weiter unten zum Thema Blut, Boden, Geist.

[75] Diese Passage wiederholt fast wörtlich die Aussage von Joh. 1, 4, was man als Hinweis darauf nehmen kann, dass der Verfasser des Johannes-Evangeliums sehr genau wusste, worum es ihm ging.

[76] Joh. 1, 6-13. Auch Luther springt hier vom sachlichen zum maskulinen ansatzlos über (s.o.). Es sei aber vor allem daran erinnert, dass Wort und Gott und Geist hier gleichgesetzt sind. Wenn es später daher heißt: *„jeglicher, der aus dem Geist geboren ist“* (Joh. 3, 8), ist das identisch mit dieser Stelle und bekräftigt noch einmal die gegen

Von Gott geboren heißt durch das Wort = Christus = aus dem Geist geboren.[77] Das ist im Grunde genommen Paulus, dessen Clou es ja war, die Zugehörigkeit zum Volk Gottes nicht mehr von der (körperlichen) Geburt, sondern vom (angenommenen) Glauben abhängig zu machen und damit das Christentum über die Zugehörigkeit per Geist von der Begrenzung auf das Judentum zu lösen, es zu öffnen und zur Weltreligion auszuweiten.[78] Darum geht es in der Heidenmission des Paulus mit deren Zentrum, dem Beschneidungsstreit.[79] Und es geht darum, nach dem Ausbleiben der Parusie den Gemeinden ein Fundament zu verschaffen, auf dem sich der Glaube auf Dauer erhalten lässt. So auch Johannes, der zum Bestand der Gemeinde die Ablösung dieser und ihres Glaubens von der geschichtlichen Gestalt Jesus vorangetrieben und sich dabei in große Nähe zum Doketismus, der in der Entstehungsregion des Johannes-

---

die Thora gestellte Ablösung des Gott-Vaters durch den Gott-Sohn. Ebenso die Gemeinschaftszugehörigkeit durch den Geist und nicht durch Blut und Boden (s. u.).

[77] Die Zugehörigkeit zur Gemeinde und Identität des Christen ergibt sich also aus dem Geist und nicht, wie in der biblischen Umwelt bis dahin gültig, aus der festgelegten, entweder dem Blut oder dem Boden verbundenen Geburt. Ein oft übersehenes Freiheitmoment des Christentums. Eines, das aber ebenfalls äußerst ambivalent ist. Näheres dazu weiter unten.

[78] Siehe nochmals 2 Kor 3, 12-18 mit *„dem Herrn, der der Geist ist"*.

[79] Bei Paulus wird die Beschneidung vergeistigt, nach Innen verlegt, ohne aber dass damit das Judentum wie bei Johannes verworfen würde, im Gegenteil. So heißt es bei Paulus im Römerbrief 2, 28/29: *„Denn das ist nicht ein Jude, der auswendig ein Jude ist, auch ist nicht das die Beschneidung, die auswendig im Fleisch geschieht sondern das ist ein Jude, der inwendig verborgen ist, und die Beschneidung des Herzens ist eine Beschneidung, die im Geist und nicht im Buchstaben geschiehet."*
Zum Beschneidungsstreit wäre noch zu sagen, dass das Beschneidungsgebot im AT eine besondere Gewichtung durch die Redaktion des Priestercodex erhielt, was wiederum mit den historischen Aufgaben bzw. der historischen Situation der Jerusalemer Priesterschaft zu tun hatte, der es um den Erhalt des Judentum in einer Zeit des Verfalls zu tun sein musste, worauf Hermann Gunkel. Sagen der Genesis. Göttingen 1901, S. 70 hinweist.

Evangeliums weit verbreitet war, gebracht hat. Auch bei ihm laufen Universalisierung und Bestandsicherung zusammen. Um die Enttäuschung am Ausbleiben der Naherwartung abzufangen, wird die Parusie ab- wenn nicht verdrängt und in der himmlischen Seinsweise und vorweltlichen Wesenheit Jesus Christus, in Jesus als stets gegenwärtigen Heilsmittler aufgehoben. Im von Heinrich behandelten Zusammenhang aber ist vor allem wichtig, dass hier der Geist als Begriff eingeführt wird.

Endgültig trennt das Johannes-Evangelium das Christentum dann vom Judentum ab und setzt Gnade und Wahrheit über das Gesetz[80], lässt aus den Geboten die Vergebung werden, wenn es, wiederum durch die Worte des Johannes des Täufers, aufteilt: *„Denn das Gesetz ist durch Moses gegeben, die Gnade und Wahrheit ist durch Jesum Christum geworden.“*[81] Wahrheit und Gnade als Gottesprädikate sind also ganz bei Christus. Und, und das ist der Punkt, ist die Speerspitze gegen das Judentum: *„Niemand hat Gott je gesehen; der eingeborene Sohn, der in des Vaters Schooß ist, der hat es uns verkündiget“.*[82] Jetzt führt kein Weg mehr zu Gott, durch nichts und niemanden, außer durch den

---

[80] Damit setzt sich das Christentum nicht nur vom Judentum (Thora) ab, sondern auch vom Griechentum und dessen Philosophie (νομος, nomos) sowie und insbesondere von Rom (lex) als der herrschenden Macht. Verstärkt wird dies dann durch den Anspruch, die Wahrheitsinstanz, und man denke daran, dass dies immer auch Machtinstanz bedeutet, für die gesamte Welt zu sein. Rom musste sich herausgefordert fühlen und Christus ist von Beginn an Antipol der Cäsaren. Als für diese Problematik grundlegend ist immer noch auf Bruno Bauer. Christus und die Cäsaren (Berlin 1879) zu verweisen.

[81] Joh. 1, 17.

[82] Joh. 1, 18. In der modernisierten Fassung von 1960 wird die Gottgleichheit dann noch viel drastischer ausgesprochen. Der letzte Satz der Passage lautet dort: *„Niemand hat Gott je gesehen; der Eingeborene, der Gott ist und in des Vaters Schoß ist, der hat ihn uns verkündigt.“* (Die heilige Schrift. Stuttgart 1960)

christlichen Messias, der zugleich das Ziel selbst ist.[83] Die, die nicht an ihn glauben, wie die Juden, sind von der Offenbarung, dem Heilsplan, der Erlösung Gottes ausgeschlossen, sind Ungläubige und schlimmeres. Das Gesetz des Moses ist nun also ohne Wahrheit und ohne Gnade und ohne Geist, was in der Konsequenz für Heinrich heißt, dass hier mit *„die Wahrheit wird euch freimachen"*,[84] ein erster Anklang zum Pogrom zu vernehmen ist.[85]

Wenn, wie die Juden, also Menschen sich auf Gott berufen, ohne an Jesus zu glauben, dann lügen sie und können nicht Gottes Kinder sein, egal ob aus Abrahams Samen oder nicht, egal woher.[86] Wessen (Geistes-) Kinder aber sind sie dann?

---

[83] Der Punkt ist hier, dass die Geburt bzw. Wiedergeburt bzw. der Eintritt und die Zugehörigkeit zur neuen Religion über den Geist erfolgt, der in Jesus als logos besteht.

[84] Joh. 8, 32. Man kann weiter verweisen auf das *„Arbeit macht frei"* der Nationalsozialisten. Dazu siehe Robert Menasse. Permanente Revolution der Begriffe. Vorträge zur Kritik der Abklärung. FfM 2009. Man kann dann noch weiter gehen und auch erahnen, was es in sich birgt, wenn heute Arbeit und Wahrheit (Identität) zusammenfallen. Der Umkehrschluss zu *„die Wahrheit macht frei"* ist ja zwangsläufig, *„die Unwahrheit verknechtet und führt – gerechterweise - in den Tod"*. Ein Freifahrtschein für alle Vernichtungsakte an anders Denkende.

[85] Heinrich, S. 17

[86] Deutlich wird hier der Alleinstellungs- und -vertretungsanspruch des Christentums, wie ihn jede monotheistische Theologie aus der Konsequenz der eigenen Religionsvorstellung heraus aufstellen muss, da sie ansonsten schlichtweg nicht monotheistisch wäre. Die mörderischen Konsequenzen daraus, haben sich im Christentum nicht weniger als im Islam gezeigt, zeigen sich noch. Das Judentum nimmt vielleicht eine Sonderrolle ein, insofern es anders als Christentum und Islam kein wirkliches Missionsdenken und Allumfassungsanspruch kennt, da die Geburtsrolle bei der Zugehörigkeit eine ganz andere ist. Das Christentum als auf den Geist gegründete Gemeinschaft aber hat – und dies nicht nur mit Johannes, der mit seiner Engziehung auf Christus nur, wenn auch wichtiges, Teil des Ganzen ist - einen universalen Wahrheitsanspruch, der keine höhere, ja keine weitere Wahrheit zulässt und damit auch keine höhere Machtposition als die der Theologen der Gemeinde. Das Christentum übertrifft mit diesem Anspruch das Judentum noch bei weitem, als es diesen nicht nur für eine begrenzte Gruppe vorträgt, sondern sich an alle

Die Antwort des Johannes-Evangeliums lautet brutal: des Teufels. Dieser und mit ihm seine Kinder sind Mörder (an der Wahrheit und damit Gottes) von je her und Lügner (als Verleumder des wahren Gottes und des betriebenen Gottesmordes).[87]

Aber kann dieser Vorwurf erhoben werden an jene, die vor Christi Geburt lebten? Heißt es in der oben angeführten Stelle nicht: *„Niemand hat Gott je gesehen"*[88] und erst mit der Ankunft Christi hat sich dieser offenbart? Wieder folgt die Argumentation dem sich überholenden Zeitschema, denn Jesus selbst sagt den Juden, die sich in der

---

Menschen richtet. Das ist in der Antike im Orient wie im Okzident bis dahin einzigartig. Die neue Gnadenreligion ist diesbezüglich von gnadenloser Intoleranz, wie es später nur noch der Islam sein wird. Der Konflikt mit Rom ist zu dieser Zeit daher vorprogrammiert. Der Sprengpunkt hier ist das Geistige als Grundprinzip der Zugehörigkeit. Dazu Fußnotenexkurs 11.

[87] Davon handelt der ganze Passus Joh. 8, 37-45. *„Ich weiß wohl, daß ihr Abrahams Samen seid; aber ihr suchet mich zu tödten, denn meine Rede sähet nicht unter euch. Ich rede, was ich von meinem Vater gesehen habe, so thut ihr, was ihr von eurem Vater gesehen habt. Sie antworteten und sprachen zu ihm: Abraham ist unser Vater. Spricht Jesus zu ihnen: Wenn ihr Abrahams Kinder wäret, so thätet ihr Abrahams Werke. Nun aber suchet ihr mich zu tödten, einen Menschen, der ich euch die Wahrheit gesagt habe, die ich von Gott gehöret habe, das hat Abraham nicht gethan. Ihr thut eures Vaters Werke. Da sprachen sie zu ihm: Wir sind nicht unehelich geboren; wir haben Einen Vater, Gott. Jesus sprach zu ihnen: Wäre Gott euer Vater, so liebtet ihr mich; denn ich bin ausgegangen und komme von Gott, denn ich bin nicht von mir selber gekommen, sondern er hat mich gesandt. Warum kennet ihr denn meine Sprache nicht? Denn ihr könnet ja mein Wort nicht hören. Ihr seyd von dem Vater den Teufel, und nach eures Vaters Lust wollt ihr tun. Derselbige ist ein Mörder von Anfang, und ist nicht bestanden in der Wahrheit; denn die Wahrheit ist nicht in ihm. Wenn er die Lügen redet, so redet er von seinem Eigenen, denn er ist ein Lügner und ein Vater derselbigen. Ich aber, weil ich die Wahrheit sage, so glaubet ihr mir nicht."* Ein Teil der Passage scheint zunächst Jesus von Gott als gesandten Sohn zu unterscheiden, man denke aber bei der Lektüre an die Bedeutung des „Wortes" (logos) im Zusammenhang des Evangeliums, sowie der Wahrheitsfrage.

[88] Joh. 1, 18

79

Nachkommenschaft Abrahams verstehen[89], *„ehe denn Abraham ward, bin ich (ego eimi):"*[90] Verdeckt war Christus

---

[89] *Fußnotenexkurs 9*: 2015 fand im „Jüdischen Museum Berlin" in 15 Räumen eine hochinteressante Ausstellung / Installation unter dem Titel „Gehorsam" statt, welche von Saskia Boddeke und Peter Greenaway eingerichtet war und zu Recht viel Aufmerksamkeit erregte. Ihr Ausgangspunkt war genau diese Abstammungsberufung auf Abraham, welche nicht nur im Judentum zu finden ist, sondern – und das ist das spannende – auch im Christentum sowie im Islam. Die Ausstellung zeigte, wie aus einer Gemeinsamkeit Fehde entstehen kann am Beispiel der traurigen Geschichte dieser Religionen untereinander. Einer Geschichte, die wie eine Umkehrung des Bündnis-, des befriedenden Brüdergedankens wirkt, den Lessing noch mit seiner Parabel der drei Ringe aus „Nathan der Weise" im Sinne der Aufklärungshoffnung an- und ausgesprochen hatte. Eine Umkehrung, die wie eine schallende Ohrfeige des Konkreten an das Wunschdenken wirkt.

Lessing selbst hatte die Parabel aus dem „Decamerone" des Boccaccio entnommen, der wiederum vermutlich auf viel ältere Formen zurückgriff wie die „Geschichten aus 1001 Nacht". Eine zwar in wichtigen Teilen abweichende, aber doch deutliche Vorform findet sich sogar im 1. Jahrhundert v. Chr. bei Diodor. Diodor (I, 21) erzählt, als er über Ägypten spricht, dass einst Isis, nachdem Osiris von Seth in 42 Teile zerrissen worden war, beschloss, dass dessen Grab geheim bleiben und doch von allen Einwohnern des Landes verehrt werden sollte. Daher gab sie jedem einzelnen Glied von Osiris Leichnam die Gestalt des Gesamtkörpers und übergab der Priesterschaft eines jeden der 42 Gaus des Landes eines dieser Glieder, als ob es der Körper als ganzer wäre, mit dem Auftrag, dieses im Geheimen zu beerdigen und in der Folge zu verehren. So glaubte sich jeder Bezirk im Besitz des wahren Leichnams und huldigte diesem.

Diodorus im 1. Jahrhundert v. Chr., Boccaccio im 14. Jahrhundert und Lessing im 18. Jahrhundert n. Chr. denken so einen Gedanken, was ein schöner Beleg für die Vertreter des Gedankens wäre, dass was einmal vernünftig gedacht wurde wieder gedacht werden muss. Eine Hoffnung, die auch Adorno in seinem letzten Text „Resignation" festgehalten hat. *„Was einmal gedacht ward, kann unterdrückt, vergessen werden, verwehen. Aber es lässt sich nicht ausreden, dass etwas davon überlebt. Denn Denken hat das Moment des Allgemeinen. Was triftig gedacht wurde, muss woanders, von anderen gedacht werden: dies Vertrauen begleitet noch den einsamsten und ohnmächtigsten Gedanken."* (In: Gesammelte Schriften Bd. 10. FfM 1997) Diese Vorstellung hat im Grunde ihre Geburtsstätte bzw. ihre Matrix in einer dann noch viel weiter zurückliegenden Zeit, in die sich Adorno mit seinem Diktum einschreibt und die zurückgeht bis auf Sokrates und Platon und deren Beschäftigung mit der Sophistik, wie dann auch auf Aristoteles. Es ist der Gedanke in der Vernunft etwas Allgemeines, Übergeordnetes zu sehen.

Den Anfang aller Auseinandersetzungen, ob die Vernunft etwas im Subjekt ist oder Teil einer allgemeinen Vernunft, liegt in der Frontstellung des Sokrates gegen die Sophistik. Die Sophistik hatte die Subjektivität in ihr Recht gesetzt, im Lauf der Zeit aber als Individualismus desavouiert. Dagegen wandte sich Sokrates. Was notwendig schien und von Sokrates in Angriff genommen wurde, war das Prinzip der schwankenden, an die aktuelle Empirik gebundenen Subjektivität, durch eine ideale dauerhafte Subjektivität zu ersetzen. D.h. dass zwar das einzelne Denken beurteilen sollte, was wahr und gut ist, aber das in diesem Denken darüber die Vernunft zu entscheiden hätte. Die Vernunft durfte aber nun nichts sein, was speziell und nur dem Individuum zukommt, sondern ein allen vernünftigen Wesen Gemeinsames, Allgemeines, ein objektives. Das Ideal des Objektiven, könnte man sagen. Der Gedanke dahinter: Sofern ich mich als vernünftiges Wesen verhalte, sofern ist dann meine Subjektivität im Einklang mit diesem Allgemeinen. Das Vernunftdenken des Einzelnen hat daher auch eine universale Geltung, eine Allgemeinheit und ist folglich kein subjektives, sondern ein objektives (und vermag im Gespräch auch den anderen zu überzeugen. So früh setzt das Ideal der Aufklärung an.). Gegen den rein subjektiven Gedanken des Individuums der Sophistik verficht Sokrates damit einen objektiven Gedanken des Subjekts, der Schule machen wird bis hin zu Adorno. Der Mensch blieb auch bei Sokrates das Maß aller Dinge, allerdings als ein der Vernunft verpflichteter.

Theologisch wird dies später zumeist am Problem und der Frage um die weltliche Vernunft des Menschen als selbstständige oder als Teil der Gottesvernunft durchgespielt. Eine für die Kirche nicht unwichtige Frage. Aber auch später, eben z.B. bei Adorno, findet sich entsprechendes. Es ist auch Teil der Problematik der Aufklärung bezüglich der Volonté générale, inwiefern der subjektive Wille mit dem Allgemeinwillen in Übereinstimmung steht oder gebracht werden kann. Und Teil des oben angesprochenen Problems einer Dialektik der Rationalität, die vergaß, dass Sokrates die doxa eben nicht ausgeschlossen hat, vergaß das Vernunft nicht identisch mit Rationalität ist, der Empfindung bedarf um nicht zur Kälte des Cocytus zu werden und in Goyas 43. Caprichio „El sueño de la razin produce monstruos" („Der Traum der Vernunft gebiert Ungeheuer") zu enden. Siehe auch Bemerkungen zur doxa weiter oben.

Aktuell interessant ist dies in Bezug auf die Problematik der „Künstlichen Intelligenz" (KI). Bei dieser fallen die Stufen der Empfindung und der Nährung aller Wahrscheinlichkeit nach weg (wenn wir von der Stromversorgung absehen). Es bleibt einzig das Erkennen. Erkennen also nicht an ein Subjekt gebunden, sondern digitale Matrix. Ist dies aber nicht eher ein Rückfall als eine Weiterentwicklung? Wenn es aber doch eine Weiterentwicklung im philosophisch-christlichen Sinne der Abstreifung des Körperlichen ist? Dann ist es auch eine Kehre zu allem bisherigen, das damit zurückbleibt. Eine Kehre, die auch bedeutet, dass aus dem bisherigen Subjekt endgültig das Objekt wird und aus dem bisherigen Objekt das Subjekt. Die unentwegte Beteuerung der Forscher der KI, dass diese als auf maschineller Basis beruhend nie den Menschen ersetzen würde, ist das Pfeifen im Walde, das, um eine schöne Formulierung Klaus Heinrichs zu gebrauchen, der *„Ich-singe-im-Wald-und-mache-mir-Mut-Industrie der sogenannten Unterhaltungsmusik"* (Reden und kleine Schriften II, S. 28) entspricht.

In diesem Zusammenhang wäre dann auch auf Aristoteles' Festlegung der Vernunft, der Intelligenz als von den Organen und Sinnesorganen des Körper Unabhängigen zurückzuspringen. Dies ist die KI aber definitiv. Und dies ist auch die Gefahr, die in Sätzen wie denen der Aufklärung oder bei Adorno u.a. immer mitschwingt. Denn es besteht die Möglichkeit, dass der Gedanke, dass Gedanken einmal treffend gedacht nicht untergehen können, aus einem hoffnungsvollen zu einem gefährlichen Gedanken werden kann. Denn gedacht wird auch das treffend Gedachte im Subjekt? Dieses Subjekt braucht mit der KI aber nicht mehr das Lebewesen Mensch zu sein. Vernunft als solche endlich vom fleischlichen Menschen erlöst? Und spürt man hier auch Gnostisches? Auch hier ist der Dialektik nicht zu entkommen. Aber ist die KI wirklich nur noch Intelligenz oder ist sie nur noch Körperlichkeit, wenn auch keine biologische? Wie steht es hier um das Verhältnis von „logos" und „sarx"? Vor allem aber und im hiesigen Kontext, liegt hier nicht wieder ein Wahrheitsanspruch der einmal festgelegten und feststehenden Rationalität vor, die nicht wie im Bündnis zu changieren vermag? Sollte „treffend" daher nicht im Sinne von unabänderlich, von Wahrheit verstanden werden, sonders stets im Sinne des geschichtlich gebundenen Bündnisses, welches der Lebewesen bedarf. Auch die KI ließe sich im Schatten des Johannes lesen. (Siehe auch Fußnotenexkurs 8)

Anzuknüpfen wäre aber auch an ein anderes. Denn was schon Platon im Zuge der Anamnesis postulierte, dass jeder jedes lernen kann, jedes Wissensgebiet ergreifen, funktioniert nur, wenn es eine übergeordnete Vernunft an sich gibt, und jedem die Muße gegeben und ein Interesse an etwas geweckt werden kann. Muße wie Interesse sind Voraussetzungen jedes Wissen. Das eine wird in den bestehenden Gesellschaften aber weitgehend verweigert und das andere wenig geweckt. Ohne solches kommt es aber nicht zu Erkenntnis und Wissen, schon gar nicht zur Sophia, sondern zur Repetition von Regeln und Regelwerken, die sich als Isolation im jeweiligen Wissensgebiet erweisen. Erst im Kreuzungspunkt von Elfenbeinturm und Eckkneipe jedenfalls ließe sich etwas von sich kreuzender Wirklichkeit des Allgemeinen und Einzelnen erahnen und dann ein solches eventuell ergreifen. Ein Einsetzpunkt, der solche Stimmungen ihrer Anlage zum Status quo entreißen könnte, wäre also das Mikrosoziale (s.o.) in Handlung und Wort. Dies beginnt, und damit wäre man wieder bei der Frage des Wissens, bereits bei der Verachtung und Isolierung von Intellektuellem- und Alltagswissen. Das Wissen eines Atomphysikers ist nur das Wissen eines Wissensgebiets wie das des Automechanikers das Wissen eines anderen ist, so unterschiedlich diese gestaltet sein mögen. Ihre gesellschaftliche Wertung ist gesetzt und als solche eingeschliffen. Für beide Seiten gilt daher, man muss sich

als Gott also schon immer gegeben, auch den Juden. Wenn er nun, zumal jetzt offengelegt, geleugnet wird, ist dies umso verwerflicher und im Falle des Judentums ein Zeugnis gegen sich selbst. Das Judentum wird so von Johannes bis in seine eigene Vergangenheit hinein verdammt. Jetzt wird deutlich wie wichtig die Zeitstruktur im Zuge der Wegnahme der Gottes und seiner Prädikate ist. Ohne diese Zeitkapriole wäre

---

närrisch machen können, ohne sich zu verlieren. Man muss sich exponieren, auch auf und in die Gefahr des Fehlens hin. Intellektuellenschelte ist ebenso wenig angebracht wie Proletarierhäme. Die je nur in ihren Kreisen Verbleibenden verbleiben nur in den Anerkennungsstrukturen ihrer Diskurse und deren Verdrängungen, und damit in den Vorgaben des Status quo. Die jeweils in ihrem Kreise und ihrem Diskurs Isolierten bleiben blind wie Begriffe ohne Inhalt und sprachlos wie Inhalte ohne Begriffe. Auch das sind Verdrängungsstrukturen und -prozesse, die sichtbar zu machen das Werk der Philosophie, das Werk der Irritation wäre. Kein neues Thema, aber immer noch ein aktuelles.
Aber noch ein weiteres wird damit berührt, was das Problem z. T. in die Problematik des Dualismus von Allgemeinem und Einzelnen trägt. So ist Heinz Bude nur zuzustimmen, wenn er am Anfang seines Buches Gesellschaft der Angst. (Hamburg 2014, S. 9) schreibt: „*Wer eine gesellschaftliche Situation verstehen will, muss die Erfahrungen der Menschen zum Sprechen bringen ... Dass sich hier Veränderungen im Passungsverhältnis von sozialen Strukturen und individuellen Einstellungen ankündigen, steht außer Frage.*" Dies beginnt bereits bei grundlegenden emotionalen gesellschaftlichen Stimmungen, die sich als Einstellungen einstellen, aber auch erzeugt werden und die sich in den Sprechakten des nichtakademischen wie akademischen, in den zufällig mitgehörten Gesprächen in der schon oben bemühten Schlange im Supermarkt oder dem Wartezimmer der Arztpraxis und nahezu überall sonst finden lassen, und die seltsam zwischen Matrix und Beitrag von gesellschaftlichen Verschiebungen mitwirken. Bude macht als eine solche Verschiebung heute die Angst aus, die ebenfalls bereits als Färbung des Neoliberalismus oben angeführt wurde. Vielleicht bekommt da auf soziologisch-gesellschaftlicher Ebene ein Begriff ein Gewicht, das er auf philosophischer (was etwas ganz anderes ist) bei Kierkegaard und Heidegger schon gehabt hat, aber auch auf der Religionsebene. So ist E. R. Dodds These von der Angst als emotionale Vorgabe einer Epoche, die dem Christentum bei seinem Aufschwung zunutze kam, immer noch zum Verständnis von dessen Aufstieg grundlegend. (Heiden und Christen in einem Zeitalter der Angst. FfM 1985)
[90] Joh. 8, 58

eine Enteignung einer Wahrheit des AT schwer möglich. So aber erklärt sich, auf welchem Wege eine Religion der anderen die Wahrheit wegnimmt.[91]

Jesus stellt diese seine Identität mit Gott als Wort mit seinen Worten – man denke an das Sprachspiel – auch selbst unter Beweise. Das von Jesu gesprochene „*bin ich*" beerbt die Selbstdefinition Gottes aus der Thora: „*Ich bin, der ich bin.*"[92] Damit ist aus dem Sohn weit mehr als der einzige Zugang zum Gott-Vater geworden, er ist Gott selbst geworden. Und als solcher wird er am Ende des Evangeliums dann auch vom Apostel Thomas angerufen werden: „*Mein Herr und mein Gott.*"[93]

Man muss in all dem aber auch noch eine andere Abzweigung beachten. Denn die Ungültigkeit des jüdischen Gesetzes für die Heidenchristen war, nachdem diese in den ersten Jahrzehnten des neuen Glaubens, mühsam errungen worden war, anerkannt und selbstverständlich geworden. So auch am Ende des 1. Jahrhunderts n. Chr. zur Zeit des Johannes. Ihm gilt das AT daher wie von selbst (nur) als prophetisches Dokument, das für die Normen des Alltags der Christen keine Bedeutung hat. Aber kann oder muss man darin eine Ablehnung oder Degradierung sehen? Gilt in einem anderen Sinne das AT den Christen nicht weiterhin als das offenbarende Wort Gottes? Ja und Nein.

Das frühe Christentum ist keine Buchstabenreligion, keine Buchreligion, sondern eine, die aus dem Glauben lebt, eine des

---

[91] Erst im Sinne dieses Zeitverhältnisses wird es möglich, dass die Juden durch ihren Nichtglauben an Christus von einem Gott abgefallen sind, den die neue Religion des Christentums erst jetzt verkündet, der aber doch schon der Gott Moses' war.

[92] 2. Buch Moses (Exodus) 3, 13. Diese Übersetzung geht auf Philo zurück. Eigentlich „ehyeh ascher ehyeh" - „*Ich werde sein, der ich sein werde*". Heinrich nimmt diese Verschiebung selbst im folgenden Passus auf.

[93] Joh. 20, 28.

auferstandenen und lebenden Christus. Daher kann das frühe Christentum, konnte die frühe Kirche als eigenständige Religion über hundert Jahre auch den gleichen Text, also die Thora, besitzen und benutzen wie die jüdische Synagoge. Die Thora ist zunächst, mangels anderer, auch das Dokument der frühen Christenheit. Weder kennt man in dieser Zeit ein AT noch ein NT. Ein NT als verbindliche Urkundensammlung liegt noch nicht einmal in irgendeiner angedeuteten Form vor. Die frühen Gemeinden können also gar nicht anders, als die Thora als einzige schriftliche Norm heranzuziehen. Und damit natürlich auch anzuerkennen. Damit hat diese aber auch weiterhin eine gewisse Autorität aus sich selbst heraus. Und es ist diese, mit deren Hilfe man zu einem Verständnis Christi gelangen kann, d.h. mit ihr gelingt es und wird versucht Christus zu verstehen. Das ist noch etwas ganz anderes, als ihn durch das AT zu rechtfertigen, den Juden wie sich selbst (also den Christen) gegenüber. Dazu wird es erst in den folgenden Jahrzehnten kommen und dazu setzt – vielleicht – Johannes an.

Doch ist der Übergang von der Erklärung zur Rechtfertigung ein fließender. Denn die heiligen Schriften des Judentums werden in den christlichen Gemeinden in beiden Fällen als Schriftbeweis, als Christusprophetie aufgenommen. Dabei wird der Nachweis über eine Linie geführt, die von Moses über David bis zu den Propheten läuft, die alle haben Christus kommen sehen und zwar bis in Details seines Lebens hinein. Der Umkehrpunkt, wo das Gewicht sich von der Erklärung zur Rechtfertigung verlagert, ist der Gedanke, dass Christus selbst bereits im AT als Logos das Wort ergriffen habe und daher dessen Gott ist. Damit ist etwas neues, eine Ausweitung gegeben.

Man denke an die von Heinrich im Text beschriebene Szene, in der Christus als wahre Gestalt Gottes am in der Felskluft verharrenden Moses vorbeizieht.[94] Nun belegt das AT nicht

---

[94] 2 Moses (Exodus) 33, 20-23. *„Und er sprach weiter: Mein Angesicht kannst du nicht sehen; denn kein Mensch wird leben, der mich sieht. Und der HERR sprach weiter: Siehe, es ist ein Raum bei mir, da sollst du auf dem Fels stehen. Wenn dann meine Herrlichkeit vorübergeht, will ich dich in die Felskluft stellen und meine Hand über dir halten, bis ich vorübergegangen bin. Dann will ich meine Hand von dir tun, und du darfst hinter mir her sehen; aber mein Angesicht kann man nicht sehen.“* Es wäre eines eigenen Buches wert diese Stelle einer anderen gegenüberzustellen. Denn die direkte Begegnung des Menschen mit Gott, das Verhältnis von Angesicht zu Angesicht, ist keineswegs so ausgeschlossen wie die angeführte Stelle vermuten lässt. Nicht nur Moses begegnet Gott als diesem selbst, sondern in weit exponierter Weise auch Jakob aus dem daraufhin Israel wird. *„Jaakob blieb allein zurück. – Ein Mann rang mit ihm ... Da sprach er zu ihm: Was ist dein Name? Und er sprach: Jaakob. Da sprach er: Nicht Jaakob werde fürder dein Name gesprochen, sondern Jifsrael, Fechter Gottes, denn du fichtst mit Gottheit und mit Menschheit und übermagst. ... Jaakob rief den Namen des Ortes: Pniel, Gottesanlitz, denn: Ich habe Gott gesehn, Anlitz zu Anlitz, und meine Seele ist errettet.“* (*„und blieb allein zurück. Da rang ein Mann mit ihm, ... Er sprach: Wie heißest du? Er antwortete: Jakob. Er sprach: Du sollst nicht mehr Jakob heißen, sondern Israel; denn du hast mit Gott und mit Menschen gekämpft und hast gewonnen ... Und Jakob nannte die Stätte Pnuël; denn, sprach er, ich habe Gott von Angesicht gesehen, und doch wurde mein Leben gerettet.“* (1 Moses (Im Anfang / Genesis) 32, 25-31) Ein fulminanter Widerspruch, der sich zwischen diesen Stellen auftut. Auch Jakob hatte nach dem Namen seines Gegenüber gefragt und eine abschlägige Antwort erhalten, was der Tradition ermöglichte aus dem mit Jakob Ringenden einen Engel (u. a.) werden zu lassen, was sich allgemein durchsetzte. Schon Hosea (12, 4/5) bemüht sich diesen Widerspruch zur Allmacht Gottes zu überdecken und zu entschärfen. Die talmudische Tradition sprach von einem Schutzgeist, den Engelsfürst Esaus. (Siehe dazu auch Philippson und natürlich Rabbi Schelomo ben Raschi Jizchak. Pentateuch – Kommentar. Basel 1962.) Spätere Interpretatoren sahen in diesem Sinne in der Szenerie nur ein Ringen im Gebet, so Johann Gottfried Herder, oder eine Traumgestalt. Auch die spätere textkritische Forschung verfolgt diese Intention, wenn sie z. B. den Abschnitt als Einfügung einer ursprünglichen kanaanäischen dämonischen Lokaltradition eines Flussgottes in den Jahvisten- und Elohistenkorpus annimmt. Oder wie Hermann Gunkel auf die Absicht der Verweigerung der Nennung des Gottesnamens (S. 68) und die doch sehr unterschiedliche Gestalt des Ringers hinweist und daraus auf eine Dämonengestalt bzw. ein früheres Märchenmotiv schließt, das in den Text einwanderte. (Das Märchen im Alten Testament. Tübingen 1917. S. 66 ff) (Raschi erklärt dagegen, dass der

mehr nur den göttlichen Heilsplan und den Glauben an Christus gegenüber den Ungläubigen, insbesondere dem Judentum, sondern nun werden über das AT die Christen selbst durch Christus erleuchtet und belehrt, werden in den Zustand der wahren Erkenntnis versetzt. Diejenigen, die diese Erkenntnis, die Erkenntnis der Wahrheit nicht teilen wollen, sind ab jetzt für das wahre Leben verloren. Was das für Konsequenzen hat, das ist von Heinrich und den hier vorgelegten Anfügungen (in Text und Fußnoten) dargestellt worden.

Wie selbstverständlich diese Auslegung des AT, die Gottgleichheit Christi, diese Gleichheit des Sohnes mit dem Vater, schon am Ende des 1 Jahrhunderts n. Chr. für die christlichen Gemeinden geworden war, zeigt der zur gleichen Zeit wie das Johannes-Evangelium entstandene, von Rom nach Korinth gehende I. Klemensbrief, wenn er über hundert Mal aus dem AT zitiert und aus ihm ohne große Unterscheidung Gott, Christus und den Heiligen Geist sprechen lässt. Johannes bündelt in diesem Sinne nur etwas, was allgemein Einzug in den christlichen Gemeinden gehalten zu haben scheint. In Johannes bündelt sich ein Gedanke, der von nun ab seine Wirkung entfalten wird und zwar über die Gemeinden hinaus.

---

drängende Aufbruch mit dem Beginn des Tages nicht in der Nachtverbundenheit eines Dämonischen liege, sondern in der dem Engel anstehenden Aufgabe Gott lobzusingen.) Bei Gunkel auch sind auch die in der Ausführung unterschiedlich langen Fassungen des Jahvisten und Elohisten wiedergegeben. All dies mag erklären, ändert aber nichts am Wortlaut. Gegen jegliche Entschärfung scheint mir allein schon der Name des Orts, der übersetzt Gottesanlitz bedeutet, zu sprechen. Könnte eine, so fragt der hier Schreibende, mögliche Erklärung nicht einfach in dem Bündnischarakter Gottes liegen? Interessant wäre zudem, dass hier eher der Name als das Antlitz Gottes im Verborgenen bleibt. Ein berühmtes Rubensbild des Kampfes (Engel) fand Heinrich auch in der Berliner Gemäldegalerie.

III

Die Bühne für die Ersetzung des alten durch den neuen Gott, der der alte ist, war und sein wird, ist also vorbereitet und die ersten Szenen der Wegnahme seiner Prädikate sind eingeleitet. Darunter insbesondere das Prädikat der Wahrheit. Heinrich bemerkt vorweg, dass der Begriff für Wahrheit „aletheia" im Griechischen in der Mysterien- und Philosophensprache nicht weniger als in der Umgangssprache zu finden ist. Zudem ist es ein Offenbarungswort. Im Johannes-Evangelium wird der aletheia-Begriff zugleich verschoben und verdichtet. Verschoben wird er innerhalb des Bündnisdenkens, verdichtet wird er auf die Person Christi. Daher werden alle Punkte, die einer solchen Verschiebung und Verdichtung in der jüdischen Tradition und deren Schriften entgegenstehen, für den Autor des Johannes-Evangeliums zu Angriffspunkten, die es auszuschalten gilt.

Zwar ist der Christusglaube („pistis"), der Messiasglaube des Christentums, ein völlig anderer als der Messiasglaube des Judentums, dennoch ist eine Formulierung dieses neuen Christusglaubens ohne das Fundament der Wahrheitsfigur der Thora, der „emeth", kaum möglich.[95] Diese muss sich der neue Glaube daher aneignen.

---

[95] *Fußnotenexkurs 10*: In seinem Aufsatz über Die Streitfrage zwischen Judentum und Christentum hat bereits Jacob Taubes einen „Blick auf ihre unauflösliche Differenz" (so der Untertitel) geworfen. Eine Differenz, die durch ein einseitiges Abhängigkeitsverhältnis noch weiter angetrieben wird und für das Christentum ein vielfältiges Dilemma darstellt. Taubes hält fest, dass die Auseinandersetzung zwischen den beiden Religionen zwangsläufig vom sich bildenden Christentum ausgeht. Denn in der durch Paulus geprägten Auffassung der christlichen Theologie wird das Judentum zum Bestandteil der Heilsgeschichte, die in einem sich verdichtenden Bund zwischen Gott und Mensch sich vollzieht. Ihr Beginn liegt in der Schaffung Adams und schreibt sich über Noah zu Abraham, weiter zu Moses und David bis zu Christus fort. Daher auch das Dilemma des Christentums sich nicht vom Judentum absetzen zu können, zugleich aber auch seine eigene Identität gegen es beweisen und

behaupten zu müssen. Im Opfer des Menschensohnes, in dem Gott Fleisch geworden ist, erfüllt sich im christlichen Selbstverständnis der (neue) Bund. Die Geschichte Israels bildet dabei eine Art Blaupause für die entscheidenden Phasen der Heilsgeschichte. D.h. sie hat ihren Sinn nicht, wie für das Judentum, in sich selbst, sondern weist nur auf ein anderes. Dies wird zur typologischen Auslegung des AT durch die Kirche führen.

Neben oder vor dieser textlichen Präfiguration des Heilsgeschehens spielt das Judentum aber zugleich eine aktive Rolle im Heilsgeschehen. Wenn Johannes in seinem Evangelium schreibt, *„denn das Heil kommt von den Juden"* (Joh. 4, 22), dann meint dies nicht einen historischen Vorlauf, eine Präfiguration oder die ethische Zugehörigkeit Jesu zum Judentum, sondern das, was Paulus als erster Theologe der neuen Religion ausspricht: Die Weigerung der jüdischen Gemeinde Jesus als Christus, als den Erlöser und Messias anzuerkennen ist im und für das Heilsgeschehen im christlichen Sinne eine Notwendigkeit. Nur durch sie kann das Heil auch zu den heidnischen Völkern gelangen. Konsequent gedacht: Nur durch die Weigerung Israels kann das Christentum zur Weltreligion werden. Israel ist zum Feind Christus geworden *„um euretwillen"* (Röm. 11, 28), lässt Paulus die Gemeinde in Rom wissen. Paulus verwebt damit das Judentum als ein Geheimnis des göttlichen Ratschlusses in die christliche Theologie der Heilsgeschichte, als ein notwendiges Negativum. Die Verwerfung Jesu als Christus durch die jüdische Synagoge ist entscheidender Bestandteil der universalen Erlösung des Menschen. Nur da das Judentum seinen alten Bund mit Gott, der eigentlich Christus ist, nicht einhält und Christus als Gott ablehnt, kann dieser Bund erweitert und zum neuen Bund werden, in dem nun auch Nichtjuden Aufnahme finden können. Daher ermahnt Paulus die Heidenchristen nicht auf die Juden herabzusehen, sind sie doch natürliche Zweige des Baumes der Erlösung, auf die die Heiden und Griechen nur aufgepfropft sind und die umso mehr Früchte und Blüte tragen, wenn sie zu Zeiten Christus als den Erlöser anerkennen werden. Paulus zielt also keineswegs auf das Judentum als Feind. Anders das Johannes-Evangelium. Dieses ist einer der heftigsten Angriffe auf das Judentum überhaupt, der so weit vorangetrieben wird, dass in Abrede gestellt wird, dass Juden und Christen in Gott einen gemeinsamen Vater besitzen. Da sie Christus die Anerkennung verweigern sind die Juden für Johannes Diener und Kinder des Teufels und damit der theologischen Verwerfung und der historischen Vernichtung anheimgefallen. Siehe oben die Ausführungen zum Feindbegriff.

Aber wie auch immer, Israel nimmt summa summarum im christlichen Verständnis des Heilsgeschehens so oder so eine notwendige und feste Rolle ein, doch es tut dies jeweils als, wenn auch unabdingbar, negatives Element. Das Judentum ist also für das Christentum notwendig, unabdingbarer Bestandteil seiner Selbst und ihm doch Fremdes zugleich. Umgekehrt hat die christliche Religion und Kirche für das Judentum und den jüdischen Glauben gar keine religiöse Bedeutung. Es gibt kein christliches Mysterium innerhalb des Judentums, das auch nur annähernd dem jüdischen Mysterium im Christentum gleichkäme. Das ist ein zumeist übersehender Stachel im christlichen Fleisch, der nicht ruhen lässt. Begegnet das Christentum dem Judentum noch Aug in Aug, sieht in ihm ein, wenn auch negatives, Faktum, so geschieht das vom Judentum aus nicht. Das Christentum mag noch soviele weltliche Siege davontragen, religiös bleibt es für das Judentum unbedeutend.

Und mehr, denn das Geistigen lässt sich nicht vom Weltlichen trennen. Schon weil auch das Judentum monotheistisch ist, kann die Bedeutungslosigkeit des Christentums im religiösen Zusammenhang nicht nur eine für Israel sein, sondern ist eine allumfassende, grundlegende. Mit der Bedeutungslosigkeit des Christentums für das Judentum wird der monotheistische und somit globale Anspruch des Christentums theologisch und damit machtpolitisch für nichtig erklärt. Die Nichtanerkennung des christlichen Siegeszuges ist eine theologische, aber auch eine geschichtlich-politische Ohrfeige. Für das Judentum ist das Christentum als Religion nicht existent und schon gar nicht als mit der Wahrheit verbundene und vermag daher auch nicht realiter zur Weltreligion zu werden.

Auch psychologisch lässt sich solches einordnen, denn Grundzug des menschlichen Begehrens ist bekanntlich die Anerkennung. Darauf hat schon Hegel aufmerksam gemacht, aber auch Freud und Lacan bestätigen dies. Wenn nun das Christentum nach Paulus und Johannes, wenn auch auf verschiedenen Wegen, nur durch die Weigerung des Judentums zur Weltreligion werden kann, dann muss diese Weigerung zumindest Aug in Aug geschehen, muss (auch in der Ablehnung oder gar Feindschaft) eine indirekte Anerkennung des Anderen als Anderen beinhalten. Dies aber ist im Denken des Judentums nicht der Fall. Eine Anerkennung des Christentums durch das Judentum erfolgt in keinem Falle und kann auch nicht erfolgen. Denn schon der Kern des Christentums, die Trinität, ist für das Judentum unannehmbar. Aus Sicht des Judentums ist die Teilung von Gott in Vater und Sohn (und Heiliger Geist) eine Gotteslästerung an dem einen und unteilbaren Gott. Eine Differenz, die nicht zu überwinden ist und die Konfessionen sich gegenseitig den Anspruch auf Eigenständigkeit zwangsläufig abstreiten lässt. (Zu einer doch möglichen Alternative siehe oben im Zusammenhang mit der Inkarnation die rabbinische Auffassung der Singularität Gottes.)

Und nicht zuletzt gilt, selbst wenn die Weigerung des Judentums dem Christentum den Weg zur Weltreligion öffnen sollte, so verhindert es doch zugleich deren Katholizismus, sofern es eben außerhalb von ihm bleibt. Das Christentum kann nicht zur allumfassenden Religion werden, solange es das Judentum gibt. Das Judentum lässt das Christentum in jeder Hinsicht ins Leere laufen, auch logisch. Darin ähnelt es dem berühmten Paradox der Erstellung eines Kataloges, der alle Kataloge enthalten soll, die sich nicht selbst enthalten, also die moderne Variante des Paradoxon des Epimenides. Auch das ein unlösbares Dilemma christlicher Theologie.

Dies alles kann eine nach allumfassender religiöser wie weltlicher Geltung strebende, ja beauftragte Kirche wie die christliche nicht ruhen lassen. In ihrem Bezug zum

Judentum steht sie vor einem ihrer schwersten Probleme, sofern sie dieses als in ihrer Sicht zur Heilgeschichte zugehörig, nicht einfach wie Häretiker bekämpfen kann, das sie aber auch nicht als geltende (falsche) Religion anzuerkennen vermag und von dem sie unentwegt in Frage gestellt wird, egal wie „erfolgreich" sie ist. Der Weg der Judenmission bleibt zwar offen, und das Matthäusevangelium ist auch drauf hin angelegt, erweist sich aber als schwierig und wenig erfolgreich und birgt zudem seine eigenen theologischen Probleme. Selbst die modernen Harmonisierungsversuche unterliegen diesem Stigma und entgehen dem Dilemma nicht. All dies wurde schon weiter oben angesprochen.

An dieser Stelle sollte noch einmal betont werden, dass es hier um theologische Grundlegungen geht, keineswegs um den Umgang der verschieden gläubigen und ungläubigen Menschen untereinander. Ob jemand unter dem Davidstern, dem Kreuz oder dem Halbmond geboren ist, das sagt nichts über seinen Charakter als Mensch. Aber die religiöse Grundlegung ist immer von latentem, potentiellen Ernst, sofern (religiöse wie weltliche) Institutionen, sobald sie sich konstituieren, Menschen in Handlungszwänge versetzen. Dann entscheidet sich in der jeweils einzelnen Handlung alles über einen Menschen. Dann entscheidet sich, ob er einem Übergeordneten – sei es Religion, sei es politische Ideologie – erliegt oder nicht. Aber vermag jeder wie ein Sokrates den Befehlen der Tyrannen zu widerstehen, vermag jeder - noch schwerer - den Sog einer entfachten Massenbewegung sich zu entreißen? Mag jeder dem Anerkennungsdruck seiner Gruppe die Stirn zu bieten? Die jüngste Geschichte hat das Gegenteil gezeigt, und dies ausgerechnet in Regionen, die auf ihre Entwicklung stolz waren und bauten.

Dass der Anerkennungsstruktur, dem Begehren nach Anerkennung, kaum zu entgehen ist - nicht einmal im Sprung ins Zentrum (siehe 2. Text Heinrichs), welches ja vehement auf die Anerkennung seiner Wahrheit besteht – zeigt ein wunderschönes Beispiel, von dem ich leider nicht mehr weiß, woher es stammt. Angeführt wird dort die Auflehnung eines Schülers gegen die Autorität der Schule. Diese scheint den Schüler zunächst zum autonomen Subjekt zu machen, der den institutionellen Wertungszwängen widersteht. Der Witz ist aber nun, dass es ihm eigentlich um die Anerkennung der Klassenkameraden geht, also der Masse in der er lebt, er also in deren Wertkontext handelt und damit ganz in der Lehrer und Schüler überbordenden gesellschaftlichen Anerkennungs- und Wertestruktur bleibt. Dies etwas heikle Beispiel des Schülers, dass zeigt, dass auch die Befreiung noch im Kontext verbleibt von dem sie sich zu befreien vorgibt und so der von Ellul beschriebenen Formierung der modernen Gesellschaft entspricht, ist auf diese Formierung, auf die Umgangsformen in Gesellschaft und Politik allgemein zu übertragen. Es zeigt, wie psychische und politische Struktur ineinander arbeiten. Wie wäre dem zu entgehen? Vielleicht in der Mimikry und der Demut. Dies aber ist hier nicht zu erörtern.

Das aber, wie gesagt, der Stolz, das Pochen auf ein Hochentwickeltes - Sitte wie Rationalität - kein sicherer Schutz sind vor den Mächten der Tiefe, gilt nicht nur für

„Emeth"[96], so fährt Heinrich fort, ist im Judentum nun zugleich Wahrheit und Treue und zwar eine, die im Bund mit Gott siedelt und sich somit einem personalen Verständnis (auf Gott) weitgehend verschließt, also einer Engführung auf eine Person, wie dies im Christentum geschieht. Im Judentum steht der Bund (zwischen Gott und Mensch/Volk, und nicht Gott oder der Mensch allein) im Zeichen der Treue und Wahrheit, während im Christentum Treue und Wahrheit ganz an der Person Jesus Christus hängen.[97] Gott als „*Ich bin der ich bin*" („*ehyeh ascher ehyeh*") ist im jüdischen Kontext

---

das Religiöse, sondern auch für den Stolz der weltlichen Aufklärung. Auch er war kein Bollwerk. Der Kulturschock des I. und II. Weltkrieges, der die Werte der Tradition zutiefst in Frage stellte, ist noch lange nicht erledigt. Rationalität allein schien und scheint nichts zu bewirken, keine Sicherheit gegen ein Abgleiten in die tiefsten Abgründe zu verhindern. Der rationalistische Hochmut verblendeter Hybris oder Pfeifen im Walde? Die Macht des Mythos, auch die des Mythos Fortschritt, ist groß und nicht wenige setzten wie Georges Sorel alles darauf. Es macht daher nicht gerade zuversichtlich, wenn alles wieder auf ein Rationalitätsparadigma hinausläuft. Anstelle von Rationalität hätte Vernunft einzusetzen bzw. Rationalität hätte zur Vernunft zurückzukehren und die Verengung des Vernunftbegriffes durch den Rationalitätsbegriff abzulegen. Religion wie Aufklärung erfordert daher stets eine Sublimierung und Verarbeitung, eine Hinterfragung und zwar von Irrationalität, Religion, Rationalität, Aufklärung, von Geistigkeit und Materialismus, von Faszination und Mythos gleichermaßen. Aufklärung erfordert Aufklärung auch über sich selbst, um nicht, was Ausnahme- und Krisensituation nur allzu oft zeigen, vom gemütlichen Miteinander in Brutalität umzuschlagen. (Siehe dazu auch den dritten der Texte Heinrichs.) Selbst das Hinterfragen ist noch zu hinterfragen. Diese Schwäche der Moderne, könnte auch ihre Stärke sein, könnte zumindest zu einer gemacht werden.

[96] res et signum könnte man sagen.

[97] Man könnte in Bezug auf das moderne Denken – siehe Exkurs zu Heidegger weiter unten – die Wechselwirkung der jüdischen Bundesvorstellung sogar als die der Moderne näher stehende betrachten, als die im Sinne der Tradition erstarrte Personalisierung des Johannes-Evangeliums. Derrida mit seinem Bezug auf Lévinas und das Judentum (s. Thomas Rentsch. Philosophie des 20. Jahrhunderts. München 2017) wäre da Vorzeigebeispiel. Andererseits ist gerade das Johannes-Evangelium grundlegend für die Existenzphilosophie. Eindeutigkeit wird wohl auch in dieser Frage nicht zu erreichen sein.

nicht „der Ewige" bzw. der „Unveränderliche",[98] ist nicht wie Gott im Christentum platonisch-aristotelisch gefärbt, sondern Gott bestimmt sich hier als: *„Ich werde sein, der ich sein werde"*,[99] wie, was Heinrich hervorhebt, Luther treffend übersetzt.[100] Gott (die Wahrheit) ist also nicht (personal) festgelegt, sondern erscheint in der (dann je veränderten) Gestalt wie sie jeweils im Bündnis sich offenbart. Er ist also kein feststehender, auch nicht sofern er dennoch ein gnädiger und treuer, wahrer und ewiger Gott (eben im Bund) ist.[101]

---

[98] D.h. auch die Wahrheit ist nicht das, was sie ist, sondern die jeweils im Kontext sich zeigende. Dies ist für das politisch-geschichtliche gleichermaßen wie für das Sprachliche wichtig. Und, und das scheint mir entscheidend, sie ist dabei nicht willkürlich (wie sie es kurioser Weise auch gerade als objektive wäre, Objektives und Personales fallen hier zusammen, alles dreht sich, *„Now everything's a little upside down"*), sondern stets gerichtet und zwar auf die Treue hin. Siehe hierzu auch die Einbringung eines geschichtlichen Telos in die Realitätsauffassung des Konstruktivismus in Rolf Michael Böttcher. Olimpo - Patmos oder vom Wie weiter im Ende. Überlegungen zur Möglichkeit von Geschichte im Konstruktivismus am Beispiel der Bilderreihen Olimpo - Patmos. Norderstedt 2016.

[99] 2. Buch Mose (Exodus) 3, 14. Die Israelische Bibel von Philippson übersetzt: *„Ich werde sein, welcher ich werde sein"* und Buber-Rosenzweig in Die Schrift mit *„Ich werde dasein, als der ich dasein werde."* Bei Philippson auch kurze Zusammenfassung der verschiedenen Übersetzungsansätze.

[100] Wie wichtig Übersetzungsfragen sind, die vermutlich unlösbare sind und bleiben werden, das zeigt sich gerade an Stellen wie dieser und zwar auch in anderen Zusammenhängen. Eine Übersetzung des *„ehyeh ascher ehyeh"* als *„Ich bin der Ich bin"* erfährt eine gewaltige Verschiebung in der Moderne durch das *„Je est un autre"* (*„Ich ist ein anderer"*), wie Arthur Rimbaud in einem Brief an Georges Izambard vom 13. Mai 1871 schreibt und der modernen Ichauffassung damit die Formel vorgibt. Eine Übersetzung als *„Ich werde sein, der ich sein werde"* aber könnte durchaus das gleiche sein.

[101] Ist es zu viel zu sagen, dass der Gott des Christentums ein viel mächtigerer Gott ist als der Gott des Judentums? Der Gott des Christentums vermag im neuen Bund frei und willkürlich zu entscheiden, wem er in diesem Gnade gewährt und wem nicht. Der Gott des alten Bundes dagegen ist an das Gesetz gebunden und seinem Volk verpflichtet, solange es seinerseits diese Gesetze einhält. Im Christentum kann es kein Disputieren mit Gott geben, wie es sich bei Jona u.a. findet. Daher auch innerhalb des Judentums in Krisenzeiten stets der Zug sich des Bruches des Gesetzes schuldig zu

Wenn diese Prädikate nun der einen Religion durch die andere weggenommen werden, dann bleiben sie (signum, Begriff) erhalten und werden doch etwas ganz anderes (res, Inhalt). Den Weg der Wegnahme kann man von Luther ausgehend zurückverfolgen. Gnade und Wahrheit/Treue sind Prädikate Gottes, wie sie bei der Erneuerung des Bundes auf dem Sinai mit der Anrufung „*JHWH, JHWH*" im 2. Buch Mose (34, 6)

---

empfinden und die Ermahnungen sich wieder dem Gesetz zuzuwenden. Ketzerisch formuliert könnte man sagen, dass die strikte Einhaltung des Gesetzes ein Zwingen Gottes ist, während im Christentum sich Gott und Mensch – trotz der Menschwerdung, vielleicht gerade weil - wesensfremd gegenüberstehen. Der „Liebe Gott" ist eine sehr späte Erfindung, Unterhaltungsmusik der geängstigten Seele des Christen. Was bei all dem schon mitschwingt ist die Dialektik von Treue und Verrat, auf die im Laufe des Textes noch zu kommen sein wird. In beiden Religionen ist sie eine völlig unterschiedliche.

In dieser Hinsicht lässt sich auch noch etwas für das Unternehmen von Jacob Taubes, aber auch für die Versöhnungsversuche zwischen beiden Religionen sagen. Wenn, wie Wolf-Daniel Hartwich, Aleida und Jan Assmann in ihrem Nachwort zu Taubes kurz vor Ende seines Lebens gehaltenen Paulusvorlesungen schreiben, Taubes in ihnen überkommene Denkformen der von ihm selbst einst vertretenen unaufhebbaren Dualität zwischen Judentum und Christentum aufbricht und zu einer *„Dekonstruktion der Wirkungsgeschichte des Römerbriefs, die spätestens seit Luther im Banne der Formel ‚Glaube statt Werke'"* steht, schreitet – also in gewisser Weise auch einen Versuch zur Annäherung des scheinbar Unannäherbaren unternimmt (s.o.) – dann tut er das, indem er in beiden Religionen eine Dialektik ausmacht, die sich zwischen einem Pol der ‚Versöhnung durch Ritualisierung' und einem Pol der ‚Erlösung durch Befreiung' entfaltet. Taubes verbucht, so die Autoren des Nachworts, *„Paulus radikale Gesetzeskritik ... nicht als christliche Polemik gegen das Judentum, sondern als Befreiungspotential des Judentums"*, also innerhalb des Judentums und dort zum Pol der ‚Erlösung durch Befreiung' gehörig. (S. 144/5) Stimmt das, dann betreibt, im Hinblick auf die unterschiedliche Gottesrolle, Taubes da ein weitaus gefährlicheres Spiel als auf den ersten Blick anzunehmen war.

Anmerken könnte man auch, dass wenn der Gott des Christentums ein viel mächtigerer Gott ist als der Gott des Judentums, es eine seltsame gnostische Drehung bedeutet, wo der Gott des AT und NT getrennt und der des AT als Demiurg ebenfalls schwächer empfunden wird, als der Erlösergott, zugleich aber der Erlösergott jetzt der unheimliche, zu fürchtende wird. Da wird einiges aus seiner Einheitlichkeit genommen.

festgelegt wurden. Luther übersetzt *„Gott barmhertzig und gnedig und gedültig / und von grosser gnad und trew".* [102]

---

[102] 2. Buch Mose (Exodus) 34,6. Heinrich weist darauf hin, dass in dem Prädikat „geduldig" eine leise Drohung der Nichtfestlegung auf Gnade und Huld nachzittert, die einen ausbrechenden Zorn potentiell aufrecht erhält. Siehe dazu auch Norbert Bolz mit dem Hinweis, dass Luther keineswegs von einem zu liebenden, sondern einem Gott als Feind ausgeht, da automatisch eine Feindschaft zwischen menschlicher Natur und absolutem Gott besteht. (Zurück zu Luther, S. 40) Wenn die These der vorherigen Fußnote aber richtig ist, dass es diesbezüglich einen Unterschied zwischen dem Gott des AT und des NT gibt, dann erliegt Luther hier für den des AT einem Irrtum, während er den des NT richtig erfasst. Mit dem Diktum, der These des falschen Gottesverständnisses hat insbesondere Norbert Bolz sich in scharfen Worten gegen die aktuellen Haltungen der Kirchen, insbesondere der protestantischen, gewandt. *„Nicht Religion selbst ist Opium, sondern die modernen Menschen machen aus Religion ein Opiat. Sie benutzen das Christentum als Droge, zur Beruhigung der Nerven. Jede Spur der christlichen Erschütterung ist sorgfältig getilgt. Man lässt sich zwar noch von der Jesus-Geschichte rühren, vor allem an Weihnachten. Aber vom Jüngsten Gericht will niemand mehr etwas hören. Aus Gott ist der liebe Gott geworden. Und aus Jesus ist ein guter Mensch geworden - gewissermaßen ein Integrationsbeauftragter höherer Ordnung. Aber wer den Lehrer und Sozialarbeiter Jesus lobt, will den Erlöser Christus verdrängen. Wenn Jesus nur ein Lehrer des rechten moralischen Verhaltens gewesen wäre, hätte man ihn nicht gekreuzigt."* (Zurück zu Luther, S. 102)
Heinrichs These vom Wegnehmen der Wahrheit, auf dem die gesamte Typologie, das, was die Theologie auch als Präfiguration bezeichnet, wonach die Geschichten des AT ihren (wahren) Sinn erst dadurch bekommen, dass man sie aufs NT hin liest, beruht, ist keineswegs neu. Ganz direkt hat den Umgang des NT mit dem AT auch Rudolf Bultmann ausgesprochen. *„Der christliche Glaube reißt gleichsam das Alte Testament an sich und behauptet, dass das, was hier gesagt wird, einst nur in einem vorläufigen und beschränkten Sinne gesagt und verstanden werden konnte, dass es erst jetzt recht gesagt und gehört werden kann"* (Glauben und Verstehen Bd. 1, S. 334). Zu fragen wäre, ob dabei dem Johannes-Evangelium ein besonderer Zug gegen das Judentum zukommt oder ob dieser nicht ganz allgemein in der traditionellen Christologie vorliegt. Es ist diese Frage, die Heinrich mit seinem Text anzielt und die er, indem er die Struktur dieser Wegnahme nachzeichnet, offenlegt. (s.o.)
Siehe zur Christologie auch Adolf von Harnack Zur Textkritik und Christologie der Schriften des Johannes (In: Sitzungsberichte der königlich preussischen Akademie der Wissenschaften 1915, Sitzung vom 15. 7. 1915; auffindbar im Internet Archiv); Oscar Cullmann. Die Christologie des Neuen Testaments. Tübingen 1963; Bernhard Nitsche. Christologie. Paderborn 2012.

Dabei fasst Luther „emeth" als Begriff für Wahrheit und Treue als „trew" (Treue) zusammen, wohingegen die Vulgata sich für „verus" (Wahrheit) entscheidet, wohl dem Lateinischen angemessen im cäsarischen Sinne. Die Vulgata unterscheidet aber ebenso wenig wie Luther zwischen Gnade und Huld („hesed") des barmherzigen Gottes („rahum wehannun"). Vielleicht, weil Huld, so deutet Heinrich an, ein gegenseitiges, also bündnishaftes Treueverhältnis betont. In diesem Sinne übersetzen Buber-Rosenzweig dann auch: „*Er Er Gottheit, erbarmend, gönnend, langmütig, reich an Huld und Treue*".[103] Um den Unterschied zu verdeutlichen sei noch einmal die Stelle bei Luther angeführt: „*Herr, Herr, Gott barmhertzig und gnedig und gedültig / und von grosser gnad und trew*". Und Philippson übersetzt: „*Der Ewige, der Ewige, Gott, barmherzig und gnädig, langmüthig undvoller Huld und Wahrheit.*"

Wie auch immer, Luthers „Gnad und trew" finden vorweg sich im Prolog des Johannes-Evangeliums als „charis" und „aletheia", aber beide sind laut diesem erst durch Jesus Christus geworden,[104] kommen also nicht dem Gott des Judentums zu,[105] der im Buch Exodus („Namen"[106]) von Moses angerufen wird, sondern erst und nur dem neuen Gott, der der wahre, damit dann aber auch der alte ist, Christus.

Es scheinen zunächst also eine Wahrheit des AT und eine Wahrheit des NT vorzuliegen, die erst zu einer

---

[103] Die Schrift. Bd. 1 Die fünf Bücher der Weisung

[104] Joh. 1, 17. „*Denn das Gesetz ist durch Mose gegeben; die Gnade und Wahrheit ist durch Jesum Christum geworden.*"

[105] Dies ist ganz gnostisch gedacht mit dem Gott des Judentums als Demiurgen, dem der wahre Gott entgegensteht.

[106] Wie das Buch der antiken Tradition nach eigentlich heißen müsste und von Buber-Rosenzweig auch genannt wird, während die christliche Tradition das Buch nach seinem Inhaltsgeschehen „Exodus" („Auszug") nennt (s.o.).

zusammenschießen, wo die eine Wahrheit (des AT) durch die andere (des NT) kaptiviert wird. Wenn der Gott des Mosesbuches nicht Christus ist oder wäre, dann kann er in christlicher Sicht keine Gnade und Treue als Gottesprädikate vorweisen bzw. umgekehrt, wenn er sie hat, so muss er Christus sein.

Ein Dilemma, welches insbesondere in der Szene des Vorbeizugs Gottes an Moses spürbar wird.[107] Luther entgeht dem Dilemma, spielt aber auch Johannes in die Hände, indem er die Ausrufung des Gottesnamens (JHWA) zu einer Predigt Christus über Christus macht. In der Randglosse zum Text hält er fest, dass Moses Verlangen, Gott zu schauen, das Verlangen war, Christus zu schauen und Moses von diesem die Anweisung erhielt, sich in die Kluft eines Felsen zu stellen, so dass er, der Gott Christus, vorübergehen konnte und seinen „Namen" (d.h. seinen Status), sein Gottessein ausrufen.[108] Auch hier ist wieder viel Sprache, viel Wort im Spiel. Luther jedenfalls notiert zu dieser Stelle: *„Moses beschreibet hie das Geheimnis / das Christus der HERR sey / der fur jm (das ist fur dem Volck des Gesetzes) werde ubergehen / und predigen / das alle Welt sündig / allein aus gnaden selig müsse werden / wie er droben / Ca. 33 sagt / Wem ich gnedig bin / dem bin ich gnedig"*[109]

Auch wenn es in 2 Moses 33, 19-23 vordergründig darauf ankommt, dass Moses Gottes nicht direkt ansichtig wird, da dies für ihn tödlich wäre, wandelt hier doch auch Gott höchst selbst in seiner wahren Gestalt an Moses vorüber und nicht

---

[107] 2 Moses (Exodus) 33, 20-23

[108] 2 Moses (Exodus) 33, 19. *„Und er sprach: Ich will vor deinem Angesicht all meine Güte vorübergehen lassen und will vor dir kundtun den Namen des HERRN: Wem ich gnädig bin, dem bin ich gnädig, und wessen ich mich erbarme, dessen erbarme ich mich."*

[109] Zitiert nach Heinrich, S. 23

als Wolke, Säule oder ähnliches. Und genau das ist der dahinter stehende Clou der präfigurativen Auslegung (bei Luther und im Christentum). Denn dies verstärkt noch einmal die These, dass der wahre Gott Christus sei und zwar auch schon im AT. Genau dieses Wandeln in der eigenen, also wahren Gestalt - die erst in der Passionsgeschichte offenbart, sichtbar werden darf, „unverborgen", wie Heidegger sagen würde und sagt, wenn er „aletheia" übersetzt - ist die Botschaft und der Beleg der Einnahme der Gottposition durch die Person Christi, und damit der Wegnahme der Wahrheit der einen Religion durch eine andere. Der Gott, der Jesus Christus ist, wird erst im NT von Angesicht zu Angesicht sichtbar werden, ohne tödlich zu sein, sondern im Gegenteil Leben bringend. Aus dem „no man sees my face and lives" ist ein „the one who sees my face will live" geworden.[110] Im AT aber gibt Christus sich bereits (als Gott) zu erkennen in seinem Namen, also auch hier schon als Wort, dessen frohe

---

[110] Nebenbei sei bemerkt, dass diese Konstellation von Verhüllung und Enthüllung des Eigentlichen als nicht festgelegtes Wechselspiel von Leben und Tod sich auf vielfachen Ebenen wiederzufinden scheint und nicht auf die religiöse Frage nach dem Verhältnis Gott-Mensch beschränkt ist. Ähnliches kann man sehr wohl auch im Verhältnis von Bewußtsein und Unbewußten in der Psychoanalyse ausmachen und (von hier aus) auch im Agieren des Subjekts im gesellschaftlichen Kontext. Es sollte nicht unterschätzt werden, wie stark gesellschaftliches Handeln, aber auch schon die Kommunikation hiervon geprägt sind. Ebenso genial wie deutlich ist solche Polyvalenz in einem Text von Bob Dylan festgehalten, wo es heißt: *„I and I / In creation where one's nature neither honors nor forgives. / I and I / One says to the other, no man sees my face and lives."* („Ich und Ich / In der Schöpfung, wo jemandes Wesen weder ehrt noch vergibt / Ich und Ich / Einer sagt dem anderen, kein Mensch sieht mein Gesicht und überlebt.") (Lyrics 1962 – 2001. Hamburg 2004, S. 901) Erweitert wird dies noch durch noch eine Anschauung aus der Rastafaribewegung, auf die Dylan selbst hinweist, nach der Ich und Ich die Trennung von Gott und Mensch aufhebt und das Leben Gottes in jedem Menschen bedeutet. (Siehe Philippe Margotin, Jean-Michel Guesdon. Bob Dylan. All the Songs. The Story Behind Every Track. NYC 2015)

Botschaft zu künden ist. Moses Aufgabe wird es demnach forthin sein zu harren und Christus zu predigen, bis dieser erscheint. Man sieht wie bereits die Szenerie auf den Inhalt angelegt ist (res et signum).

Das hat zur Folge, dass es in der Person des Moses für die christliche Religion selbst zu einer Spaltung kommt. Zu der zwischen dem Gesetzgeber der jüdischen Gottesvorstellung und dem Zeugen der (christlichen) Wahrheit; zwischen dem der (neuen) Wahrheit Widerstehendem des jüdischen Glaubens, also des Verteidigers der alten Wahrheit und damit des alten Gottes des AT, die jetzt als Lüge empfunden werden, und dem Künder der neuen Wahrheit des NT, des (alten) neuen Gottes, in dem die Wahrheit sich offenbart. In seiner christlichen Rolle ist Moses der Christus verheißende Prophet, Künder der neuen Wahrheit, die (damit) eigentlich immer schon war und die vom Judentum gemordet und verleugnet wird. In seiner jüdischen Rolle dagegen muss Moses aus christlicher Sicht aber zu den Leugnern des wahren Gottes zählen.[111]

Auch gilt, wie angesprochen, wenn mit dem Gott Christus erst Wahrheit und Gnade in die Welt kommen, dann ist der jüdische Gott des Gesetzes ein unwahrer und ungnädiger.[112] Er ist damit Repräsentant des Mordes und der Lüge, und daher sind desgleichen auch alle, die ihm anhängen, also das Judentum, dessen Verstocktheit darin liegt, den wahren Gott nicht anzuerkennen und zu leugnen.

---

[111] Es ist amüsant zu sehen, wie auf sehr ähnliche Weise später Jesus vom Islam aus der Messias Rolle gedrängt und zum Propheten degradiert wird. So z.B. die 2. Sure 136: *„Sprecht: «Wir glauben an Allah und was zu uns herabgesandt worden, und was herabgesandt ward Abraham und Ismael und Isaak und Jakob und (seinen) Kindern, und was gegeben ward Moses und Jesus, und was gegeben ward (allen andern) Propheten von ihrem Herrn. Wir machen keinen Unterschied zwischen ihnen".*
[112] Auch das wiederum ein Gedanke der Gnosis.

Dies macht, wie Heinrich bemerkt, auch deutlich, warum in den Vorwürfen, was wie eine Abschwächung anmutet, der des Mordes zuerst und dann der der Lüge kommt.[113] Die Lüge des Judentums ist die Leugnung des Mordes am wahren Gott. Für den Christen eine bodenlose und vor allem nutzlose Lüge, da der Gott des Judentums ausgedient hat, nicht ist und mit ihm alle ihm zugesprochene Wahrheit, Gnade und Treue. Alle diese Prädikate Gottes sind beim Gott des AT zur Lüge geworden, sofern (die wahre) Wahrheit und Gnade und Treue Gottes Christuswahrheit, Christusgnade und Christustreue sind, mit Christus als wahrem Gott. Mit den Prädikaten ist der Kerngehalt des AT ganz ins NT überführt, die Wahrheit der alten Religion von der neuen weggenommen. Heinrich hat gezeigt wie eine Religion der anderen die Wahrheit wegnimmt, wie ein Gott durch einen anderen ersetzt wird und doch der gleiche bleibt.

Die Fülle und Erfüllung des Heils durch Gott kommt jetzt, nach dieser Wegnahme der Prädikate und Ersetzung der Gestalt, folgerichtig ausschließlich durch Christus und das Christentum. Damit ist auch jedes Bündnis mit dem Judentum, aus dem das Christentum ja entstammt, und zu dem das Christentum hätte schreiten können, unmöglich geworden. Darüber hinaus wirft das die Wahrheit dem Judentum entreißende Christentum diesem (Beraubten) noch Wahrheitsmord vor. Ein Moment, der fatal an Praktiken der Nationalsozialisten erinnert, welche bekanntlich die Juden noch die von Nationalsozialisten an ihnen vergangenen Verbrechen vorwarfen und bezahlen ließen. Ein Verfahren,

---

[113] Der Verfasser der vorliegenden Zeilen muss allerdings einbekennen, dass ihm wenig einleuchtet die Reihenfolge Mord-Leugnung als Abschwächung zu prononcieren, da ihm diese Reihenfolge in der Sache selbst zu liegen scheint.

was auch Ideologien der Gegenwart durchaus nicht fremd ist, im Großen wie im Kleinen.

IV

Als die christliche Religion zu Eroberung ihrer eigenen Vergangenheit ansetzte, fügte sie dieser die Gegenwart bei, die ihrerseits, auch daher, Abbild der Ewigkeit war, auf deren Grund Passionsgeschichte und Kirchengeschichte aufbauen konnten. Bis heute erstaunt dieses Zeitschema der Aneignung der jüdischen Geschichte als Passionsvorgeschichte. Es ist eine erstaunliche Umwandlung. Eine solche erfährt aber nicht nur die Gottesgestalt, sondern erfahren aber auch die im Psalter 85, 11[114] auftauchenden Prädikate Gottes, auf die Heinrich, was zunächst wie ein Abschweifen, ein Umweg erscheint, nun näher zu sprechen kommt.

Luther hatte die Prädikate im Grunde in der Gnade verschmolzen. *„Es sol gnade sein und kein anders".*[115] Anderswo wurde der Plural der Gottesattribute und ihre Reihenfolge aber bewahrt und diesen sogar eine eigene „urchristliche Urgeschichte" beigegeben. So tauchen im Laufe der Kirchengeschichte die Prädikate als die „vier Töchter Gottes" (*„quattuor filiae Dei"*) auf.[116] Es sind „Veritas", „Misericordia", „Iustitia" und „Pax". Gemäß dem Text des Psalms 85, 11 ist ihre Anordnung. *„misericordia et veritas obviaverunt sibi / iustitia et pax osculatae sunt"* („Es

---

[114] Zählung nach Lutherbibel.

[115] Glosse Luthers zu Ex 34, 5, zitiert nach Heinrich, S. 26.

[116] Nach Heinrich, der seinerseits auf Hans Kauffmann verweist, z.B. an den vier Ecken christlicher Sarkophage des Barock. Der Kunsthistoriker Hans Kaufmann verließ 1964 die FU als Heinrich dort gerade mit „Versuch über die Schwierigkeit nein zu sagen" habilitierte.

begegnen einander Huld und Treue / Gerechtigkeit und Frieden küssen sich").

„Misericordia / Huld" und „Veritas / Treue" entsprechen dem „hesed" und dem „emeth" der Sinai-Offenbarung. Die Verheißung des Psalms greift also die Gottesprädikate der Sinai-Offenbarung und die Verheißung Israels auf. Diese Stelle, an der die jüdische Tradition auf sich selbst verweist, wird später - Heinrich nennt hier unter Berufung auf Hans Kauffmann Hugo v. St. Victor und Bernhard v. Clairvaux - in eine christliche Urszene transformiert.[117] In dieser stehen „Veritas" und „Iustitia" („Treue" und „Gerechtigkeit") auf der einen, „Misericordia" und „Pax" („Huld" und „Frieden") auf der anderen Seite sich gegenüber. Das erste Paar fordert die Verurteilung des sündig gewordenen Adam, das zweite bittet für diesen um Gnade. Gott als Richter über diese Ansprüche schlichtet den Streit, indem er seinen Sohn als

---

[117] Waltraud Timmermann sieht in ihren „Studien zur allegorischen Bildlichkeit in den Parabolae Bernhards von Clairvaux" (FfM 1982) eine mittelniederländische Parabel des Töchterstreites als Bearbeitung einer von Clairvaux zum Fest von Mariae Verkündigung vorgetragenen Rede an. Clairvaux hielt als Abt sehr oft Ansprachen an seine Mitbrüder, die sich in vier Gruppen teilen lassen: a) Predigten zu den Festen des Kirchenjahres, b) Predigten über verschiedene Themen, c) Parabeln und d) Sentenzen. In einer der Parabeln wird erzählt, wie drei Töchter Gottes - Glaube, Liebe, Hoffnung – von Feinden aus der Seelenstadt vertrieben werden, worauf die (vierte Tochter) Gnade mit dem himmlischen Heer herbeieilt, um die alte Ordnung wieder herzustellen. (Siehe auch Peter Dinzelbacher. Bernhard von Clairvaux. Darmstadt 2012) Aber nicht nur hier, auch im mittelalterlichen Gedicht „huop vor gotes trône" wird von vier Töchtern, deren Namen Barmherzigkeit, Wahrheit, Redlichkeit und Friede lauten, und von deren Streit erzählt. Es findet sich abgedruckt in Karl Bartsch. Die Erlösung mit einer Auswahl geistlicher Dichtungen. (Quedlinburg/Leipzig 1858), das im Internet Archive unter der Adresse „archive.org/search.php?query=Bartsch%20Karl%20erlösung" zugänglich ist. Bartsch weist auch auf die Verwandtschaft dieses Gedichts mit der Schilderung der himmlischen Ratsversammlung hin. Ebenso gibt es einen Aufsatz von F. Ohly. Die Trinität berät über die Erschaffung des Menschen und seine Erlösung. In: PBB 116 (1994), der mir aber in der Kürze der Zeit nicht zugänglich war.

schuldloses Opfer die Schuld Adams übernehmen und so sühnen lässt.[118] Dieser Spruch hat zur Folge, dass sich die beiden Seiten versöhnt in die Armen fallen und vermutlich küssen.[119] Die Prädikate verbinden sich also, um ab nun dem neuen Gott Christi[120] anzuhängen.

---

[118] Man sieht in dieser Szenerie aber auch die Schwierigkeit, die das Christentum mit seinem eigenen Gedanken hat. Denn ganz offenbar sind Vater und Sohn hier noch getrennt. Aber auch hier hilft die Kapriole von der Gottwerdung Christi.

[119] Solche christlichen Urszenen gab es auch in anderen Variationen. Eine für den Berliner Klaus Heinrich stets präsente war sicherlich die aus einer Vision der Nonne Mechthild von Magdeburg stammende des „Göttlichen Ratschlusses" bzw. des „Ratschluss der Erlösung". Nach dem Abschluss der Schöpfung und nachdem die Seele des Menschen durch die Ursünde ihre Reinheit verloren hatte rief diese aus der Finsternis Gott, der seinerseits um sein Werk klagte, um Vergebung an. Da die Schwere der Schuld aber nur mit einem gleich schweren Opfer zu sühnen war konnte der Mensch ein solches nicht erbringen. Deshalb erbot sich der Sohn als solches zu wirken, damit die Schuld der Sünde getilgt würde und es zur Erlösung kommen könne. Worauf der Ratschluss vollzogen und die Menschwerdung Christi und sein Opfer am Kreuz beschlossen wurden. So beschreibt es im Grunde auch schon Paulus. *„Der göttlichen Wesens war, hielt nicht gierig daran fest, Gott gleich zu sein, sondern entäußerte sich selbst, nahm Sklavengestalt an, wurde Menschen gleich und wie ein Mensch gestaltet, er erniedrigte sich selbst, wurde gehorsam bis zum Tode, ja zum Tode am Kreuz."* (Phil. 2, 6-8) Diese Urszene und der Beginn der Passionsgeschichte in der Begegnung der mit Jesus schwangeren Maria mit der mit Johannes dem Täufer schwangeren Elisabeth ist von Konrad Witz in einem beeindruckenden Gemälde festgehalten worden, welches in der Berliner Gemäldegalerie hängt und Heinrich sicher bekannt gewesen sein dürfte.
Der Raum in dem sich das Gemälde befindet, gleich der erste beim Betreten der Ausstellungsräume des Hauses, zeigt Werke der altdeutschen Malerei. Es ist aber auch ein Raum in dem man geballt Kampfbilder betrachten kann, Bilder der Auseinandersetzung der christlichen Religion mit dem Judentum, was zeigt, wie dieses für die christliche Kirche immer ein Thema und ein notwendiger Anspruch geblieben ist. Hingewiesen sei nur auf zwei andere Werke in diesem Raum, auf die Flügel des Kreuzaltares des Meisters der Darmstädter Passion, wo schon in der Architektur der Szene der Verfall des romanisch gehaltenen Palastes (vermutlich des Davidpalastes) mit dem Aufbau einer gotischen Kirche konfrontiert wird. Architektonische Sinnbilder für das Verhältnis von AT und NT, die sich des Öfteren auch auf anderen Bildern finden lassen. Und Heinrich wusste, dass Architektur (wie Gemälde) durchaus beredet waren. (zur Architektur s. a. den dritten der vorliegenden

Die Heilserwartung oder zumindest -hoffnung Israels, wie sie im Psalm unter Berufung auf die Sinai-Offenbarung besungen wird, nimmt so, in der Umwandlung der Gottesprädikate zur christlichen Urszene, in der Vergangenheit den Opfertod Jesu vorweg und wird zur Heilserwartung Christi. Auch hier gilt: Die einstigen Prädikate JHWHs werden diesem weggenommen und auf Christus übertragen und mit ihnen die Heilserwartung und das Erlösungsversprechen, die vom Judentum auf das Christentum übergehen.

Wieder wirbeln auch die Zeiten durcheinander. Psalm und Sinai-Offenbarung sind nun christliche Präfiguration und die zunächst getrennten „hesed" und „emeth" („Huld" und „Treue"; „Gnade" und „Wahrheit") vereinigen sich in Christus. Gnade und Wahrheit als Zentren des Johannes-Evangeliums, charis und aletheia, sind also auch diesen Urszenen nach bereits dem „alten Bund", der (daher) immer schon der „neue Bund" war, durch die Verheißung des Opfertodes Christi eingeschrieben. Die „*Vergangenheit, die*

Texte, insbesondere aber Dahlemer Vorlesungen. Eine architektonische Auseinandersetzung mit dem NS. Schinkel. Speer. Aachen-FfM 2015; zur Malerei u.a. Floß der Medusa. FfM 1995) Und hingewiesen sei auf den westfälischen dreiteiligen Altaraufsatz aus dem ersten Drittel des 13. Jahrhunderts, wo das Thema, mehrfach abgebildet, konzentriert angesprochen wird. Beispielsweise in der mittleren Darstellung mit der Figur Christi, welche sich nach links der inschriftlich benannten Ecclesia zuwendet, also der christlichen Kirche, die von einem Engel zu Christus hin geführt wird und eine Krone und einen Kelch trägt, in dem sie das Blut Christi auffängt. Christus wendet sich in dieser Bewegung zugleich aber auch ab von der rechts befindlichen inschriftlich genannten Synagoge mit den Gesetzestafeln, die von einem Engel mit einem Speer vertrieben wird und dabei ihre Krone verliert. Deutlicher könnte die Konfrontation, die Weg- und Übernahme, könnte wie eine Religion der anderen die Wahrheit (und damit Herrschaft) wegnimmt, kaum dargestellt werden.
[120] Der alle Sünde sühnt und allen Streit schlichtet.

nicht stattgefunden hat, begegnet einer Zukunft, die schon geschehen ist".[121]

Dieser Umweg, diese Abschweifung Heinrichs zu den vier Töchtern Gottes ist nicht zufällig. Solche Modellierungen von Ursprungsszenen der Töchter Gottes wie auch des göttlichen Ratschlusses, wie er in einem Gemälde von Konrad Witz dargestellt wird, zeigen deutlich, dass die Wegnahme der Gottesprädikate immer wiederholt werden bzw. bestätigt werden muss, da sie offenbar nie ganz gelingt. Nie vermag das Christentum das Judentum ganz in sich aufgehen zu lassen, sondern seine gesamte Geschichte wird durch diese Spaltung seiner Grundkonsistenz durchzogen und muss immer wieder geklammert werden. Anders gesagt, das Verdrängte droht unaufhörlich mit seiner Rückkehr, die unaufhörlich die Unterdrückung fortlaufen lässt, solange kein *„erinnern, wiederholen, durcharbeiten"*[122], kein ins Wort bringen erfolgt.

V

Wie im Wahrheitsspiel der Kinder geht es auch im Johannis-Evangelium nicht mehr um das, was Wahrheit ist, sondern wie Wahrheit ist. Die Antwort auf die Frage nach Wahrheit ist nicht mehr durch ein „was" zu beantworten, sondern

---

[121] Heinrich, S. 29

[122] Die Formel der Psychoanalyse entspricht dem Konzept Heinrichs, nach dem das Erinnern kein Selbstzweck, wie dies bei der Historisierung der Fall ist, bleiben darf, sondern die Aufgabe hat, Vergangenes präsent zu machen, wieder zu holen, nicht um es zu wiederholen, sondern um dessen Intention (mit der es gewirkt hat) offenzulegen und diese durchzuarbeiten. D.h. sowohl sein Manifestes als auch das Latente in ihm, aufzuspüren und beides in die Fragestellungen der gegenwärtigen Subjekte zu bringen. Auch um darüber aufzuklären, was dabei das Emanzipative und was das Bedrückende (in der vergangenen wie der gegenwärtigen Situation), was wechseln kann, war und ist.

entscheidet sich daran, „wie" man in der Wahrheit oder „wie" man aus ihr ist.

Das im Johannes-Evangelium und im Christentum gebrauchte griechische Wort „aletheia" hat die Bedeutung des jüdischen „emeth" sich angeeignet, aufgeladen und verändert. In der Pilatusszene ist die Antwort auf die Frage nach der Treue, die Jesus für sich beansprucht und aus der heraus er spricht und handelt, daher dann das „wie", das er in der Welt zu bekennen gedenkt („martyrein"). Also eine Treue, sprich Wahrheit zu seinem Gott, der aber zugleich er selbst geworden ist, so dass es eine Treue zu einer Wahrheit von sich selbst ist, die er proklamiert.[123] Wort und Sagen gehen ineinander. Nur das

---

[123] Hier wird deutlich auf welchem Fundament die Eigentlichkeit, das Selbstsein der modernen Philosophie aufruht. Nicht nur die Vorstellung der antiken griechischen Philosophie, wo Sokrates den Prozess der Subjektwerdung durchführt, auch das Christentum liefert hierzu einen Beitrag. Ein wichtiges Dispositiv, eine verstärkende Durchlaufstation wird dann Augustinus sein. Dazu unten im Text. Aber auch im Judentum ließe sich solches finden, beispielsweise in den Aufbrechen der gültigen Stammestradition in Jeremia 31, 29/30: *„Zu derselben Zeit wird man nicht mehr sagen: «Die Väter haben saure Trauben gegessen, und den Kindern sind die Zähne stumpf geworden», sondern ein jeder wird um seiner Schuld willen sterben, und wer saure Trauben gegessen hat, dem sollen seine Zähne stumpf werden."* Interessanterweise genau die Stelle, welche direkt der Rede vom „neuen Bund" vorangeht und als Einleitung zu dieser dient. Noch interessanter wird dies in der entsprechenden Stelle bei Hesekiel 18, 1-4. *„Und des HERRN Wort geschah zu mir: Was habt ihr unter euch im Lande Israels für ein Sprichwort: «Die Väter haben saure Trauben gegessen, aber den Kindern sind die Zähne davon stumpf geworden»? So wahr ich lebe, spricht Gott der HERR: dies Sprichwort soll nicht mehr unter euch umgehen in Israel. Denn siehe, alle Menschen gehören mir; die Väter gehören mir so gut wie die Söhne; jeder, der sündigt, soll sterben".* Im Zusammenhang mit der Subjektwerdung hat meines Wissens als erster Hermann Cohen in seinem Buch Religion der Vernunft aus den Quellen des Judentums (Wiesbaden 1978) darauf verwies. Das abendländische Subjekt erwächst also nicht nur aus griechisch-christlichen Momenten, sondern auch aus jüdischen. Dies macht deren fast durchweg erfolgende Abdrängung - und die Thematik der hiesige Betrachtung ist ein Teil davon - so brisant. Eine wirkliche Aufnahme seines (verdrängten) jüdischen Erbes würde das abendländische Selbstverständnis vermutlich neu einfärben, zumindest in weiten Teilen bereichern.

Aber ist dieser Bruch, dieser Übergang von der Sippe zum Subjekt, von Moses auf Jeremia / Hesekiel innerhalb des Judentum wirklich so gewaltig wie z.b. Jacob Taubes im Anschluss an Hermann Cohen mit Blick auf die Geschichte der abendländischen Subjektwerdung immer behauptet hat? Auch hier ja und nein. An der Bedeutung und Vehemenz lässt sich nicht zweifeln und wird noch in der Sippenhaft des Nationalsozialismus deutlich. Auch auf der politischen Ebene durchzittert die Subjektwerdung, die Subjektkonstitution die gesamte Geschichte des Abendlandes bis heute. Aber finden sich nicht Spuren solcher Subjektwerdung schon bei Moses selbst? Wird die Loslösung vom Sippenzusammenhang nicht bereits im fünften Buch Mose (Deuteronomium) versucht? Und zwar in einer Deutlichkeit, die nichts zu wünschen übrig lässt? Im 24. Kapitel, Vers 16 des 5. Buch Moses heißt es bei der Wiedergabe / Zusammenfassung der Gesetze: *„Die Väter sollen nicht für die Kinder noch die Kinder für die Väter sterben, sondern ein jeder soll für seine Sünde sterben"*. Aus dem Bruch ist damit eher eine Wiederholung bei Jeremia und Hesekiel geworden. Allerdings ist die Diskrepanz zu Kapitel 9, Vers 5 im gleichen Buch: *„Denn ich, der HERR, dein Gott, bin ein eifernder Gott, der die Missetat der Väter heimsucht bis ins dritte und vierte Glied an den Kindern derer, die mich hassen"* schwer zu übersehen und nicht oder nur brüchig, zumindest vom hier Schreibenden, zu erklären. Und zwar damit, dass es sich im 9. Kapitel um die Gottessünde, die Sünde andere Götter zu haben, handelt, während im 24. Kapitel innerweltlich von den Sünden der Menschen die Rede sein könnte. Aber das ist ein hermeneutischer, interpretatorischer Strohhalm, an dem ich mich nicht klammern möchte.

Um aber auch den römischen Beitrag nicht zu vergessen, sei an den bereits oben angeführten Vers 743 des sechsten Gesanges aus Vergils „Lied vom Helden Aeneas" erinnert, der an die Schilderung verschiedener, an die Elemente Luft, Wasser, Feuer gebundener Strafarten anschließt. *„Jeder von uns unterliegt der eigenen Sühne"* (In: Werke. Berlin / Weimar 1987, S. 291). So zumindest in der Übersetzung von Dietrich Ebener. Die je eigene Sühne erfolgt vermutlich aufgrund einer je eigenen Sünde. Allerdings, nicht ganz so eindeutig, ja fast im gegenteiligen Sinne, übersetzt Wilhelm Plankl: *„Jeder trägt seiner Manen Geschick"*. (s.o.) Auch hier also eine gewisse Unsicherheit.

Und noch etwas, auch diese Eigentlichkeit ist als zu begrüßende Autonomie nicht ungebrochen. Das an Heidegger gemahnende Wort „Eigentlichkeit" lässt es schon ahnen. Auch die Vorstellung der um einen wahren Kern sich bildenden einheitlichen Persönlichkeit ist ein Mythos des Abendlandes. Der *„gerade heute wieder modischen Vorstellung, es gebe ein wahres, wesentliches, eigentliches Selbst, dass es zu finden und zu verwirklichen gelte"* (Eike Gebhardt: Die Schwierigkeit nein zu sagen - Ein Spaziergang mit dem Philosophen Klaus Heinrich) trat Heinrich daher, insbesondere in seiner Auseinandersetzung mit Heidegger, entgegen. Die einheitliche Persönlichkeit, die spätestens durch Freud widerlegt und durch die Katastrophen des 20. Jahrhunderts desavouiert war, lehnte Heinrich ebenso ab wie die

Bekenntnis der wahren Wahrheit ist Wahrheit. Konstellation mit Folgen, da so nur das Bekenntnis zu Christus Wahrheit ermöglicht. Und nur so Gnade (Erlösung) zu erhalten ist. Das Gesetz (des Bündnisses) ist abgetan, die Gnade (des Gottes) inthroniert. Es ist die Konstellation, die im Wahrheitsspiel der Kinder der richtigen Antwort entspricht.

Der Autor des Evangeliums lässt beide Möglichkeiten, die des „was" als auch die des „wie", die von JHWH als Gott und Christus als Gott, zwar geschickt offen, die Tendenz ist jedoch eindeutig angedeutet, wenn das Wortspiel erlaubt ist, und lässt beide Möglichkeiten gezielt in die Identität von Vater und Sohn einmünden[124] und damit Treue und Wahrheit auf die Göttlichkeit Christi insistieren. Daher gibt es auch im Johannes-Evangelium kein Klagen am Kreuz, sondern nur den Ausdruck des Durstes, der nach Heinrich Durst, Sehnsucht nach dem ewigen Leben ist, und ein *„teleletai"*

„*orientierungslosen Sinnsucher*" fernöstlicher Praktiken. Aber man braucht nicht Freud, Lacan oder den abendländischen Dualismus von A und Non-A heranzuziehen, um solche Einheitlichkeit des Subjekts als Mythos zu erkennen, es reicht ein Blick auf die eigene Vielfalt der Neigungen, Empfindungen usw. oder auch nur auf den Akt des Denkens als Gespräch mit sich selbst und fremden Stimmen. Man muss vielleicht, mit allen Schwierigkeiten dabei, die eigentliche Persönlichkeit von der einheitlichen zu unterscheiden lernen. Die einheitliche gibt es schlichtweg nicht, wie jeder an sich selbst schnell bemerken wird. Die eigentliche mag es geben, ohne dass sie einheitlich wäre, allerdings dann wieder mit ganz eigenen Schwierigkeiten, auf die im vorliegenden Text an dieser Stelle wie auch anderswo Bezug genommen wird. Sich einer Zeile aus Walt Whitmans Langgedicht „Song of myself" (51) „*I contain multitudes*" als Titel bedienend, erinnerte 2020 Bob Dylan an diesen Umstand: „*I'm a man of contradictions, I'm a man of many moods / I contain multitudes*".

[124] Hier wird recht einsichtig, warum das Judentum diese Bewegung theologisch wie vorstellungsmäßig gar nicht mitvollziehen kann. Lässt sich ganz konkret zwar ein Vater vorstellen, der in Gestalt des Sohnes weiterlebt, so doch kaum ein Vater, der seinem Sohn nachkommt.

(„*Consummatum est!*"; „*Es ist vollbracht*")[125], also im Grunde eine der Mysteriensprache entnommene doketische Lösung. Beide Äußerungen lassen aber auch vorweg wichtige Momente der späteren Urszenen anklingen, das freiwillige Opfer, das JC aus dem ewigen Leben herausführt, sowie die Absicht und den Sinn der ganzen im Ratschluss beschlossenen Mission Christi. Anklingen tut auch wieder die Gnosis mit der Sehnsucht des Aufbruchs aus der Gefangenschaft der Welt des Demiurgen und der Rückkehr zum wahren Gott. Eindeutig zu fassen ist im Johannes-Evangelium wenig.

Auch in der vorausgehenden Verhörszene aber lässt sich die Verdichtung von Person Christi mit Wahrheit und Wort, die im Prolog das erste Mal anklingt und im gesamten Evangelium bis in die Kreuzigung durchgehalten wird, finden. Und zwar wenn Jesus sagt: „*Wer aus der Wahrheit ist, der höret meine Stimme.*"[126] Auch hier die Konsequenz: Wer sie nicht hört bleibt taub für die Wahrheit und ist ihr nicht zugehörig. Der Römer Pilatus kann gar nicht anders[127] als

---

[125] Joh. 19, 28-30. Auch die Offenbarung spricht davon, dabei auch auf die Szene am Jakobsbrunnen Bezug nehmend. „*Es ist geschehen. Ich bin das A und das O, der Anfang und das Ende. Ich will dem Durstigen geben von dem Brunnen des lebendigen Wassers umsonst.*" (Offenbarung 21, 6)

Doketismus, Lehre, die lediglich einen Scheinleib von Christus am Kreuz sterben ließ. Sie wurde insbesondere im Kreise der Gnosis vertreten, da hier die Materie als grundsätzlich mit der Verderbnis gezeichnet empfunden wurde, so dass die Fleischwerdung des Erlösergottes nur eine scheinbare gewesen sein konnte.

[126] Joh. 18, 37

[127] Man kann diesen Zwang natürlich auch als Entscheidungszwang verstehen, der nach der Offenbarung Christi allen aufgelegt ist, was aber auch eine Überinterpretation sein könnte. Allerdings deutet auch die Abendmahlszene mit Judas auf diese Entscheidungsrolle der göttlichen Vorsehung, ihre Dominanz über alles Geschehen, hin.

resignierend die Frage zu stellen. „*Was ist Wahrheit?*", deren Antwort Jesu im Grunde mit dem vorherigen, mit dem „Wie" seiner ganzen Person gegeben hat und gibt. „*Ich bin dazu geboren und in die Welt gekommen, daß ich die Wahrheit zeugen soll.*"[128] Und, so der Anspruch, auch weiterhin tun wird, zumindest im Sinne des Johannes-Evangeliums. Und so auch alle, die in ihm wieder geboren sind.

Heinrich zeigt dann, dass gleichfalls die Dialektik von Treue und Verrat als Kern des Wahrheitsproblems im Zuge dieser Sakralisierung behandelt wird. Denn Judas und sein Verrat werden durch den Heilsprozess erzwungen. Judas wird erst zum Abkömmling des Teufels und zum Verrat vollziehenden Jünger durch den ihm von Jesu gereichten Bissen Brot. Und nun ist der Clou, dass als Judas und die Häscher Jesus im Garten stellen und fragen, wer er sei, dieser ihnen mit einem „*Ich bin es*"[129] antwortet, dem „*ego eimi*" des hebräischen Gottes. Die ihn leugnenden und verfolgenden Häscher fallen daraufhin zu Boden.[130] Deutlicher hätte der Anspruch des neuen Gottes, der auch der alte seiner Verfolger, Verräter und Leugner ist, kaum sein können. Auch die nicht an ihn Glaubenden müssen ihn bekennen, wie in den

---

[128] Joh. 18, 37

[129] Joh. 18, 6

[130] Sie zeigen sich durch diesen Gestus als von der neuen Wahrheit geschlagen und unterworfen. Widersetzen sie sich trotz dieses Einbekennens aber weiter, sind der von ihnen begangene Akt und ihre Leugnung noch viel schlimmer. Als von um die Wahrheit eigentlich Wissenden begangene sind es bewusster Mord und Lüge und die Ausführenden damit Mörder und Lügner. Sie sind nicht unwissend Handelnde, Ungläubige, sondern als Wissende sind sie Häretiker, Widersacher Gottes und Abkömmlinge des Teufels und somit der Verdammnis preisgegeben, was im Weltlichen bedeutet sie als radikales Böse radikal zu bekämpfen. Noch heute findet sich im Strafgesetz die Unterscheidung zwischen vorsätzlich, also bewusst begangenem Mord (§ 212 StGB) und im Affekt, also unwissentlich begangenen Totschlag (§ 213 StGB).

Jesusgeschichten bereits die ausgetriebenen Dämonen[131]. D.h. vorweg gesagt, denn Heinrich wird darauf noch kommen, jede autonome Argumentation des Menschen gegenüber Gott, sei er Gläubiger oder Ungläubiger, wird ausgeschlossen, sofern sie von vorneherein eine wäre, die jenseits der Wahrheit stünde. Eine solche Argumentation aber kennt das Judentum in der Wahrheit des Bündnisses. Die Dialektik von Treue und Verrat ist daher bei der einen Religion eine ganz andere als bei der anderen.

VI

Heinrich konfrontiert, besser kontrastiert, nach diesen Beweisführungen (für den Vollzug der Wegnahme) an einzelnen Zügen, dann noch das Stellen der Wahrheitsfrage des Johannes-Evangeliums mit dem Stellen der Wahrheitsfrage im Buch Jona, welches in nachexilischer Zeit entstand[132], wobei auch die Differenz der Dialektik von Treue und Verrat scharfgezogen wird, und sich Heinrichs vorangegangener Umweg wieder einmal als zielgenau erweist. Die Gegenüberstellung der Wahrheitsfrage im Johannes-Evangelium mit der des Propheten Jona ist eine, die sich umso mehr anbietet, als Jona früh und oft als Präfiguration Christi angesehen wurde.[133] Im Buch Jona, wird die Frage

---

[131] Gerade diese wissen um ihn, wo ansonsten in der Umgebung Jesu zu diesem Zeitpunkt nur geglaubt werden kann, und fallen vor ihm zu Boden. Mark. 1, 34; 3, 11; 5, 7 ebenso Luk. 4, 41; 8, 28. Auch dies ein heimlicher, ein indirekter Vorwurf an die Anhänger des AT, die so dämonisiert werden?

[132] D.h. nicht nur die mosaischen Bücher des Pentateuchs weisen ein anderes Wahrheitsverständnis als das des Christentums auf.

[133] So wurden die drei Tage Jonas im Bauch des Wales z.B. analog den drei Tagen gesehen, die Christus in der Unterwelt verbrachte usw. Ebenso interessant wie angenehm lesbar zur Walgeschichte ist das entsprechende Kapitel in Julian Barnes Buch Eine Geschichte der Welt in 10 ½ Kapiteln. München 1994

nach „emeth", „Wahrheit", in kaum weniger provokativer Weise gestellt als im Johannes-Evangelium und doch gänzlich anders behandelt und „beantwortet".

Beide, Johannes-Evangelium und das Buch Jona, sind Wahrheitsbücher, in beiden geht es um die Wahrheit. Aber wo das Evangelium eine Antwort auf diese Frage anstrebt, da bleibt diese im Jonabuch in der Schwebe eines Streitgesprächs zwischen dem Propheten Jona und seinem Gott und erweist sich gerade darin als Antwort. Gott erweist sich ganz im Sinne des alten Bundes an diesem Bündnis, das als solches keines auf eine Person enggeführtes ist, sondern eines von Selbst und Anderem, in diesem Falle von Gott und Mensch. D.h. Gott und Wahrheit werden in und an der Situation des Bündnisses verstanden, was im Christentum mit der Personalisierung von Wahrheit und Gott unmöglich ist.

Jona schreibt sich mit seinem Hadern mit Gott und andere Zügen, wie dem zunächst erfolgenden Fluchtversuch, in eine weit zurückreichende Tradition der Prophetie, aber auch der Lehrbücher ein. So diskutieren in Rede und Widerrede u.a. schon Abraham (über die Zahl der Gerechten von Sodom) und Hiob dialogisch mit Gott. Allein dies macht die Differenz sichtbar. Aber es gibt mehr. Bekanntlich lässt Gott Jona der sündigen großen Stadt Ninive den Untergang prophezeien, verschont diese dann aber, was Jona wiederum als Verrat an sich betrachtet und Gott zum Vorwurf macht. Jona wirft Gott vor, das Bündnis zwischen ihnen gebrochen zu haben. Das ist die Pointe solcher Szenen der Prophetie und weit von dem entfernt, was sonst im Judentum geschieht, nämlich die Annahme, selbst das Bündnis gebrochen und Gottes Zorn heraufbeschworen zu haben, und eine Unmöglichkeit im Christentum. Zugleich ist es aber auch der Kern jeglichen jüdischen Gottes- und Wahrheitsverständnisses. Der

Brennpunkt im Buch Jona ist dabei, dass dieser, nachdem er Gott Lüge und Verrat gegen ihn vorgeworfen hat, diesen nicht einfach abweist, sondern mit seinen Prädikaten vom Berg Sinai versieht und weiter preist. *„Denn ich wußte ja, daß du ein gnädiger und barmherziger Gott bist, langmutig und reich an Huld, und daß dich des Übels gereut."*[134] Der Punkt ist, wie Heinrich scharfsichtig erkennt und anmerkt, dass Jona dabei ausgerechnet und ganz gezielt das Prädikat „emeth", der aletheia, der „veritas", der Wahrheit Gottes weglässt, denn diese sieht er nicht mehr gegeben. Gott mag gnädig, huldvoll usw. sein, aber er ist nicht wahr, nicht treu. Darin liegt für Heinrich die ganze Pointe nicht nur des Gebets, sondern des Buches überhaupt. Nicht die Gnade usw. Gottes zieht Jona in Zweifel, nur dessen Wahrheit und Treue. Diese Wahrheit ist für Jona in Konflikt geraten und von der Dialektik von Treue und Verrat, die Heinrich im vorherigen Abschnitt des Textes hatte anklingen lassen, aufgesogen worden. Der Verrat wird Relationspunkt zum Wahrheitskriterium. Die Wahrheit und die Frage danach wird im Buch Jona also gänzlich anders als im Johannes-Evangelium platziert und nicht in einer personalen Engführung gefunden, sondern im Schillern der Bündnisfrage,[135] die grundsätzlich von der Dialektik von Treue und Verrat bedrängt wird.[136] Sie zu lösen, zumindest zu handhaben, wird zur Aufgabe jedes Bündnisses.

---

[134] Jon. 4, 2

[135] Es wurde bereits oben ausgeführt, dass im Judentum die Gestalt Gottes sich nach dem Bündnis abzeichnet, also in gewisser Weise verändert, was im Christentum nicht der Fall ist.

[136] *Fußnotenexkurs 11:* Man kann dies auch mit einer Argumentation von Carl Schmitt her als sehr wunden Punkt des Bündnisdenkens betrachten. Denn ein Bündnis ist zwangsläufig nicht nur eines mit einem Anderen, sondern immer auch eines – und damit eine Entscheidung – gegen einen Anderen oder ein Anderes.

Gerade da, wo seine Vertreter mit den Verweis auf die höchste Abstraktion argumentieren, es könne eines des Überlebens sein, stellt sich ein tiefes Unbehagen ein, da damit, ähnlich wie im Johannes-Evangelium beim Wahrheitsanspruch als Lebensanspruch, alles jenseits des Bündnisses dem Tode anheim und auf dessen Seite gestellt wird. In der Berufung auf das allumfassende Postulat „Menschheit" kann der Gegenbegriff, wie Peter Furth anmerkt und damit an Kosellecks Bemerkung von der Neubestimmung des Feindbegriffs als zwischen Mensch und Unmensch in der Moderne erinnert, nur das Unmenschliche sein. Als solches Abstraktum, wogegen sich Carl Schmitt und Hannah Arendt gleichermaßen gewehrt haben, kann dann nahezu jede abweichende Einstellung stehenden Fußes subsumiert und angegangen werden. Dem eigenen menschlichen Agieren wird ein ihm entgegenstehendes zwangsläufig zum unmenschlichen. Auch hier ein „No exit" auf dem Weg vom Barbaren über den Unmenschen zum Niemand. Dagegen ist anzugehen. Auch Heinrich möchte ich in diesem Sinne lesen, dass er als Anhänger des Bündnisses genau davor warnt und auch hier die klare Sicht der Dinge und Verstrickungen als Möglichkeit sieht, diesen zu entgegen. Ob zu Recht weiß ich nicht, da mir, vielleicht nicht umsonst, der Mut fehlte, ihn zu Lebzeiten danach zu fragen.

Bündnisproblematik wird auch deutlich, wenn man annimmt, dass der Koran zu einer bestimmten Zeit das „Bündnis" mit dem Christentum suchte, wenn es in der 4. Sure 159 heißt: „*Es ist keiner unter dem Volk der Schrift, der ... daran glauben wird; und am Tage der Auferstehung wird er (Jesus) ein Zeuge wider sie sein.*" Eine besonders perfide Stelle, da das, woran das Volk der Schrift, also das Judentum, hier nicht glauben wird das ist, dass es ihnen nicht gelungen ist den Abgesandten (Koran), den Sohn Gottes (NT) zu töten, sondern dies ihnen nur so erscheint. Eine die doketische Annahme noch übertrumpfende Ansicht. (Allerdings könnte auch eine einfache Verwechslung der Person gemeint sein, wie Rudi Paret in seinem Kommentar zum Koran festhält. Der Koran. Kommentar und Konkordanz. Stuttgart 1980, S. 110) Es wird den Juden also zugleich der Wille zum Mord wie im „Nichtmord" das Nichtvermögen der Hybris vorgeworfen. „*Und wegen ihrer Rede: «Wir haben den Messias, Jesus, den Sohn der Maria, den "Gesandten" Allahs, getötet»; während sie ihn doch weder erschlugen noch den Kreuzestod erleiden ließen, sondern er erschien ihnen nur gleich (einem Gekreuzigten)*" (4. Sure 157) Vielleicht geht des dem Koran aber auch eher um eine Instrumentalisierung, Vereinnahmung des Christentums, sofern auch für ihn als monotheistische Religion ein Bündnis mit einer anderen, erst Recht einer anderen monotheistischen Religion unmöglich ist. (Ein solches Scheinbündnis entspräche, mit allen Bedenken eines solchen Vergleichs, auf der politischen Ebene vielleicht das Bündnis von Nationalsozialismus und Stalinismus zu Beginn des II. Weltkrieges. Verbünden tun sich nicht immer die „Guten".) Historisch findet sich dies natürlich in jeder Geschichte des Islams oder Biographie Mohammeds als Umgang der islamischen Gemeinden in Mekka und Medina mit dort ansässigen Juden und Christen wieder, der Pate stehen wird für den späteren der Umma als ganze. (Siehe u.a. Rudi Paret. Mohammed und der Koran. Stuttgart 1957 oder Émile Dermenghem. Mohammed. Reinbek 1990) An der Jonageschichte führt Heinrich auch die Verstrickungen der Verratsebenen ausführlich auf. Erst *„in der Auseinandersetzung mit Verrat kann emeth erfahren werden. Aber haben in dieser Geschichte nicht alle verraten: die große Stadt Ninive sich und Gott, Gott sein Wort und seinen Propheten, der Prophet die große Stadt Ninive und – da er ohne die Konsequenz des Worts nicht leben will – sich selbst?"* (Heinrich, S. 34) Vielleicht ist es nützlich, sich dabei an das politische Credo Walter Benjamins zu erinnern: *„immer radikal, niemals konsequent".* Sollte man sich das Vergnügen gönnen zu bemerken, wenn dieses Credo Benjamins das „Gute" definiert, man in dem vielzitierten Brief Hannah Arendts an Gershom Scholem vom 20. 7. 1963 die Definition für das Böse findet? Arendt schreibt dort *„daß das Böse immer nur extrem ist, aber niemals radikal, es hat keine Tiefe, auch keine Dämonie. Es kann die ganze Welt verwüsten, gerade weil es wie ein Pilz an der Oberfläche weiterwuchert.".* (Hannah Arendt & Gershom Scholem: Der Briefwechsel. FfM 2010, S. 444) Was Arendt am Fall Eichmann zeigte, ist, dass das Böse im Aufhören des Denkens besteht und daher keine Radikalität besitzt, keine Tiefe und Verwurzelung, sondern immer nur konsequent voranschreitet. Das Böse könnte man von hierher sehen als die Umhergetriebenheit des Schmerzes um seine eigene Bodenlosigkeit, besser um das Fehlen jeglicher Verwurzelung. Es ist daher mit Arendt immer banal. Doch gerade das macht es so gewaltmächtig. Gerade das macht seine Gestalten zum vom Sturm Mitgerissenen, die ihrerseits in dieser Getriebenheit alles überrollen, was ihnen im Wege steht. Es war hinter der Aufdeckung konkreter Verstrickungen das eigentlich Skandalöse an Hanna Arendts Bericht, dass er einer über die Banalität des Bösen, nicht über dessen Radikalität war. Ein Bruch mit der Tradition par excellence, der zudem alle intellektuelle Beruhigung vom Tisch wischte und wischt. Auch war nun jeder in die Verantwortung (seines Tuns) gestellt, auch wenn Hannah Arendt richtig betonte, dass die später auftauchende Formulierung vom Eichmann in jedem in uns krasser Unsinn sei. Gerade weil nicht in jedem kommt es auf die je einzelne Entscheidung an, die am besten überwiegend radikal, aber nie konsequent vollzogen werden sollte.

So liegt alles vielleicht im und am Mikrosozialen. Auch Arendts Eichmann Buch ist schon ein Plädoyer für das eigene *„Denken ohne Geländer"* und, als Schülerin Heideggers, eines jenseits des Vorgegebenen, *„gegen den Strich"* laufenden, um noch einmal Benjamin zu bemühen. Daran zu erinnern könnte gerade heute nützlich sein, wo man sich anschickt Arendt in den entmächtigenden Kanon der (politischen) Klassiker zu holen und ihr diese ihr eigene Wahrheit wegzunehmen. Und wo das eigene, mikrosoziale Verhalten wichtiger sein könnte als je zuvor. Zuweilen hat man den Eindruck, dass dies in der vielfach zu findenden Höflichkeit im alltäglichen Umgang miteinander, wie sie im Supermarkt, Warteräumen und anderswo stattfindet, gespürt wird. Etwas, was auch von der aufgesetzten Freundlichkeit weiter

Am Ende der Geschichte legt Gott mit der Erschaffung und Vernichtung eines Rizinusbaumes Jona das Problem der Gnade und des Mitleids mit der Schöpfung auf[137], auf das dieser im Buch aber nicht mehr eingeht.

„Emeth", „Wahrheit" wird hierbei auch mit einem Affekt verbunden, der wiederum in Konfrontation mit der „Gerechtigkeit"[138] tritt. „Emeth" als Prädikat Gott zugehörig, im *„Ich bin der ich bin"* bzw. *„Ich werde sein, der ich sein werde"* eingeschlossen, entledigt sich (in der prophetischen Rede, die hier Gott selbst führt) dadurch aller Festlegung auf Eines, aller Beschränkung im Wort (!), und tritt in die immer zweideutige Wirklichkeit des Wahrheitsspiels, des Miteinander des Bündnisses und dessen Treueforderungen ein und damit in Relation zum Verrat. Heinrich schließt: *„Der Verfasser dieses kleinen Prophetenbuchs definiert Wahrheit als das moralische Problem des Bundes mit Gott und der Wirklichkeit".*[139] Solches muss dem Verfasser des Johannes-Evangeliums fremd bleiben.

Kreise zu unterscheiden ist. Es ist eine merkwürdige Ambivalenz hiesiger Zeiten, unentwegt solcher Höflichkeit wie im gleichen Maße stärkster Aggression zu begegnen.

[137] Gott stellt damit den Menschen Jona auch in die Rolle Gottes, lässt ihn die Dialektik von Verantwortung und Mitleid spüren. Eine ebenso hoffnungsvolle wie beängstigende Perspektive. Vielleicht auch Verweis, dass es auch um Bündnisse zwischen den Menschen geht.

[138] Am Begriff der Gerechtigkeit lässt sich paradigmatisch die Fatalität eines festgelegten Wahrheitsbegriffes (der immer als Machtbegriff zum Einsatz kommt) zeigen. Dort wo im Namen der Gerechtigkeit als unbefragte und unbefragbare Wahrheit etwas vertreten wird, kommt es augenblicklich zur Ungerechtigkeit, die als solche beide Seiten verschlingt. Dies hat für die Gegenwart Peter Furth am Beispiel der political correctness in seinem Text „Kategorielles zur Political Correctness" (In: Massendemokratie) sehr deutlich gemacht, so dass man keineswegs erst mit Verweis auf Konfessionskriege, NS usw. solches historisieren muss.

[139] Heinrich, S. 36

VII

Im Johannes-Evangelium wird solcher Auslegung, die auch zu einer Universalisierung der Hebräischen Bibel hätte führen können oder diese als gleichberechtigten Teil des gesamten Bibelkomplexes verstehen lassen, eine Absage erteilt und die Dialektik von Treue und Verrat in der Personalisierung von Wahrheit zur Treue oder zum Verrat an der einen Person Christi festgesurrt. In der Nachfolge wird, auch zur Überwindung der eigenen Enttäuschung, der Verrat des Gott-Messias, dass er die Welt noch nicht erlöst hat und gestorben ist, ja sogar in der schmachvollen, von der Antike als schändlich empfundenen, Art der Kreuzigung hingerichtet wurde, er das messianische Versprechen also nicht gehalten hat, (anders als im Judentum) dadurch aufgefangen, dass dieser Treuebruch in eine Opfermystik umgebogen wird, in der Wahrheit und Treue Gottes ungebrochen erhalten bleiben. Eine Opfermystik, bei der das Opfer, das der Gott-Messias erbracht hat, den (angeblich) Opfernden die Rolle der Gottesmörder zuteilt. Dies öffnet dann endgültig allen anti-jüdischen Bestrebungen die Tore. All das hat (für die Christen) Vorteile. Denn dabei wird Jesus als weltliche Person aufgehoben und zum „Wort", zum „logos" gemacht, so dass jeder an diesem teilhaben kann, was den, der dies nicht will, noch weiter stigmatisiert. Den aber, der es tut in die Nähe Gottes rücken lässt.[140] Nach Wahrheit und Gnade wird hierbei der Begriff des Geistes eine entscheidende Rolle spielen.

---

[140] Zynikern fällt dabei auf, dass dies auch der oder ein Anfangspunkt der Liebe zur eigenen Unterdrückung, zur eigenen Selbstentmächtigung sein könnte, die dann bis in die weltlichen Formen der Formatierung modernen Ideologien, wie sie Jacques Ellul beschrieben hat, reicht, sich aber auch in den kleinen Formen der Faszination, z.B. fernöstlicher Meditationen, wiederfindet. Dazu weiter unten.

Die Aufstellung von Christus als „logos", als „Wort", ist auch die von Christus als „spiritus", als „Geist". Es ist auch ein Bekenntnis zur Geistigkeit, zur Spiritualität, welches das Johannes-Evangelium ablegt und mit dem es die Tore öffnet, für die christliche Mystik nicht weniger als für die kommenden europäischen Sozialbewegungen.[141] Aber eben

---

[141] *Fußnotenexkurs 12*: Jacob Taubes hat dies in einem anderen Zusammenhang festgehalten, wobei er den Anfang solcher Spiritualität allerdings von Johannes weg- und in die Prophetie vorverlegt und dann insbesondere über die Gnosis bis in die Gegenwart leitet. Der Verlauf ist in etwa folgender: Mit der Geburt im Geiste wird den ursprünglichen Grundlagen der Gemeinschaft, also den Prinzipien Blut und Boden, eine Alternative zur Seite gestellt. Dieses geistige Grundprinzip der Gemeinschaft durchzieht viele später folgende politische und geschichtliche Philosophien des Abendlandes und wird immer wieder der Ausgangspunkt eines revolutionären Impulses. Dabei bildet die Idee der geistigen Gemeinschaft, die ohne vermittelnde Institutionen wie Kirche und Staat zum Zusammenleben fähig ist, eine Version und Vision der Bruderschaft, die von den frühen christlichen Gemeinden über die chiliastischen Sekten des MA wie die spiritualen Franziskaner, die deutschen Wiedertäufer, die englischen Puritaner usw. verläuft und dann vom Religiösen ins Politische überwechselt und Bestandteil der Revolutionen wird, um schließlich in die zeitgenössischen demokratischen Überzeugungen und Bewegungen einzumünden.
Es gibt innerhalb von Gemeinschaften also grundverschiedene basale Strukturierungen, Mythen, die diese ausmachen und zusammenhalten. Insbesondere drei sind dabei zu unterscheiden, die des Territoriums, wo das Räumliche vorherrscht; die des Leibes, wo das Zeitliche dominiert, und die des Geistes, wo das Ideelle zum Tragen kommt. In allen drei Varianten erschafft die Gemeinschaft (sich) ewiges Leben, wandelt das zeitliche, ephemere ihrer Mitglieder in solches um bzw. fügt es in solches ein. Die Ewigkeit der Gemeinschaft, die diese ihren Mitgliedern anbietet, differiert jedoch nach den Arten ihrer Strukturierung und es ist ein entscheidender Unterschied, ob sie auf einem räumlichem, einem zeitlichen oder einem geistiges Prinzip beruht. So finden die archaischen Völker ihre Wurzeln im Erdboden (jus soli). Hier verspricht die Erde als unvergängliche den auf ihr wurzelnden Völkern ihre Unvergänglichkeit. Die archaischen Völker finden analoges aber auch im Blut (jus sanguinis). Innerhalb eines Clans wird über diese Blutsverwandtschaft in der Abfolge der Generationen der Weg zu Dauer und Ewigkeit beschritten. Die heidnischen Volksgemeinschaften beruhen also auf den Naturkategorien von Blut und Boden und sind daher in diesem einigenden Ewigkeitsverständnis in ihrer Identität mythische.

Diese Ewigkeitsprinzipien werden nach Taubes Ansicht von der hebräischen Prophetie mit ihrem Zug der Eschatologie herausgefordert. Unversöhnlich stehen die Grundlagen der heidnischen Gemeinschaft und die Grundlage Israels einander gegenüber. Die messianische Gemeinschaft als geistig-geschichtliche löst die mythische von Blut und Boden auf. Die zyklische Ordnung der Natur, die in den Gemeinschaften des alten Orients herrschte, wird also in der linearen Eschatologie Israels durchbrochen. Anstelle der in Blut und Boden vertretenden Natur tritt die (geschichtliche) Zeit des Geistes. (Siehe Jacob Taubes. Gemeinschaft nach der Apokalypse (1959), wieder abgedruckt in Apokalyptik und Politik. Paderborn 2017) Man könnte fragend anmerken, ob ein ähnlicher Dualismus zwischen natural und geistig nicht auch im römischen Diktum vorläge, dass Ewigkeit entweder über die Nachkommenschaft oder über den Ruhm gewonnen würde? Wichtiger hier ist: Was Taubes als eschatologisch-apokalyptisches Potential revolutionärer Verbindungen ausmacht und Israel zuschreibt, das Geistmoment, lässt sich auch auf ein sich auf das Johannes-Evangelium berufendes Christentum anwenden. Zudem ist die Konstellation Blut, Boden versus Geist ganz von einer eigenen Dialektik durchzogen und keineswegs so einfach wie es bei Taubes zunächst erscheint. Nicht nur das „jus sanguinis" (Blutrecht) und das „jus soli" (Bodenrecht) sind mythisch, sondern auch das „jus spiritus" (Geistrecht) vermag durchaus ins Mythische abzuleiten, wie die Gegenwart mehr und mehr in seinen mythischen Vorgaben, denen mehr und mehr alles Emanzipative verloren geht, zu belegen scheint. Dies liegt dann vor, wenn die einst durch die Setzung des Eschaton gezogene Linie dieses verliert und ins unendliche weiter verläuft. (s.o.) Auf ein extremes Beispiel solch eines ins Mythische abgleitenden Geistverständnisses, weist Ekkehard Hieronimus einem Dossier hin.

„Die extremste Ausformung findet dieser Gedanke in gewissen Rassentheorien, die Rasse nicht als blutmäßige Zusammengehörigkeit definieren, sondern als ethisch-sittliche (so etwa der ‚Bund der Guoten' und der ‚ONT' des Lanz von Liebenfels)." (Zur Frage des Politischen bei völkisch-religiösen Gruppierungen In: Der Fürst dieser Welt. Carl Schmitt und die Folgen. Religionstheorie und politische Theologie Bd. I (Hrsg. Jacob Taubes). Paderborn 1983. S. 318)

Auch sind andere Geburtshelfer des identitätsstiftenden geistigen Grundprinzips der Gemeinschaft durchaus vorhanden. Auch die griechische Politik und Philosophie (in und für Europa) umreißen dieses „neue", geistige Prinzip der Gemeinschaft, das das mythologische bricht bzw. zu brechen vorgibt. In der griechischen Polis kreuzen sich im Grunde Mythos und Geschichte. Die Polisgemeinschaft versteht sich als geistige ebenso wie als mythische, definiert sich über das Primat der öffentlichen Angelegenheiten der Polis ebenso geistig, wie aus ihrer Geburt in Blut und Boden als mythisch. Der Geist scheint sogar, spätestens in den demokratischen Poleis, zu überwiegen. So kommt es neben dem Zugehörigkeitsverständnisses aus dem Boden und Blut heraus schon im Hellenentum mit seinen Primat der öffentlichen Angelegenheiten, also denen der Polis, vor den privaten des Haushalts, also denen des oikos, zu einem geistigen Prinzip der Gemeinschaft, das das mythologische bricht. Und doch bleibt das Moment des Mythischen als Geburtsrecht streng in Kraft. Es gab nahezu keine Gelegenheit als außerhalb der Polis Geborener deren vollwertiges Mitglied zu werden. Und ist dies nicht auch im Judentum so durch sein Diktum der Zugehörigkeit durch Geburt, und zwar strikt mütterlicherseits? Bleibt nicht auch hier eine starke Gebundenheit an Blut (und in gewissen Sinne auch den Boden)?

Dennoch verschiebt sich im Judentum wie aber auch im Griechischen etwas zum Geistigen hin, wie im Blick auf die im Zuge der Perserkriege entwickelte Gemeinschaftsidee eines Hellenentums deutlich wird. Und auch die Sprache spielt bei den Hellenen bereits solch eine Rolle geistiger nationaler Identitätsfindung. Bekanntlich bedeutet das Wort Barbar zunächst, ganz ohne Wertung (die erst mit den Perserkriegen eintritt), nichts weiter als nicht der griechischen Sprache mächtig zu sein. Schon zu Beginn der abendländischen Geschichte wird also (scheinbar) das mythische Band zerrissen und das Geistige zum Verbindenden zwischen den Menschen, wird zur Grundlage der politischen Gemeinschaft. Im die Polis sprengenden Weltreich des Hellenismus wird diese Grundlage dann überwiegend eine der Sprache, ist also ganz im Geistigen angekommen. In Weltreich Roms wird solche geistige Grundlage der politischen Gemeinschaft zu einer, die auf dem Recht bzw. dem Bürgerrecht beruht. Auch hier geschieht dies allerdings ohne das Geburtsrecht je ganz aufzuheben. Anders als in den griechischen Poleis kann dieses Bürgerrecht aber durchaus von Auswärtigen erworben werden, ist also noch weiter zurückgedrängt.

Im Kontext des NT wird die Bedeutung des römischen Bürgerrechts im Zuge von Paulus Berufungen auf dieses immer wieder deutlich. *„Paulus aber sprach zu ihnen: Sie haben uns ohne Recht und Urteil öffentlich geschlagen, die wir doch römische Bürger sind, und in das Gefängnis geworfen, und sollten uns nun heimlich fortschicken? Nein! Sie sollen selbst kommen und uns hinausführen! Die Amtsdiener berichteten diese Worte den Stadtrichtern. Da fürchteten sie sich, als sie hörten, daß sie römische Bürger seien, und kamen und redeten ihnen zu, führten sie heraus und baten sie, die Stadt zu verlassen."* (Apostelgeschichte 16, 37-39) und *„Als man ihn aber zum Geißeln festband, sprach Paulus zu dem Hauptmann, der dabeistand: Ist es erlaubt bei euch, einen Menschen, der römischer Bürger ist, ohne Urteil zu geißeln? Als das der Hauptmann hörte, ging er zu dem Oberst und berichtete ihm und sprach: Was willst du tun? Dieser Mensch ist römischer Bürger. Da kam der Oberst zu ihm und fragte ihn: Sage mir, bist du römischer Bürger? Er aber sprach: Ja. Da sagte der Oberst: Ich habe dies Bürgerrecht für viel Geld erworben. Paulus aber sprach: Ich aber bin schon als römischer Bürger geboren. Da ließen sogleich von ihm ab, die ihn verhören sollten. Und der Oberst fürchtete sich, als er vernahm, daß es ein römischer Bürger war, den er hatte festbinden lassen."* (Apostelgeschichte 22, 25-29) (Beide Zitate: Die heilige Schrift. Stuttgart 1960)

Auch in den Briefen des Paulus ist die Rede vom Bürgerecht, jetzt aber wird dieses von Rom auf den Glauben und das Reich Christi als neue Macht über die Welt übertragen. *„Darum denkt daran, daß ihr, die ihr von Geburt einst Heiden wart und Unbeschnittene genannt wurdet von denen, die äußerlich beschnitten sind, daß ihr zu jener Zeit ohne Christus wart, ausgeschlossen vom Bürgerrecht Israels und Fremde außerhalb des Bundes der Verheißung; daher hattet ihr keine Hoffnung und wart ohne Gott in der Welt. Jetzt aber in Christus Jesus seid ihr, die ihr einst Ferne wart, Nahe geworden durch das Blut Christi."* (Brief an die Epheser 2, 11-13) und *„Unser Bürgerrecht aber ist im Himmel"* (Brief an die Philipper 3, 20) (Die heilige Schrift. Stuttgart 1960)

Man sieht daran, wie stark – bewusst oder unbewusst – das religiöse Verständnis schon von politischen Komponenten durchdrungen wird. Ein kleiner Hinweis, vielleicht Beleg, für die These Jan Assmanns, dass sich Carl Schmitts prägnanten ersten Sätze des dritten Kapitels seiner „Politischen Theologie" von 1922: *„Alle prägnanten Begriffe der modernen Staatslehre sind säkularisierte theologische Begriffe. Nicht nur ihrer historischen Entwicklung nach, weil sie aus der Theologie auf die Staatslehre übertragen wurden, indem zum Beispiel der allmächtige Gott zum omnipotenten Gesetzgeber wurde, sondern auch in ihrer systematischen Struktur"* umdrehen lassen, was Assmann dann an theologischen Begriffen als Übernahme aus der ägyptischen Politik nachweist. Damit ist die Reihenfolge der gedachten Beziehung zwischen religiöser und politischer Ordnung gedreht. Bei dieser Entstehung von Religion aus dem Geist der Politik läuft dem von Schmitt beschriebene Vorgang der Säkularisierung also ein anderer voraus, der als „Theologisierung" bezeichnet werden könnte und in dem zentrale theologische Begriffe aus dem Politischen erwachsen, so wie im Falle der Säkularisierung politische aus dem Theologischen, und zwar entwicklungsgeschichtlich wie strukturell. Assmann legt Wert darauf, dies nicht einfach als Umkehrung von Schmitts These zu sehen, die, sofern sie akzeptiert wird, inzwischen allgemeines Gedankengut ist, sondern als Erweiterung dieser, die mit einer Vorgeschichte ergänzt wird. (Politische Theologie zwischen Ägypten und Israel. München 1992) Diese den Komplex der Politischen Theologie fundamental verschiebende These Assmann ist meines Erachtens bislang viel zu wenig Aufmerksam geschenkt worden. An sie zu erinnern ist also notwendig und in einem Text wie dem vorliegenden, wo es (auch) um das Ringen um Begriffe geht, scheint mir der Hinweis auf sie mehr als angebracht.

Um aber zur Geschichte der identitätsstiftenden geistigen Grundlagen von Gemeinschaften, ihren Mythen, zurückzukommen. Taubes Schilderung ist erhellend, insofern die in den Brüchen die Differenzen von Boden, Blut und Geist sichtbar macht, aber geht fehl, wo sie von einer Entwicklung ausgeht. Vielmehr scheint es so zu sein, dass beide, mythische und geistige, Grundlage seit der griechischen Antike fast immer nebeneinander existieren, der einen nur jeweils ein Übergewicht zukommt, was auch für das Judentum gilt. Allerdings kann man konzessionieren, dass hier dem Geistigen über die Vorstellung der Heilsgeschichte ein größerer Zug zur Geschichte als dem in der an die Gegenwart gebundenen Polisgedanken der griechischen Gemeinschaften zukommt.

Auch in der Neuzeit kann man solche natürlichen wie geistigen Grundlagen finden. In Deutschland herrschte dabei zunächst die Verbundenheit durch Blut und Boden vor, während in Frankreich seit der Französischen Revolution diese zusehends zu einer des Kulturverständnis wurde, das sich wiederum auf die französische Revolution von 1789 stützte. Mit der geistigen Grundlage als Identitätsmythos hat man sich in Deutschland bis heute schwer getan. Signifikante Änderungen in dieser Hinsicht werden erst in der Nachkriegszeit, der zweiten Hälfte des 20. Jahrhunderts spürbar. Das geistige Identitätsband wird dabei in Bezug auf die Zeit des Nationalsozialismus geknüpft, gründet sich in einem Gegenbild zu diesem, sowohl im Falle der BRD wie der DDR. Insgesamt scheint die „Erinnerungskultur" Kern und Skelett deutscher Gegenwart seit dem Ende des II. Weltkriegs zu sein. *„Man findet den Begriff ‚Holocaust' im Grundgesetz nicht, aber das von Deutschen begangene Menschheitsverbrechen hallt in dieser Verfassung unüberhörbar nach"*, befindet Wolfgang Schäuble am 31. 1. 2019 treffend vor dem Deutschen Bundestag anlässlich des Tages des Gedenkens an die Opfer des Nationalsozialismus. Die Erinnerung an die Zeit von 1933 bis 1945 jedenfalls ist der Bezugspunkt, an welchem sich die deutsche Identität der Nachkriegszeit in Ost und West formte, unter Beigabe der Re-educationpolitik. Ob dabei die Erinnerung als konstituierende oder (auch im Konstituierenden) als verdrängende oder gar verdrängte fungierte, wie Heinrich hervorhob (und nicht zuletzt an Heidegger exemplifizierte), eine Ansicht, die er mit vielen Intellektuellen der Nachkriegszeit bis in die 1960er Jahre hinein teilte, ist in diesem Zusammenhang zweitrangig.

Insgesamt kann man grob zwei Phasen unterscheiden, die diesen Zug der Erinnerung teilen, so unterschiedlich beide sich ansonsten gegenüber stehen. Die erste Phase verläuft von 1949 bis 1968 und die zweite von 1960 bis vielleicht heute, vielleicht auch nur bis 1989/90. Kein geringerer als Christian Meier hat diesen Umstand der Identitätsfindung an der NS-Zeit eingehend beschrieben (Vierzig Jahre nach Auschwitz. München 1990) und auf die Erschütterungen hingewiesen, die diese Identitätsstiftung mit dem Beitritt der neuen Bundesländer, dem Wechsel von der Bundesrepublik Deutschland zu Deutschland als Bundesrepublik erfuhr, und die Teil der gegenwärtigen Auseinandersetzungen ist. Alternativen wie Jürgen Habermas' Verfassungspatriotismus scheinen kaum durchsetzungsfähig, heute vielleicht weniger denn je. Und auch der Gründungsmythos „1968" hat nicht gehalten, wie Peter Furth mit seinen, die Empörungswellen hochschlagen lassenden, Bemerkungen während der Bogenhausener Gespräche 1998 festgestellt hat. (abgedruckt als Verweigerte Bürgerlichkeit. In: Massendemokratie. Berlin 2015) Furth nimmt dies zum Ausgangspunkt eigener Überlegungen über die Wege, die von „1968" zu diesem „neuen" Deutschland der Wiedervereinigung führten.

Bevor sich aber das geistige Prinzip als Negativum gegenüber dem NS einrichtete war der deutsche Identitätsmythos überwiegend an die mythischen Kriterien von Blut und Boden gebunden, welche dann auch neben dem geistigen des Anti-NS weiterliefen. Man kann die Linie Blut Boden für Deutschland historisch leicht nachzeichnen, wobei sich einige interessante Verschiebungen ergeben. Dies beginnt damit, sich in Erinnerung zu rufen, dass Deutschland eigentlich eine recht junge Nation ist, was ja von Arthur Moeller van den Bruck auch politisch genutzt wurde, um es mit dem Recht der jungen Völker zu versehen (Das Recht der jungen Völker. Berlin 1932) und noch Helmut Plessner zu seiner berühmten These von Deutschland als verspätete Nation brachte (Die verspätete Nation. FfM 1985). Eine These, die von Reinhart Koselleck einer respektvollen Korrektur unterzogen wurde. (Deutschland – Eine verspätete Nation? In: Europäische Umrisse deutscher Geschichte. Heidelberg 1999 und in Zeitschichten) So ist auch die im Falle Deutschlands berüchtigte Identitätsbildung über Blut und Boden vor dem II. Weltkrieg und – was der beschriebenen geistigen nicht widerspricht, sondern nur zuzufügen wäre - auch nach diesem keineswegs so alt wie sie vorgibt. Die Rede vom „deutschen Blut" (auf „deutschen Boden") seit der Germanenzeit ist eine Erfindung des 19. Jahrhunderts.

Wie kam sie zustande? Das vorauflaufende Heilige römische Reich deutscher Nation, also das Deutschland, das sich in der Nachfolge Roms und als „heilig"

(also mit Gott direkt von einem Auftrag versehen war, was den Konflikt der deutschen Kaiser mit den römischen Päpsten erklärt und die deutschen Kaiser in die Spannung von Abhängigkeit, durch das Krönungsrecht des Papstes, verbunden mit dem Krönungsort Rom, und Unabhängigkeit, als direkt von Gott berufene Herrscher und so dem Papsttum gleichgestellte irdische Vertreter Christi auf Erden, setzte, was im Investiturstreit aufbrach)

verstand, war und konnte mit diesem Anspruch gar keine auf Blut und Boden gegründete einheitliche Nation sein, sondern umfasste zahlreiche Volksstämme. Zur Blut und Boden Ideologie kam es im Grunde erst als in den 1840er Jahre sich eine nationale Welle, die sich im 18. Jahrhundert langsam anzustauen begonnen hatte, erhob und die in einer seltsamen Mischung von Realität und Fiktion auf die nationale Einigung und Einheitlichkeit eines deutschen Volksstammes, eines deutschen Volkes drängte. Bis zur Mitte des 19. Jahrhunderts jedenfalls zerfiel das als Deutschland zu bezeichnende Territorium in zahlreiche souveräne Einzelstaaten, was bis heute seine Spuren im Förderalismus hinterlassen hat. Auch das „Staatsoberhaupt", der Kaiser, war, nach der Loslösung von der Segnung des Papstes seit 1338/56 reichsgrundgesetzlich festgelegt (Goldene Bulle), von der Wahl durch die Kurfürsten abhängig. Schon seine Gestalt als Staatsoberhaupt war durch die zunehmende Abschwächung der Zentralgewalt, zu der das Schisma von Katholizismus und Protestantismus das seinige beitrug, fragwürdig und seit 1806 als Kaiser Franz der II. als Kaiser zurücktrat im Grunde aufgegeben. Als der preußische König sich 1871 als Deutscher Kaiser titulieren ließ, war dies „nur" eine symbolische Geste, die in ihrer

Anknüpfung an den Romgedanken aber ebenfalls einiges ahnen ließ. Denn auch wenn es zu jenen Zeitpunkten nicht manifest gedacht war, so waren das Potential, das dem Begriff Kaiser steckte doch bereit in der einen oder anderen Form wieder hervorzutreten. Auch der Begriff Volk wäre daraufhin noch einmal zu betrachten und seine skandierende Anrufung im Zuge der Auflösung der DDR lässt auf dieser Grundlage einiges des Kommenden erahnen.

All das ist bekannt. Dieses Vakuum einer deutschen Nation versuchte nun die nationale Welle zu füllen. (Welch signifikante Rolle ein Vakuums in der Historie zu spielen vermag macht Ernst Nolte am Aufkommen des Faschismus und NS deutlich, der ebenfalls solch ein Vakuum füllte. Siehe Der Faschismus in seiner Epoche. (München 1984). Ein Befund, der wichtig ist, insofern auch heute ein (Wert-)Vakuum vorliegen könnte, das von unterschiedlichen Strömungen zu füllen versucht wird.) Dabei wiederum wollte Preußen als mächtigstes Staatsgebiet eine führende Rolle spielen und bemühte sich daher, sich an die Spitze der sich erhebenden neuen nationalen Bewegung zu setzten. Ein Versuch, der in der Reichgründung durch Bismark wenige Jahrzehnte später mit der Proklamation des preußischen Königs zum Deutschen Kaiser (1871) zum Abschluss kam und die preußische Geschichte in die deutsche übergehen ließ.

Im Grunde orientiert sich die erste nationale deutsche Staatsform von den „Freiheitskriegen" bis zur „Staatsgründung" infolge des Deutsch-Französischen Krieges von 1870/71 an einem Feindbild. Auch hier findet sich also bevor es zu Blut und Boden als Identitätsmerkmale kommt ein geistiger Mythos. Aber, und das macht es interessant, dieser geistige Mythos des Feindbildes findet sein Fundament einem mythischen von Blut und dem Boden. Als die Einigungsbestrebung in den sogenannten Befreiungskriegen an die Oberfläche traten und Frankreich als Feindbild zur Eigenbestimmung nutzten geschah dies zunächst auch unter Berufung auf ein Geistiges ließen aber zusehends ein Naturales einfließen und die Oberhand gewinnen. Man kann das an einen der führenden Köpfe jener Zeit sehen. Die patriotischen Lieder Ernst Moritz Arndts sind geprägt von Widerstand gegen die napoleonische Herrschaft und der Parteinahme für *„die nationale Sache der Deutschen"*. Arndt veröffentlichte 1813 seine Lieder für die Teutschen, worunter auch das Gedicht Des Teutschen Vaterland sich befand, dessen sechs erste Strophen jeweils mit dem Vers beginnen *„Was ist des Teutschen Vaterland?"* und in Schlussversen der beiden letzten Strophen eine Antwort finden: *„Das ganze Teutschland soll es sein"*. Hier bereitet sich bereits die Berufung auf den Boden, das jus soli vor.

Aber was war dieses Deutschland, das sich gegen Frankreich behaupten sollte, überhaupt? Was konnte man darunter verstehen, was war seine Identität? In Falle von Frankreich oder England war die Identität klar und ergab sich aus deren Nationalgeschichte. Eine solche gab es in bzw. für Deutschland aber nicht. Über seine Größe hatte Arndt, an den Romgedanken anknüpfend, keinen Zweifel gelassen: *„So weit die deutsche Zunge klingt / und Gott im Himmel Lieder singt / das soll es sein! /*

das, wackrer Deutscher, nenne dein!" Schon hier lässt sich das *„und morgen die ganze Welt"* oder das *„über alles"* erahnen. Vor allem aber findet hier eine Verbindung zwischen geistigen und naturalen Mythos statt. Denn neben dem Boden wird hier die „deutsche Zunge", also die deutsche Sprache als Identitätskriterium herangezogen. Koselleck bemerkt dazu: *„Die Entdeckung der Sprachnationen durch Herder war … noch ein vorpolitischer Akt. Die Erfindung des deutschen Sprachvolkes durch die intellektuellen Widerstandskämpfer gegen die napoleonische Fremdherrschaft war bereits ein politischer Akt. Mangels verfassungspolitischer Einheit wurde die deutsche Sprache als solche zum Medium der Selbstbestimmung und damit zugleich - so bei Arndt, Fichte oder Jahn - zum scheinbar vorpolitischen, deshalb ewig währenden Abgrenzungskriterium gegen die französischen Feinde."* (Feindbegriffe. In: Begriffsgeschichte. S. 281)

Aber im Kontext der Zeitmentalität ist dies nur grob, was feiner auch andere Nationen anstrebten. Und gerade Frankreich war es in der neuen Geschichte gewesen, die dies forciert eingeführt hatte. Die Sprachpolitik der Revolutionäre machte das Französisch sprechen zum Identitätskriterium der Nation und zum Erfolgskriterium, um die Gesetze der Freiheit und Gleichheit und Brüderlichkeit durchzuführen und abzusichern. So war für Frankreich die französische (Sprach-)Kultur das entscheidende der nationalen Identität geworden, so dass man in die Nation, auch das ist zu sehen, das einbeziehen könnte, was in diese gar nicht hinein wollte, ein entscheidender Zug des Kolonialwesens.

Für Deutschland gab es solche Identität aber erst einmal nicht. An genau an dieser Stelle treten nun Blut und Boden, aber auch Kultur in Erscheinung. Zum Volk der Dichter und Denker macht Friedrich Meinecke die Deutschen als er Deutschland als Kulturnation bezeichnet (man sieht wie virulent solche Einordnungen sind bis heute, wenn man an die Dispute um Begriffe wie „Leitkultur" oder „Einwanderungsland" denkt.), die sich natürlich sofort im Agon mit der Kultur des Erzfeindes Frankreich zu messen hatte, auch weil aufgrund der Nichtnationalität ein Rückgriff auf die Geschichte schwer möglich war, auch wenn er unentwegt versucht wurde. So kreuzen sich im Falle der Nibelungen Historie und Dichtung. (Ketzerisch könnte man fragen, ob nicht die spätere Erinnerungskultur der Nachkriegszeit nicht ebenfalls einer solchen Suche nach Geschichte, nur jetzt als Negativum, einzuordnen wäre.) Aber viel gewichtiger war, wie Ernst Moritz Arndt oder Leute wie Johann Gottlieb Fichte, Friedrich Ludwig Jahn und Jakob Friedrich Fries die Identität einer deutschen Nation ansetzten, nämlich im Blut. Auch sie griffen auf eine bruchlose Geschichte, die es nicht gab zurück, und vereinnahmten die Germanen als Deutsche, auch sie predigten den Erbfeind Frankreich als Differenzmerkmal, sogar in besonderer Weise, aber sie gingen noch darüber hinaus. Sie sahen und markierten nicht nur nach Außen Differenzen, sondern ebenso nach Innen. Keineswegs sollte die „deutsche Zunge" Kriterium deutscher Identität sein. Explizit sollten darum z.B. die Juden damit vom Deutschtum ausgeschlossen werden. Nicht nur das Geistige wurde bei ihnen daher in

125

die zweite Rehe gestellt, auch der Boden als Geburtsort musste zurücktreten. Und das ist der Punkt, nicht mehr der Boden, wie in den zahlreichen deutschen Einzelländern bis dahin gültig – man kennt die Geschichten über die Schwierigkeiten den fürstlichen Herrschaftsbereich in den man hineingeboren war zu verlassen, sei es aus den Biographien berühmter Zeitgenossen, sei es aus dem Bereich der Auswanderungsbewegungen (siehe dazu Rolf Böttcher. Auf den Weg nach Amerika) -, sondern das Blut sollte die deutsche Nation als einheitliche begründen und Merkmal des Volkes sein. Deutschland wurde, auch in Absetzung von den fürstlichen Territorien wie vom Gegenpart Frankreich, als Blutnation verstanden. In diesem Sinne stellte sich daher auch Preußen an die Spitze der Nationalbewegung als König Friedrich Wilhelm IV. 1842 das „Gesetz über die Erwerbung und den Verlust der Eigenschaft als preußischer Untertan sowie über den Eintritt in fremde Dienste" unterschrieb. Darin wurde festgehalten, dass nicht mehr „*der Wohnsitz innerhalb unserer Staaten*" (jus soli), sondern die deutsche Abstammung, also das Blut (jus sanguinis), über die Mitgliedschaft, die Staatsangehörigkeit entscheiden sollte. (Siehe Wolfgang Wippermann / Andreas Dietl / Jochen Baumann. Blut oder Boden. Doppelpass, Staatsbürgerrecht und Nationsverständnis. Berlin 1999)

Da geht es um einiges. Das ist, wie auch in heutigen Zeiten sich an zahlreichen Stellen immer wieder zeigt, nicht wenig. Denn die Zugehörigkeit zu einem Staatswesen bringt Rechte und Schutz mit sich, ohne die das Individuum den politischen Eingriffen recht- und schutzlos ausgeliefert ist. Die Position der Staatenlosigkeit ist sehr ähnlich der des Unmenschen. Auch hier lieferte die Zeit den Nationalsozialismus wohl das extremste und intensivste Beispiel, wie die Fluchtschicksale zahlreicher Emigranten in dieser Zeit zeigen, aber auch die Schicksale der Displaced persons der Nachkriegszeit. (Siehe dazu u.a. Juliane Wetzel & Angelika Königseder. Lebensmut im Wartesaal. Die jüdischen DPs (Displaced Persons) im Nachkriegsdeutschland. FfM 1994; Hannah Levinsky-Koevary. Auf der Suche nach einem neuen Zuhause. Nachkriegsauswanderung von jüdischen ‚Displaced persons" in die USA. In: Karin Schulz (Hrsg.). Hoffnung Amerika. Bremerhaven 1994; Arno Armgort. Bremen Bremerhaven New York 1683 - 1960. Geschichte der Auswanderung über die Bremischen Häfen. Bremen 1991. Zur Analogie mit dem Redemptionsystem der Auswanderung siehe Rolf Böttcher. Auf dem Weg nach Amerika. Bremerhaven 1997) Menschen sans papiers. Noch in den 1980er Jahren zog während einer Vorlesung Jacob Taubes seinen US-amerikanischen Pass aus der Tasche und zeigte ihn stolz. Den Schrecken einer Weltgemeinschaft, die keine Fluchtraum mehr kennen würde, entsprechen auf der anderen Seite die Schrecken der Staatenlosigkeit, die nur noch den Fluchtraum kennt. In beiden ist das Individuum schutzlos allen Zugriffen ausgeliefert.

In Blutrecht, das von den Bestrebungen Arndts und Preußens auf den Weg gebrachte wurde, wurde dann im Kaiserreiches mit dem 1913 erlassenen „Reichs- und Staatsangehörigkeitsrecht" beibehalten und galt auch noch in der Weimarer Republik und sowieso im Dritten Reich. Aber auch nach dem Ende des Dritten Reiches ist die Frage der Staatszugehörigkeit brisant und ein Problem mit dem das Grundgesetz der BRD, auch wenn das Moment des geistigen Mythos, wie oben beschrieben, wieder gestärkt wurde, zu kämpfen hat. Seine diesbezüglichen Artikel (Art. 16,1 und Art. 116) sind weit gefasst und ermöglichen die Aufnahme von Flüchtlingen ebenso wie sie potentiell einen Anspruch auf weite Gebiete der deutschen Staatsgrenzen belegen könnten. Letztendlich lässt sich auch dies auf ein geltendes Blutsrecht zurückführen. Die Ambivalenz, die dadurch geschaffen wird, ist eine Sprengmine der gesamten Migrationsproblematik, die heute zu explodieren scheint und deren Leidtragende primär die politischen Flüchtlinge sind. Sicher, das Ausländergesetz von 1993 schränkte den jus sanguinis Grundsatz ein, was auch, das sollte man nicht übersehen, aus der zu jener Zeit stattfindenden Einwanderung deutschstämmiger Menschen aus Osteuropa sich ergab, die damit gerade eingedämmt wurde. Die deutschsprachige Taufe (!) oder eine Bescheinigung, dass die Familie einst für Deutschland gekämpft hatte oder zumindest für „eindeutschungsfähig" gehalten wurde, reichte nun nicht mehr aus. Auch hier die Zweischneidigkeit. Auf der anderer Seite steht, dass BRD und DDR nach Israel dermaßen große Mengen an Menschen aufnahmen und eine Heimat gaben, wie dies bis dahin wohl noch nie in der Geschichte passierte. (Allerdings müsste man einmal den Blick auf die Zeit der Völkerwanderung oder der Einwanderungen in der griechischen Antike zu einer genaueren Einschätzung des prozentualen Anteiles bemühen, was hier aber unterlassen wird.) In den ersten 20 Jahres ihres Bestehens lag der Einwanderungsanteil der BRD bei 20 % der Gesamtbevölkerung. Eine Einwanderung bei der die Integration nicht problemlos, aber am Ende doch erfolgreich vonstatten ging. Wenn dies seit den 1960er Jahren zusehends anders geworden ist, ist zu fragen warum. Auch hier liegen Gründe nah, die der political correctness zwar Tabu sind, aber angesprochen werden sollten. Auch die Integrationsfähigkeit könnte sich als Mythos erweisen, in den USA kaum weniger als in der BRD. Auch die Migrationsfrage kennt keine Wahrheit und erfordert in verschiedenen Sphären verschiedene Antworten, so vornehmlich in der humanen, der politischen und der geschichtlich-religiösen, was sich dann weiter aufsplittert und umso komplizierter ist, als die Antworten keineswegs harmonisch zusammenklingen. Auch dies macht heutige Verständigungen so schwer. Um aber zum Ende zu kommen, auch wenn das Blutrecht eingeschränkt wurde und Deutschland sich zu dem bekannte, was es immer schon war, Einwanderungsland zu sein, mit allen Problematiken, die daran hängen, so ist es, das Blutsrecht, damit doch keineswegs abgetan (dessen Preisung man ebenso wie dessen Verteuflung vermeiden sollte). Kein geringerer als Wolfgang Schäuble äußerte sich im Bundestag, ohne dass ihm widersprochen wurde, wie folgt: *„Wir schöpfen unsere Identität nicht aus dem Bekenntnis zu einer Idee, sondern aus der Zugehörigkeit zu einem bestimmten Volk."* (Zitiert nach Wippermann, Baumann, Dietl, S. 8) Das ist Klartext.

Doch die oben erwähnten Zerfallserscheinungen der Identitätsmythen der Nationen sind nur ein spezifischer, nationaler (deutscher) Zug des allgemeinen Identitätsverfalls von Demokratie. Allgemein sind auch andere zu nennen. Deutschland ist dabei aber zum Paradigma des Identitätsdilemmas der demokratischen Einwanderungsländer geworden, die nicht nur mehr und mehr zu gespaltenen Nationen werden, sondern zu vielfach zersplitterten, wobei die mentale Prägung einer neoliberalistisch-kapitalistischen Moderne noch und immer weiter beiträgt. Der Verfall der westlichen Demokratien - dem die Berufungen auf ein Europa wie verzweifelte Zauberpapyri klingen müssen - nach dem Ende des zusammenschweißenden Feindbildes des Ostblocks zeigt nur zu deutlich, dass ohne ein Identitätsverständnis Demokratie sich schwer, vielleicht gar nicht halten lässt. Zeigt, dass jede politische Gemeinschaft, um als Gemeinschaft zu empfinden und zu agieren, eines Zusammenhalts braucht, der über alle gesellschaftlichen Differenzen hinweg reicht. Dieses Spannungsverhältnis von Identität, Demokratie und Parlamentarismus berühren schon die Aufsätze von Carl Schmitt. Der Gegensatz von Parlamentarismus und moderner Massendemokratie (1926) und Der Begriff der modernen Demokratie in seinem Verhältnis zum Staatsbegriff (1924), beide wieder abgedruckt in „Positionen und Begriffe". Hamburg, 1940. In einer sich als globalisiert verstehenden Welt kann solches Identitätsverständnis nur aus dem Geist kommen. Dieser jedoch ist schwer festzumachen und unterliegt einer dauerhaften Gefährdung. Auch Europa, das weder auf Blut, noch auf Boden, was seine Erweiterungen unmöglich machen würde, sondern auf Geist gegründet ist, kommt zusehends da in Schwierigkeiten, wo dieser Geist zum Gespenst wird. In Deutschland kommt, wie beschrieben, dabei noch der zunehmende Wegfall der Auschwitzerinnerung hinzu, die ein Grundmuster für die Identität der BRD darstellte.

Ein Wegfall dem, nebenbei gesagt, eine zunehmende erstarrende Re-education Medienkampagne eher zuarbeitet als entgegensteht, sich sogar eher als Beschwörung denn als Bannung erweist. Die andauernde Präsens Hitlers und des NS in den Medien lässt diese eher präsent werden, als dass es entlarvte. Dies liegt daran, dass vergessen wird, dass jede noch so gut gemeinte und auch gute vernunftmäßige Argumentation nichts gegen den Sog einer Faszination (zur Rolle der Faszination siehe Notizen im zweiten Text) auszurichten vermag, oder kaum etwas. Sie scheint, und dies vergessen solche Versuche ständig, das Diktum des Nationalsozialismus sogar eher unentwegt zu bestätigen, nämlich „große Politik" gemacht zu haben. Kann man sich einen Bundeskanzler oder gar Bundeskanzlerin vorstellen mit derartiger Medienpräsens nach Jahrzehnten seines bzw. ihres Wirkens? All diese Versuche lassen in ihrer Summe die Demokratie dagegen als „kleine Politik" erscheinen (die sie vielleicht ist und sein will) und ignorieren den Faszinationscharakter der „großen". Und genau das ist die große Gefahr. Wenn die Erinnerungskultur nicht mehr schützt, wie Wolfgang Schäuble in seiner Rede im Deutschen Bundestag am 27. 1. 2021 bitter eingestand, dann muss etwas an dieser falsch geworden sein und es muss erlaubt sein tabulos zu fragen: Was? Auch und gerade um den Schutz wieder zu erlangen, mögen die Antworten nun gefallen oder nicht. Ja, es ist sogar geboten, anstatt ungebrochen das wehrlos gewordene fortzusetzen und damit Wehrlosigkeit und Gefahr zuzuarbeiten. Das mehr als richtige, und der Autor legt wert auf die Feststellung dieser Richtigkeit, „Dies darf nie vergessen werden!" ist zu einem dogmatischen Mantra erstarrt, das sich selbst gefährdet, und im besten Fall, der schon kein guter mehr ist, in Beliebigkeit zu setzen droht, oder dem, was nie vergessen werden darf ein Nachleben beschert, das es nicht haben dürfte. Auch hier ist die historische Dialektik von Erinnerung und Vergessen ein ständiges Austaxieren, dem schwer zu genügen ist. Und auch hier mag der Bündnisgedanke, der die Wahrheit ja nicht aufgibt, ein weiter tragender sein, als der Wahrheitsanspruch, der am Ende um sich selbst kreist. (Zum Verhältnis von Erinnerung und Vergessen in der Geschichte siehe auch Christian Meier. Das Gebot zu vergessen und die Unabweisbarkeit des Erinnerns. München 2010.) Auch liegt im fixierten Rückblick ein Ausweichen einer anstehenden Analyse jüngerer Vergangenheit, die auf die Gegenwart gewirkt hat, vor. Wenn bis heute der Geschichtsunterricht an den Schulen verhältnismäßig wenig auf die Zeit nach 1945 Bezug nimmt, dann spricht das für sich.

Dass auch Heinrich die Frage der Identitätsstiftung und Mentalität zur Zeit des Verfalls der Nationen immer wieder überdachte, zeigt seine Beschäftigung mit den in dieser Richtung laufenden Wirkungen des Nibelungenliedes. Einiges davon ist in den Gesprächen, die er mit Heiner Müller führte festgehalten und von Stefan Schnabel und Günther Heerg unter dem gelungenen Titel Kinder der Nibelungen (FfM 2007) veröffentlicht worden. Diese sehen als *„Pointe von Klaus Heinrichs Ausführungen ... dass mit dem Niedergang der Nationen und nationalen Mythen die Vorherrschaft der Toten über die Lebenden nicht automatisch zum Einsturz gekommen ist".* Auch im Falle der Nibelungen pulsiert die Wirkmächtigkeit des Vergangenen unentwegt weiter (s.o.). Aber wären nicht auch die Nibelungen zum Bündnis einzufangen, im Kampf um die Begriffe und Mythen zum Bündnis zu bewegen, um sie nicht erneut in einem Stalingrad enden zu lassen? Spielen nicht auch sie im Spiel von Treue und Verrat, nur falsch? Wie wäre der erste Rechtsintellektuelle der deutschen Geschichte, Hagen, in seiner Treue vom Verrat abzuhalten? Das wäre die Frage.

Um aber zur Identitätsstiftung im eigentlichen Sinne zurückzukommen. Da Blut und Boden heute völlig abgetan sind, zu Recht und nur von mehr als bedenklichen Tendenzen beschworen werden, Religion als geistiges Prinzip zwar wieder aufflackert, in der Geschichte sich aber als Zündstoff sondergleichen erwiesen hat, wird die sokratische Frage nach einem verbindlichen Geistprinzip heute mehr als dringlich, um einen Sturz in die Leere zu vermeiden. Auch hier wäre vielleicht ein erster Schritt zu fragen, wie es zu dieser Situation kam. Die These, die ich aufstellen möchte, ist, den Neoliberalismus als Katechon einer Neufindung eines geistigen Identitätsprinzip politischer Gemeinschaft auszumachen und als eigentlichen Totengräber aller freiheitlichen Demokratievorstellung zu verstehen, wobei das Grab nicht nur schon ausgehoben, sondern auch zu weiten Teilen wieder mit begrabender Erde gefüllt ist und die Steinmetze der Dystopien von Diktaturen, ja „sublimer totaler Herrschaft" anrücken lässt. Alle anderen Gefahren kommen von außen, diese jedoch zersetzt von innen und macht sie daher umso bedrohlicher. Die Zurichtung der Gesellschaft als „sublime totale Herrschaft" ist heute eine, wie sie sich als Katastrophengefahr kaum größer vorstellen lässt. Einher geht das mit der Ausarbeitung von technologischen Kontroll- und Überwachungsmentalitäten, die ganz konkret den Kartenzahler an der Kasse im Supermarkt zum größeren Gefährder werden lassen als den Querdenker oder Terroristen, nur dass es dabei nicht um das „Das", sondern um das „Wie" geht. (Hier spielt auch der schon oben und auch später im Text (III) behandelte „Normalitätsgedanke eine Rolle.) Die Auflösung und Ablösung von Demokratie hat selten von außen stattgefunden, umso häufiger aber wurde sie von innen heraus betrieben.

Zwar lassen sich warnende Stimmen vernehmen, aber entweder bleiben sie Rufer in der Wüste oder werden traditionell als irrationale gebrandmarkt oder ins System eingebunden und leider auch von zu vielen vernunftlosen begleitet. Hingewiesen sei auf Ansätze wie die Postwachstumsökonomie als Gegenentwurf zum (Neo-)Liberalismus als Produktions- und Konsumsystem, wie ihn z.B. Niko Paech in zahlreichen z. T. im Internet wiederzufindenden Vorträgen und Gesprächen sowie in Befreiung vom Überfluss. Auf dem Weg in die Postwachstumsökonomie (München 2014) vertritt. Zur Gefährdung der Bargeldabschaffung siehe u.a. Norbert Häring. Die Abschaffung des Bargelds und die Folgen (Köln 2016). Zur Historie der digitalen Kontrolle und Selbstkontrolle siehe das sehr gute Buch von Andreas Bernard. Komplizen des Erkennungsdienstes. Das Selbst in der digitalen Kultur (FfM 2017). Zudem neben vielen anderen das Buch vom ebenfalls im Internet stark vertretenen Harald Welzer Die smarte Diktatur. Der Angriff auf unsere Freiheit (FfM 2016) und natürlich auf die Berichte Edward Snowdens, als Insider des Übergangs *„von der gezielten Überwachung einzelner Personen zur Massenüberwachung ganzer Bevölkerungen."* (Permanent record. Meine Geschichte. FfM 2019)

Bei Snowden ist auch hochinteressant wie er die Entwicklung den Internets sieht, als ein Wandel von einem freien, verbindenden Instrument, einem Bündnismittel, zu einem beherrschten und beherrschenden, als welches es in die von Jacques Ellul untersuchten, mythenschaffenden Indoktrinationsmittel einmündet. Dies berührt den Punkt, der bereits indirekt angesprochen wurde, dass die Unterdrückungs- und Beherrschungsvorgänge in der Moderne zu großen Teilen von den Unterdrückten und Beherrschten selbst durchgeführt werden und als – dies wird im Text mit der Bandenmentalität ebenfalls nochmals Erwähnung finden – Normalität und mehr verstanden und vehement bejaht werden. Auch Snowden hatte sich zunächst in diesem Sinne gesehen. *„Ich war nur einer von vielen jungen Technikern, der dabei mithelfen wollte, das aufzubauen, was ich für eine bessere Welt hielt."* Gerade das Alltagsverhalten scheint es heute zu sein, welches zum wichtigen Erhaltungsteil des

auch für den Anti-Judaismus, die Geschichtsphilosophien der Neuzeit und die Ideologien der Moderne. Wieder ist seine Begrifflichkeit hoch ambivalent und gleichfalls seine Folgen.

Systems geworden ist, was es vielleicht immer war. Neu aber ist sicherlich dessen Formierung und dessen Kontrolle als Zusammenspiel von Fremd- und Selbstkontrolle. Musste es einst immerhin zu weiten Teilen bedient werden, so wird es heute durch und durch geformt, wobei das Perfide darin besteht, diese Formung als Selbstformung, Selbstbestimmung, Selbstverwirklichung zu verkaufen. Ihren Rand erreicht solches im Modebegriff der Selbstoptimierung. Die Ansatzfrage wäre: Optimierung wozu? Bei Snowden lässt sich aber auch sehen wie tief die Formatierungen in jedem, vielleicht auch als Notwendigkeit, schon angelegt sind. Denn nach Snowdens Enthüllungen ging das Leben in den Gesellschaften im Grunde in einem schlechten hos me bruchlos weiter. Auch das ein Beweis für Elluls These der erhöhten Wirkung bei Nichtfühlbarkeit. Das Gegenbeispiel dazu wäre der Bruch der Medienglaubwürdigkeit. Dazu weiter unten.

Um aber nochmals zurückzuspringen. Ausgerechnet die USA scheinen unter den Einwanderungsländern derzeit die Nation zu sein, in der eher eine durch die soziale Frage vorangetriebene Spaltung besteht als eine Zersplitterung, da hier der Gründungs- oder Ursprungsmythos, wie Klaus Heinrich wohl sagen würde, des Landes der Freiheit und unbegrenzten Möglichkeiten noch wirkt und beide Seiten sich auf ihn berufen. Allen Analysten zufolge wird zwar auch dieses Land in Zukunft eines ohne Mehrheit und eines vieler Minderheiten sein, dennoch scheinen diese in radikalster Trennung doch durch das Band dieses Mythos verbunden. Wie gespalten das Land dennoch ist, zeigt wohl kaum etwas besser als die Zahl an Wählerstimmen, die Donald Trump bei der Präsidentenwahl 2020 bekam. Es waren 10 Millionen Stimmen mehr als bei seiner ersten Wahl und es war das beste Ergebnis aller Präsidentenwahlen überhaupt, mit Ausnahme des Ergebnisses von Joe Biden in seiner Rolle als Anti-Trump. Auch kommt hier natürlich der Status des Imperiums ins Spiel, der eine andere Politik als die der Nationen hervorbringt. (Zum Unterschied von Imperium und Nation siehe Herfried Münkler. Imperien. Reinbek 2008) Was andere Einwanderungsländer wie Frankreich oder Großbritannien betrifft, so scheinen diese eine Zwischenposition einzunehmen. Auch sie unterliegen der Tendenz der Zersplitterung, aber ihre Identitätsmythen halten noch etwas mehr als die deutschen, möglicherweise weil hier die Identitäten überwiegend seit längerem nicht auf den Komponenten jus sanguinis und jus soli, sondern dem jus spiritus beruht haben. Die relativ neuen geistigen deutschen Identitätsmythen der Nachkriegszeit, wie Abstoßung vom NS, Wiederaufbau, 1968, sind dagegen weitgehend aufgebraucht, ohne das neue wirklich absehbar wären. Aber ein neuer Sokrates, ein neuer Johannes sind nicht in Sicht. Die Frage dieser Problematik: „Und gegenwärtig?" bleibt also.

131

Die Differenz zwischen einem Herrschergott, der sich als *„Ich bin wer ich bin"* („ego eimi") definiert, und einem allen offenen Geist könnte kaum größer gedacht werden. Die Teilhabe an der Gemeinde oder einer Gemeinschaft kann jetzt über einen Geist, eine Idee etc. erfolgen, und ermöglicht jedem sich dieser Idee anzuschließen und sich und die Welt in deren Sinne zu verstehen. Dies gilt für die christlichen Gemeinden nicht weniger als für politische Bewegungen.[142] Jedoch trägt, wie gesagt, diese zugleich auch den Antijudaismus, das Phänomen des Ausschlusses allgemein, in sich und weiter, sofern eine innerlich bleibende spirituelle Befreiung,[143] die der Frage nach „emeth", der Frage nach der Wahrheit der Welt und ihres Geschehens, weil sie sie bereits zu haben glaubt[144], nicht mehr nachgeht, genau diese Wahrheit als Frage blockiert und sich selbst nicht mehr hinterfragt. Und, in der Folge davon, alle jenseits der

---

[142] Zu bemerken wäre vielleicht, dass dies nicht nur für Sozialbewegungen oder demokratische und andere progressive gilt, sondern sich bei entgegengesetzten ebenso finden ließe. Zu fragen wäre aber auch, ob dies wirklich so neu ist. Wieder liegt die Antwort in einem Ja und Nein. Denn auch die Antike mit den griechischen, insbesondere den demokratischen Poleis, aber auch mit Rom kennt solche zumindest teilweise geistigen Zusammenschlüsse. Siehe dazu vorlaufende Fußnote.

[143] Allgemein war für das Judentum die Erlösung immer ein Vorgang, der in der Öffentlichkeit sich vollziehen sollte, Heilsgeschichte war weltliche Israelgeschichte. Dem Christentum dagegen wurde Erlösung mit dem Ausbleiben der Naherwartung weithin zu einem Ereignis des Inneren, der Seele des Einzelnen, die im Jenseits sich verwirklichte und dem nichts in der äußeren Welt entsprechen musste. Das Verständnis der messianischen Idee ist im Judentum also eines, das dem des christlichen diametral entgegengesetzt ist. Allerdings keine Regel ohne Bruch und diesen hat Gershom Scholem in seinem Buch über „Sabbatai Zwi. Der mystische Messias" (FfM 1992) festgehalten. Denn den zuvor ausgeschlossenen Weg nimmt die in die Häresie abgedrängte Gruppe um Sabbatei Zwi im 17. Jahrhundert auf. Mit ihrer Verinnerlichung der Messiasidee wird diese auch ins Judentum eingeführt und erschüttert das Fundament des rabbinischen Judentums gewaltig.

[144] Auch dies ist nur möglich, weil hier die Wahrheit eine personifizierte feststehende ist und keine wandelbare des Bündnisses.

Wahrheit solchen Geistes Stehenden diskussionslos und unwiderruflich in die Unwahrheit verbannt und verdammt, religiös wie politisch.[145]

Also, Mystik[146] und Anti-Judaismus sowie soziale, gemeinschaftbildende politische Revolution u.a. sind im Geistbegriff des Johannes-Evangeliums gleichermaßen aufzufinden.[147] Die *„personale(n) Struktur des* logos", so

---

[145] Siehe Kosellecks Feindbegriff in Fußnotenexkurs 2.

[146] Hier deutet sich die von Heinrich im zweiten Text behandelte Sphäre an.

[147] *Fußnotenexkurs 13*: Ausgerechnet Martin Heidegger weist auf den Geist als gemeinsame Ursprungsquelle von Christentum und Sozialbewegung, konkret den Kommunismus, hin, und zwar in einer fulminanten Variante, mit der er gleich Christentum und Kommunismus zusammen eine Abfuhr erteilt und einen ganz anderen, eigenen Ansatz entgegen hält, wenn er schreibt: *„Deshalb wird der »Kampf« der christlichen Kirchen z.B. gegen den Bolschewismus nichts ausrichten, weil sie das Geistwesen desselben nicht zu erkennen vermögen, da sie selbst einem »Geistigen« dienstbar sind, das dem Christentum wesenhaft und endgültig verwehrt, jemals diesem »Weltfeind Bolschewismus« eine ihn von Grund aus entwurzelnde, durchaus wesensverschiedene Stätte des entscheidenden Fragens entgegenzugründen ... Nicht die Flucht vor dem Wesensgehalt der politischen Wirklichkeit in das »Geistige«, sondern das Durchdenken des Politischen in den Grund seines unbeschränkten Machtwesens gelangt in die Bereiche, von denen aus der »Geist« als eine Herrschaftsform der Metaphysik mit dieser selbst überwindlich wird."* (Die Geschichte des Seyns. In Gesamtausgabe Bd.69, 1998, S. 205 f.)

Und ausgerechnet Martin Heidegger und ausgerechnet in diesem, in den Jahren 1939/40, also unmittelbar im Anschluss an den gerade ausgebrochenen Weltkrieg, entstandenen Entwurf (Koinon. Aus der Geschichte des Seyns), in dem versucht wird *„die geschichtliche Wirklichkeit der metaphysisch verfaßten Neuzeit seynsgeschichtlich zu deuten"* (Peter Trawny. Nachwort des Herausgebers, S. 228), macht sich Gedanken über das Verhältnis von Macht und Machenschaften, das er aber nicht am Nationalsozialismus exemplifiziert, sondern am Kommunismus.

Auch hier die Ambivalenz, denn ist dies für jemand zu jener Zeit unter dem Nationalsozialismus lebenden nicht vielleicht doch ein Weg der Kritik an diesem, hatte der NS doch gerade im Bündnis mit dem Kommunismus Polen überfallen? Oder ist es, da nach dem Judentum der Kommunismus sicherlich der Hauptangriffspunkt für den NS war, nicht doch eine Anbiederung an diesen? Wenn Peter Trawny in seiner Funktion als Herausgeber anmerkt, „Kommunismus" dürfe hier keineswegs konkret als Ideologie verstanden werden, sondern als *„Fügung des*

Heinrich, müsste in eine „logos-*Struktur der Person*"
umgedreht werden,[148] um sich von dieser Verkettung, von
Personenkult und Fundamentalismus loszureißen. Mit
anderen Worten, der Bezug auf die eine Wahrheit müsste
ersetzt werden durch das Denken und Bedenken von dem,
was wahr sein könnte, und zwar in dauerndem Wechsel.[149] Es
ist, so würde der hier Schreibende es verstehen wollen, die
von der Heidegger Schülerin Hannah Arendt gepredigte
Aufforderung an den Menschen selbst zu denken, anstatt sich
Vorgaben hinzugeben.[150]

VIII

Aber noch mehr verbindet sich mit dem Geistbegriff. Das
Johannes-Evangelium legt für diesen ein Instrumentarium
vor, und zwar eines, das wieder durch Wegnahme zustande
kommt. Der prophetische Geistwind, die Windsbraut „ruah"
des Schöpfungsberichtes des AT, wird herangezogen und als
neuer Anfang ins Innere der (dadurch jetzt
christuszugehörigen) Person gepflanzt. Dies ist die Pforte
durch die, wie oben angesprochen, jeder an den neuen Gott
Glaubende in dessen Nähe zu treten vermag.[151] Allerdings

Seienden im Ganzen, die am Ende der Geschichte der Metaphysik in Erscheinung tritt",
vermag ich dem, entgegen auch Heideggers eigener Behauptung, nicht zu folgen.
[148] Heinrich S. 38
[149] Ob Heinrich bewusst war, dass er sich damit auch in eine Nähe von Heidegger
begibt, lässt sich weder nachweisen noch abweisen. War er es, so hätte er wohl
vehement auf die Differenzen darin bestanden.
[150] Die angesprochene Ambivalenz macht klar, so lobens- und erstrebenswert dieser
Ansatz ist, und auch der Autor stellt sich uneingeschränkt hinter ihn, so ist er doch
nicht alles. Er muss sich, ganz der Moderne entsprechend, unentwegt selbst befragen,
sowohl nach seinen eigenen Voraussetzungen, wie auf seine Ergebnisse und deren
Anschlüsse hin. Denken ist immer auch sokratische Demut.
[151] Einigen Sekten nach sogar diesem gleich werden, was die Kirche selbstredend
keinesfalls dulden konnte, wie die Probleme mit den Korinthern und der Gnosis früh

führt auch hier der Weg zu Christus nur über Christus, konkret über das Sakrament der Taufe.

Nun wird auch klar, was damit gemeint war, wenn Johannes der Täufer sagte, er taufe mit Wasser, der nach ihm kommende Jesus aber mit Geist. Die Neugeburt des Geistigen erfolgt nicht mehr aus dem (fleischlichen) Mutterleib, sondern geschieht aus dem Geist heraus. Blut und Boden als Matrix sind abgetan zugunsten des Geistes. Der Geist Gottes, die „ruah elohim", wird zum von allen erreichbaren „pneuma" („πνευμα"), aber nur durch und in Christus. So wird aus der „ruah" des hebräischen Gottes ein Christusereignis, welches, wenn auch ausschließlich über das Sakrament, zu erlangen ist.[152] Auch hier findet also eine Wegnahme statt.

Die Geschehnisse an Jakobs Brunnen[153] zeigen dabei das Schema. Das Wasser aus den alten (der jüdischen des Jakobsbrunnens sowie der Johannes des Täufers) Quellen wird ersetzt durch das lebendige (Geist-) Wasser („hydor zon", „aquam vivam"), das Christus anbietet, nachdem er sich als solcher zu erkennen gegeben hat. „*Ich bins, der mit dir redet*"[154], also der Messias, Christus. Ein Wasser,[155] das anders als das vorherige - auch anders als das des Gautama Buddha,

---

gezeigt hatten. Solches hätte zudem die Machtgrundlage der Kirche völlig aufgelöst. Ob irgendwo angemerkt wurde, dass dies zudem dem Versprechen aus der Genesis (3, 5): *„ihr werdet sein wie Gott und wissen, was gut und böse ist"* entsprochen hätte, ist mir nicht bekannt. Amüsant wäre es zu bedenken, in Zeiten, wo der Mensch sich weit auf die Stelle Gottes geschoben hat und darin immer weiter fortfährt.

[152] Joh. 4, 24: *„Gott ist ein Geist, und die ihn anbeten, die müssen ihn im Geist und in der Wahrheit anbeten."* Also in Christus.

[153] Joh. 4, 6 ff, siehe auch Offenbarung 21, 6.

[154] Joh. 4, 26

[155] Man kann die Linie ziehen: Wasser = Geist = Christus. In diesem Sinne äußert sich auch Petrus in der Apostelgeschichte 2, 38: *„lasse sich ein jeglicher taufen auf den Namen Jesu Christi zur Vergebung eurer Sünden; so werdet ihr empfangen die Gabe des heiligen Geistes".*

wie Heinrich anfügt - kein den Durst löschen, sondern das Löschen des Durstes mit sich bringt. Dieses Wasser, das hier die innere Wiedergeburt bewirkt zum ewigen Leben hin, ist somit eines, welches in der Mysteriensprache der „aletheia" entspricht und nicht mehr der Wirksamkeit des „emeth". Es ist nicht situationsgebunden, sondern ewig. Auch hier ist also vorweg das Gottes-Bündnis durch die Gottes-Person ersetzt.

Doch damit nicht genug. Denn der von ihm Trinkende wird selbst zur Quelle solchen Wassers. Der Erlösungsweg ist also einer für alle, die christliche Kirche im paulinischen Sinne katholisch, allumfassend, und das Eingangstor, die Durchgangspforte, durch die jeder zu schreiten hat, will er erlöst werden und selbst am Geiststrom der Erlösung teilhaben. Stärken kann die Machtposition einer Institution in einer Zeit des Glaubens kaum begründet und eingerichtet werden. Das gesamte MA wird davon durchzogen sein.[156] Auch aber noch die Ideologien des 20. und 21. Jahrhunderts. Auch ihren Anhängern war und ist die Welt nur durch deren Wahrheit erlösbar. All dies ist in der Gottesbestimmung des Johannes-Evangelium sicherlich nicht bewirkt, aber vorgezeichnet.

---

[156] Nur hieraus werden Handlungen wie der Canossagang verständlich, zusammen mit dem Faktum, dass der Anspruch auf das Kaisertum, das sich in der Tradition Roms als Herrscher über die Welt verstand, der sich alle Könige beugen mussten, nur durch die Krönung und Segnung des Papsttums erfolgen konnte. Nur von hier aus lässt sich erklären, warum König Heinrichs IV., der drei Tage lang barfuß bei großer Kälte im Burghof ausharrte und durch diese Selbstdemütigung Papst Gregor VII., der seinerseits an die Gnadenvorgabe bei wirklicher, unbestreitbarer Reue gebunden war, damit zwang, ihn vom Kirchenbann zu lösen. Denn machtpolitisch war in jenem Augenblick Heinrich IV. Gregor VII. gegenüber bei weitem im Vorteil. Beide hatten in ihren Handlungen aber keine andere Wahl. Mitgespielt haben mag aber auch die mittelalterliche Angst vor dem Akt der Exkommunikation (s.o.).

IX

Aber ist solche Interpretation nicht zu einseitig? So hinterfragt Heinrich sich selbst. Das ist durchaus möglich, denn das Johannes-Evangelium ist, wie immer wieder angeklungen, ein Gigant der symbolischen Rede und steht somit als ganzes selbst in rabbinischer Tradition. Ist die Absicht also vielleicht sogar die gegenteilige, Nikodemus als Meister aus Israel – Heinrich spekuliert, ob Paul Celan hierher seine Formel vom „*Meister aus Deutschland*" genommen hat – nicht zu berauben, sondern zu gewinnen? Nicht zu isolieren, sondern doch ein Bündnis zu einzugehen?

Vermutlich hat nach den Briefen des Paulus kein anderer Text als der des Evangeliums des Johannes dermaßen stark auf die philosophische Begriffsbildung und Diskussion, gewirkt, ebenso aber auch auf die theologische und politische.[157] Der Grund ist einfach. Seine Worte sind so mit gegensätzlichen Intentionen aufgeladen, dass sie in ihrer Ambivalenz geradezu zur Auslegung zwingen. Der deutsche Idealismus, der Existentialismus sind ohne dieses Evangelium kaum denkbar, aber, nochmals gesagt, auch nicht der Anti-Judaismus oder die okzidentalen Sozialbewegungen, die Kirche des MA wie die Ideologien der Neuzeit und vermutlich vieles mehr. All dies wird von Heinrich wohl bemerkt. Und doch lässt eine solche Perspektive des Offenlassens zu leicht den konstitutiven Antijudaismus, der vom vierten Evangelium getragen wird, unsichtbar werden und ihn in Kauf nehmen.

Sicher, Heinrich hat Recht, wenn er anmerkt, dass ein Paulus radikalisierender Marcion der Verfasser des Johannes-Evangeliums nicht ist. Und doch, so muss gefragt werden,

---

[157] Auch Augustinus Texte dürften eine Ausnahme machen.

und Heinrich tut dies, ist das Johannes-Evangelium nicht vielleicht sogar gerade dadurch noch stringenter in seinen Folgen? Denn wird bei Marcion das AT mit seinem Gott verworfen, so hat dessen Beraubung, die Wegnahme von dessen Wahrheit durch das Johannes-Evangelium, kaum weniger Konsequenzen, vielleicht sogar schrecklichere.[158] Der verworfene Gott konnte lebendig bleiben, stets mit der Chance auf Wiederkehr oder Bündnis. Der um seine *Wahrheit, Gnade* und *Geist* beraubte Gott dagegen war entmächtigt und entleert, und, und darauf kommt es an, sein Volk und die an ihm Festhaltenden waren (sich selbst verratend) vom eigenen Wahrheitswort abgefallen, denn dieses war ja im eigentlichen Sinne Wort Christi gewesen. Damit war das alte Volk Gottes zum Wahrheitsmörder geworden, prädestiniert zum Feindbild im Text der christlichen Heilslehre, an dem alle Zumutungen, geistige (insbesondere das der Enttäuschung der Parusieerwartung) wie konkrete

---

[158] Obwohl, welche radikale Züge auch eine Verwerfung des AT, wie sie eben Marcion als Muster vorgibt, haben kann, zeigt sich beispielsweise im berüchtigtem „Babel-Bibel Streit", der sich ebenfalls in die Forderung der Ausscheidung des AT aus der christlichen Theologie steigerte. Diesem hat Jürgen Ebach einen Aufsatz gewidmet. In jenem spricht er die Vermutung aus, dass *„der geheime Kern der Babel-Bibel-Bewegung von Anfang an war. Nicht die Einbettung des Alten Testaments in den Kontext der altorientalischen Kultur, sondern seine Denunzierung als epigonales Heidentum und seine Ersetzung durch ein anderes, nämlich germanisches Heidentum. Indem das Alte Testament als heidnisch denunziert wird, wird Legitimität beansprucht für ein … mit der Germanen-Bibel angereichertes ‚deutsches' Christentum."* (Babel und Bibel, S. 26) Dass dieser Streit und das, was er trägt durchaus noch immer im Interesse und damit als Potential der Gegenwart schwelt, zeigt der Umstand, dass im Pergamon Museum 2019/20 unter dem Titel „Der Babel-Bibel-Streit". Politik, Theologie und Wissenschaft um 1900" eine Ausstellung durch das Vorderasiatische Museum der staatlichen Museen zu Berlin eingerichtet wurde. Die im Titel vollzogene Historisierung sollte nicht den Gegenwartsbezug verdecken, ohne den es wohl kaum zu einer solchen Ausstellung gekommen wäre. Zur Rolle der Historisierung s.u. im Text.

(die unentwegte Bedrohung der frühen Gemeinden durch ihre palästinensisch-römische Umwelt), abreagiert werden konnten. Daher vermag sich das Unbehagen Heinrichs über das Johannes-Evangelium, so ambivalent seine Aussagen sein mögen, nicht zu beruhigen. Und das ist gut so, denn dessen Ambivalenz soll und darf wie gesagt nicht einfach hingenommen und stehen gelassen, sondern muss erinnert, wiederholt und durchgearbeitet werden.

Überhaupt war das AT und seine Religion ein ständiger Stachel im Fleisch des neuen Glaubens, nicht nur für das Johannes-Evangelium, der immer wieder dessen Beziehung zu seiner eigenen Vergangenheit und Zukunft reizte. Die neue Religion konnte nicht anders als ihre eigene Vergangenheit erobern, die dennoch immer eine ihr fremde blieb. Von vorneherein war sie so, paradox gesagt, in ihrer Identität eine gespaltene.[159] Eine Spaltung, die ebenfalls auf die Religion des

---

[159] Wo die Antike nur den einheitlichen Kosmos kannte, muss das christliche Bewusstsein die Gleichzeitigkeit von dieser und jener Welt aushalten. Man mag darüber spekulieren, ob diese Spaltung nicht aber auch einer der großen Anziehungsmomente der neuen Religion war, denn er traf auf einen abendländischen Menschen, dessen Wesenskern in der Spaltung bestand. Denn der abendländische Geist ist geprägt durch das Schisma. Es durchzieht ihn wie eine geklammerte Wunde und schafft seine Spannung, seinen wunden Reiz. Der abendländische Mensch hat auszuhalten, dass in ihm zugleich A und Non-A vorhanden sind, zugleich in ihm wirken. Immer trägt der abendländische Mensch zwei Seelen in seiner Brust. Diese Gleichzeitigkeit des Unvereinbaren ist der gespaltene Kern, ist das zweigeteilte Wesen des abendländischen Menschen wie seiner Geschichte. Dessen Konkretion findet sich daher auch überall in seinen Dokumenten. Dieser das Abendland prägende Dualismus ist so grundlegend, dass man Ansätze davon lange vor der zentralen, der dominierenden Zweiteilung von Antike und Christentum finden kann. Beispielsweise die Trennung Materie und Geist, Mythologie und Philosophie, Polis und Oikos, Natur und Mensch, Mensch und Götter, später AT und NT, Glaube und Wissen, Religion und Rationalität usw. Dies mag auch in anderen Kulturen der Fall sein, aber weder in dem Maße, noch als Kernkriterium des Subjekts. Auch im Zuge der Aufklärung und im auf der Oberfläche weithin atheistischen Kontext der Moderne wird diese Spaltung beibehalten, beispielsweise als Bewußtsein und Unbewußtes.

Judentums abgewälzt werden konnte, in der die Figuren des Moses, aber auch Gottes als eigene wie als fremde auftraten. Das gesamte AT musste vom Christentum auf das NT hin gelesen und ausgelegt werden und, den Schritt vom Verstehen zur Rechtfertigung machend, zur reinen Präfiguration der Geburt, Passion und Wiedergeburt des einen personalen neuen Gottes, der der alte war, werden.

Im Kontext der Endzeitangst der ersten Jahrhunderte blieb diese „Zurüstung" der Gesamtgeschichte zum Ende hin auslegbar. Als jedoch die Geschichte Christi in den Mittelpunkt der Zeiten rückte, geriet die Zukunft ebenfalls in solche Position, nun die der Postfiguration und zwang die christliche Welt in den Kreislauf der unentwegten (mythischen) Wiederholung oder ermöglichte ihn ihr.[160] Erst

---

(Siehe unveröffentlichte Mitschrift zu Jacob Taubes Seminar: Versionen des Selbst. Zur Archäologie der Ich-Konstitution von 1982)

[160] Mit ihm konnte die Kirche ihre auf ewig anhaltende Position behaupten (was meinte bis zum Weltenende, das bis heute ja nicht eintrat, auch wenn es spekulativ immer wieder anklopfte und heute stark und weltlich gegen die Türen zu hämmern scheint, auch wenn es natürlich nur das Ende der Geschichte der Welt wie wir sie kannten wäre). Daher auch ihre Ablehnung aller eschatologischen Ansätze bis zu solchen des Joachim von Fiore.

Es ist nicht ohne Amüsement, dass sich hier die Figur der Ablehnung der eigenen Voraussetzung wiederholt. Denn wie auf dem AT so ruht das Christentum auch auf der Endzeiterwartung. Beide kann eine auf Dauer gestellte Gemeinde und eine diese vertretende Kirche aber nicht zulassen, da sie sich damit dem Zerfall preisgeben würden. Auch konnte die Erlösung als allein durch Christuserkenntnis und –glauben bereits vollständig verwirklichte nicht zugelassen werden. Sichtbar geworden war diese Gefahr bereits in den exaltierten Verhaltensformen der Korinther, denen Paulus daraufhin schrieb, und in Teilen der Gnosis. Es war das Problem der Erlösung in Christi, sofern darin die Frage aufgeworfen wurde, ob der ihn Bekennende, der damit erlöst war, von allen weltlichen Regel und Gesetzen, aller Moral und Sitte entbunden war oder nicht. Die Formel des Als-ob bzw. Als-ob-nicht spielte in der Beantwortung dieser Frage dann eine große Rolle. Nach dieser ist die Welt, aber sie ist als ob sie nicht mehr sei, und so fordert Paulus das Verhalten der in ihr Verweilenden als ein als-ob-nicht. Paulus liefert die Formel des „hos me" (= als-ob-nicht) in I. Kor. 7, 29-32. Dies wird von Giorgio Agamben in seinem stark von Taubes beeinflussten Band

so konnte ihr Ewigkeitsanspruch sich begründen und behaupten. Eine „*teleologische Geschichtsentleerung*"[161] sondergleichen, welche im Johannes-Evangelium angelegt scheint und ihre Wirkung in die Profan- wie in die Heilsgeschichte entfaltete.

Wenn, wie man weiß, das Verdrängte in verzerrter Form zurückkehrt[162], so vielleicht auch die der geistigen Wegnahme und Wertung des alten Bundes durch den neuen.[163] Die weltlichen Konsequenzen solcher wiederkehrenden

---

Die Zeit, die bleibt (FfM 2006) behandelt. Er summiert dort das „hos me" (als-ob-nicht) als einen Begriff, der bei den Synoptikern einen hohen Stellenwert hat und als Einleitung eines „*messianischen Vergleichs*" dient. Ob zu Recht bin ich mir nicht sicher. Das „hos me" bei Paulus aber setzt nach Agamben nicht einen Begriff zu einem anderen in Spannung, so wie bei den Synoptikern, sondern erzeugt eine des Begriffs auf sich selbst. Die messianische Spannung richtet sich somit nicht auf etwas anderes, ersetzt eines durch ein anderes oder begegnet diesem in einer Indifferenz, sondern mit der klesis („vocatio"), der messianischen Berufung, wird ein bestehender faktischer Zustand zu sich selbst in Bezug gesetzt, was ihn von innen aushöhlt, aufhebt, in Frage stellt. So ist der Weinende nicht Lachender, noch ist er einfach Nicht-weinender als ob Weinender, sondern Weinender als-ob-nicht Weinender, d.h. Weinender und Nicht-Weinender zugleich. Der Zustand wird widerrufen, ohne verändert zu werden. Es ist die Welt nicht in anderer Gestalt, sondern als Vorbeigehen. Sie ist und ist schon nicht mehr. Die Wichtigkeit dieser Figur für die Moderne hat besonders Hans Vaihinger in seinem Werk Die Philosophie des Als-ob. (Volksausgabe, Leipzig 1924) herausgestellt. Man wird das wiederfinden im „Zugleich" des Weltbildes, wie es in Philosophie und Physik, aber auch anderen Wissens- und Kulturzweigen entworfen wird. Dazu s.u.

[161] Heinrich, S. 45

[162] Der ketzerische Hinweis mag erlaubt sein, dass dieses Diktum Freuds anknüpft an die alte Frage um das Geheimnis als schlummerndes. Sogar bei Heidegger finden sich Formulierungen, die ähnlich aufgebaut sind. Im Vom Wesen der Wahrheit findet sich z.B. der Satz: „*Allein das vergessene Geheimnis des Daseins wird durch die Vergessenheit nicht beseitigt, sondern die Vergessenheit verleiht dem scheinbaren Schwund des Vergessenen eine eigene Gegenwart.*" (Gesamtausgabe Bd. 9. FfM 1976, S. 195) In diesem Sinne versteht Heidegger das Vergessen der Seinsfrage.

[163] Daher die psychoanalytische Forderung, diese nicht zu verdrängen, sondern sichtbar zu machen und zu verarbeiten.

Verdrängung[164] haben sich im Judenhass und im in diesem gipfelnden Antisemitismus nur zu deutlich gezeigt.[165] Aber man kann die Rückkehr des Verdrängten unter Umständen noch weiter beobachten. Theologisch könnte sie sich im Verfall des Christentums in der Moderne zeigen, das in seinem Anspruch nun seinerseits, um es krass zu sagen, als Lüge erscheint. Und zwar im weltlichen wie im islamischen Kontext gleichermaßen. Das aber ist reine Spekulation, die zu weit führen würde. Zudem es ein Schicksal zu sein scheint, welches Religionen allgemein zukommen könnte[166], sofern sie der „Dialektik der Religion"[167] verfallen und aus ihrem befreienden in ihren herrschaftlichen Teil übergehen und in diesem erstarren und zerbrechen müssen, früher oder später.[168]

---

[164] Womit in keiner Weise gesagt werden soll, dass dies die einzigen Ursprünge und Elemente dieser Geschehnisse sind. Aber man sollte sie als (vorbereitende) mentale Beigaben nicht vergessen oder vernachlässigen.

[165] Die Schrecken und Bedrängung solcher Verfolgung sind literarisch eindringlich eingefangen bei André Schwarz-Bart. Der letzte der Gerechten. Berlin 1982.

[166] *„Noch haben sich alle Götter bisher als sterblich erwiesen."* (Veraunir 1993).

[167] Ähnlich der Dialektik der Aufklärung, vielleicht als Teil davon.

[168] *Fußnotenexkurs 14*: Auch hier gerät etwas mit sich selbst in Konflikt. Siehe dazu die Aufteilung von Religion in Erlösungsreligion und Staatsreligion mit je verschiedenen Funktionen. *„Schon hier verläuft Geschichte analog der Religion. Diese darf nicht zur Staatsreligion sich zementieren, sondern ist in ihrer zweiten Gestalt als Erlösungsreligion, zu bewahren, auf die zu rekrutieren und zu setzen ist."* (Rolf Michael Böttcher. Si vis vitam, para mortem. In: Studienschriften und frühe Vorlesungen. Bd. 1, S. 45) Ein auf die Säkulargeschichte zielendes Konzept solchem Umschlagen entgegenzuwirken hat vor allem Walter Benjamin u.a. mit seinem Mimikrytheorem vorgelegt, was hier jedoch nicht näher ausgeführt werden kann. Schon in einem Brief an Gershom Scholem vom 29. 5. 1926 spricht Benjamin von der Dynamik einer *„Identität, die sich allein im paradoxen Umschlagen des einen in das andere"* zeigt und im Zugleich beider zur richtigen wird. Es sollte auch bemerkt werden, dass gerade Martin Heidegger diesem sehr nahe ist, wenn er auf das Moment des Umschlags der Denkbewegung drängt, wie es den Großteil der modernen Philosophie prägen wird. Gleich zu Anfang seines Buches Heidegger (Stuttgart 2012) hält Udo Tietz fest. *„Wie*

wenige vor ihm hat er (Heidegger, RB) unser abendländisches Selbstverständnis einer grundlegenden Revision unterziehen wollen, die auch noch die Grundlagen eines Denkens betrifft, das sich auf das neuzeitliche Prinzip der Subjektivität und das damit verbundene Seinsverständnis gründet. Heidegger geht es um einen anderen Anfang, um einen Anfang, der nicht mehr den Menschen samt seiner verabsolutierten Zweckrationalität der »Durchrechnung alles Handelns und Planens« in den Mittelpunkt der Betrachtung stellt, sondern um einen Anfang, der auf dem Weg einer intern ansetzenden Überwindung der Metaphysik dieses Seinsverständnis überschreitet ... Heidegger geht es um die Eröffnung neuer Denkhorizonte, die jenseits des vergegenständlichenden Denkens der traditionellen Metaphysik liegen, von der er meint, daß sie das abendländische Denken gefangenhält." Heidegger löst im Zuge dieses Versuchs bekanntlich alle verfestigten Dogmen und Wahrheiten des traditionellen Denken in einer neuen Bewegung des Denkens auf, die ganz der Moderne entspricht und in der Philosophie nicht weniger fundamental wirken wird als die Quantentheorie in der Physik. Darin liegt die Dynamik der neu angesetzten Frage nach dem Sinn von Sein. Bei Heidegger wird die Trennung von Frage und Erfragtem aufgehoben, Subjekt und Objekt gehen ineinander über.

Die Antwort auf die Frage ist also immer eine, die den Fragenden miteinbezieht, wie in der modernen Physik der Beobachter immer Teil des Experimentes ist. Das Umschlagen des einen zum anderen ist in der Physik wie in der Philosophie zur Grundbewegung des Universums bzw. des Denkens geworden, wobei der Punkt ist, dass dieses Umschlagen an die Position des Beobachters, des Subjekts gebunden ist. Das ist fundamental und radikal gedacht. Es verlangt dem Subjekt einiges ab und ist schwer erträglich. Noch Einstein wehrte sich lange dagegen. Sein zum Schlagwort gewordenes „Gott würfelt nicht" ist genau auf diese Erkenntnis bezogen. *„Nichts ist real, falls es nicht beobachtet wird. Für Einstein und andere war diese Vorstellung ein Greuel. »Der Herrgott würfelt nicht«, sagte er im Hinblick auf die Theorie, nach der die Welt eine Ansammlung der Resultate von im Grunde willkürlichen »Entscheidungen« auf der Quantenebene ist.*" (John Gribbin. Auf der Suche nach Schrödingers Katze. Quantenphysik und Wirklichkeit. München 2002, S. 16 f) (Einführend in die Quantenphysik siehe desweiteren: Gerd-Ludwig Ingold. Quantentheorie. Grundlagen der modernen Physik. München 2003; John Gribbin. Schrödingers Kätzchen und die Suche nach der Wirklichkeit. FfM 1996; Claus Kiefer. Quantentheorie. FfM 2003; Anton Zeilinger. Einsteins Schleier. Die neue Welt der Quantenphysik. München 2003. Zur Realitätsfrage siehe auch Rolf Michael Böttcher. Olimpo - Patmos oder vom Wie weiter im Ende.)

Denken ist bei Heidegger daher selbstreferentiell und als solches ruhelos in ständiger Bewegung begriffen. Die Dynamik einer Wechselwirkung der (traditionellen) starren Gegensätze. Kurioserweise ist man erinnert an das Ineinander von Hart und Flüssig der fernöstlichen Tradition, das, wie Heinrich in seinem zweiten Text bemerkt, noch Brecht beeindruckte und von ihm in seinem Gedicht „Legende von der Entstehung des Buches Taoteking auf dem Weg des Laotse in die Emigration", Erwähnung findet. Also dem für Emigration und Exil bedeutendsten Gedicht, zu dem immer wieder gegriffen wurde, wie Hannah Arendt einmal bemerkte. In den Sinn kommt dabei auch anderes, z.b. die Frage, wie weit die Zeitumstände dieser Jahre, in denen alles von einem Augenblick auf den anderen umschlagen konnte, mit beigetragen haben könnten, diese neue Form der philosophische wie physikalischen Weltsicht der Moderne zu vertiefen.

Heidegger zumindest konkretisiert in der Wechselwirkung des unentwegten Umschlags den allgemeinen Zug der modernen Philosophie, die von der Substanz- zur Existenzphilosophie übergeht. Nicht zuletzt durch das ausschließende Gebot des logischen Widerspruchs konnte es in der traditionellen Philosophie dagegen kein Zusammen geben. Anders bei Heidegger. Nach diesem ist alles nur wesentlich oder eigentlich zu denken, wenn sich die Gegensätze aufeinander beziehen, zu ihrem eigenen Gegenteil werden. Hier macht sich das Erbe Hegels deutlich bemerkbar. Anders als bei Hegel und der dialektischen Auflösung in der Synthesis der Identität kommt es in der Moderne aber nicht mehr zu einem Abschluss der Bewegung (was jedoch auch bei Hegel umstritten ist), sondern nur zu einem jeweiligen kurzen Stillstellen, einem Anhalten der Zeit, einer epoche. In Bezug auf die Wahrheitsfrage heißt dass, dass für Heidegger Wahrheit und Unwahrheit aufeinander bezogen bleiben, um sie selbst zu sein. Auch Ernst Cassirer dachte bereits in diesem Sinne. Wolfram Eilenberger hat dies in seinem ebenso schönen wie luziden Buch Zeit der Zauberer. Das große Jahrzehnt der Philosophie 1919-1929. (Stuttgart 2018) beschrieben. Für Cassirers Philosophie der symbolischen Formen galt das, was dieser in einem Vortrag am Beispiel der Renaissance zeigte. Dort bezeichnet, wie Eilenberger schreibt, nach Cassirer *„das Begriffspaar Freiheit und Notwendigkeit kein Verhältnis wechselseitiger Ausschließlichkeit mehr. Die scheinbar zwingende Frage:* »*Wenn alles von Naturgesetzen beherrscht wird, wie kann es dann Freiheit beziehungsweise einen freien Willen geben?*« *verliert nach dieser Sicht ihren existentiellen Schauer. Vielmehr sind Freiheit und Notwendigkeit nun komplementäre Begriffe, die einander im Ursprung bedingen: Nur in den Werken der freien Selbstgestaltung nämlich, zu denen neben den Experimenten der Naturwissenschaften auch die der Künste, die Ingenieurwissenschaft oder die Medizin gehören, werden überhaupt jene Gesetzmäßigkeiten erschlossen, die es erlauben, von so etwas wie kausaler Notwendigkeit zu sprechen. Moderne Freiheit und kausale Notwendigkeit sind damit für Cassirer gleichursprünglich."*

Solches Denken übt die Bewegung der Zeitkonstruktion des Johannes-Evangeliums nach, indem sie ihren eigenen Anfang als Telos vor sich stellt, um ihn in der Gegenwart zu bestimmen oder zu erfüllen. Poetisch hat dies kein geringerer als T. S. Eliot in den „Four Quartets" festgehalten. Wahrheit und Unwahrheit werden bei Heidegger so für sich zugleich gedacht, als Ent- und Verbergen in einem Zug. Dies ist die Bedeutung der aletheia wie sie Heidegger in „Sein und Zeit" entwirft. In dieser

Schwebe der Bedeutung von Wahrheit und Unwahrheit wird dann das Dasein aber überhaupt erst „offen" für das Ergreifen der Frage nach der Wahrheit, für das Erfassen des Sinns von Sein. (Eine kleine kompakte Zusammenfassung davon bei Willem van Reijen. Martin Heidegger. Paderborn 2009.)

Dazu gibt es, wie angedeutet, eine Entsprechung in der modernen Physik. Auch in der Quantenphysik gibt es keine feststehende Identität mehr zu zeichnen, und nicht nur hier. Natur- wie Geisteswissenschaft entwerfen zu Beginn des 20. Jahrhunderts ein völlig neues Weltbild. *„Quantentheorie, Existenzphilosophie, Dialektik der Aufklärung, Verlust der Mitte – alle sind Teile des einen neuen Weltbildes. Wir jedoch sind immer noch im Kreuzungspunkt des Sterbens des alten und der Geburt des neuen. Wir begreifen das Neue noch nicht und haben vielleicht sogar das Alte noch nicht einmal in uns aufgenommen, geht uns doch immer noch die Sonne unter und scheint die Realität vor uns zu liegen. Wir hinken zwei Weltbilder zurück. Ist es ein Wunder, dass wir blind durch die Welt gehen und alles niedertrampeln, was wir nicht sehen, also am Ende alles; dass wir zu gehen glauben, wo wir irren und taumeln?"* (Veraunir 2020)

Alf Robert Thaler, Flora Bacin-Orlain und Jean Servien summieren diese ganze Entwicklung vom tertium non datur zum tertium datur wenn sie schreiben: *„Was war zuerst da? Das Wort oder das Denken? Diese Frage geht heute bis in triviale Unterhaltungsserien hinein. Um es flapsig zu sagen, um ab ovo zu beginnen muss man um die Reihenfolge von Henne und Ei wissen. Diese ist aber niemals zu wissen. Da der Mensch aber ein cleveres Lebewesen ist, das weiß, dass es Probleme mit Henne und Ei hat, weiß dass es im Grunde nichts weiß, weiß er sich dadurch zu helfen, dass er einfach einen Anfangspunkt setzt, was er ein Axiom nennt. Das ist meistens das Ei, könnte aber auch das Nest sein. Über diesem Nest baut er dann das Gebäude seiner gesamten Welt, baut er den Kosmos auf. Ähnlich wie sich der Petersdom über dem Grab des Petrus erhebt oder erheben soll, erhebt sich der Kosmos also über dem Hühnernest des Menschen. Die Analogie ist nicht zufällig, denn die Idee des Peterdomes orientiert sich ja am Kosmos, wie dieser eben am Nest. Es war Heidegger, der wissen wollte, woher die Zweige für das Nest kamen und dahinter zurückzufragen versuchte, was zwar einiges verschob, aber nur ahnen ließ, dass das Hühnernest im Wald zu dem der Feldweg führt liegt. Andere legten das Nest in die entgegengesetzte Richtung an, am weitesten derzeit wohl mit der Protyposis, aber auch in dieser Richtung ließ sich nicht unter das Nest blicken. Ein anderes Nest findet sich bei Kant, das vielleicht deshalb besondere Beachtung verdient, da es erklärt, warum nicht unter das Nest zu blicken ist. Man kann in Kants Nest also das Ei erblicken von dem man den Weg in die Philosophie der Gegenwart recht gut angehen kann. Dieser führt quasi von Kant zu Hegel und von Hegel zu Nietzsche und von Nietzsche zu Heidegger. Kant legt die transzendentale Welt fest und die Unmöglichkeit der Erkenntnis des Ding-an-sich (durch den Verstand), schließt Metaphysik also aus und bringt sie doch mit der Vernunft der praktischen Kritik als wichtigstes und unausrottbares wieder ins Spiel. Hegel und seine Generation, darunter insbesondere Schelling und Fichte, sind bemüht Kant dahin zu widersprechen,* *dass das Ding-an-sich nicht erkannt werden kann und verfallen dem Systemgedanken um in ihm das Ding-an-sich als absoluter Geist, Ich, Absolutes u.a. auszumachen. Schopenhauer zählt dabei mit dem Willen als Ding-an-sich zu ihnen und setzt sich doch auch schon von ihnen damit ab, sofern der Wille nur das beste begriffliche Surrogat ist, wie er bekennt. Nietzsche und die Generation nach Hegel, darunter insbesondere Kierkegaard, wenden sich dann gegen die Hegelgeneration und erklären das System für unfähig das Einzelne, die Existenz des Einzelnen zu erfassen. Damit vollzieht sich ein radikaler Bruch, der alles Kommende abspaltet, der zwischen der Substanzphilosophie, die von einer Substanz ausgeht bzw. zu einer solchen hinführt, und der Existenzphilosophie, die die Substanz aufgibt und an deren Stelle die Existenz setzt. Jeder eindeutige Wahrheitsanspruch als allgemein und notwendig geht damit verloren oder kann, wenn überhaupt, nur über das in sich pulsierende Subjekt angegangen werden. Es ist der Eintritt des Subjekts ins Denken, nicht als sein Ausgangspunkt, sondern als Denkmoment selbst. (Descartes, der dieses an den Anfang der neuen Philosophie setzte, also zum Ausgangspunkt machte, gibt zwar einen gewissen Wink, bleibt aber ganz dem Substanzdenken verhaftet.) Jede Sicherheit, die es bis dahin gab wird aufgelöst und dies radikal. D.h. selbst die Kritik, die Auflösung der Sicherheit wird in die (eigene) Frage gestellt, sofern sie genötigt ist von der Sicherheit auszugehen. ,Die Auflösung der Vernunft erfolgt per Vernunft. Die Wahrheit der Auflösung von Wahrheit bedingt die Wahrheit.' Nietzsche ist noch der große Kämpfer, der damit aber noch nicht fertig wird, sondern geistig vor den gewaltigen Konsequenzen zusammenbricht, die für uns heutige inzwischen Alltag geworden sind. Freund wird den psychischen Apparat danach konstruieren, Schrödinger den physikalischen Kosmos. Einstein ist dementsprechend in der Rolle Kants zu sehen, der mit der Relativitätstheorie zwar alle bisherigen Sicherheiten auflöst, aber mit der Lichtgeschwindigkeit und dem Raum-Zeit-Kontinuum doch an der (objektiven) Sicherheit als solcher festhält. Das ist mit der Quantentheorie nicht mehr machbar. Daher die enorme Explosionskraft, die in den Gesprächen zwischen Einstein und Schrödinger liegt, die Einstein für seine Position auf die Formel bringt: Gott würfelt nicht! Nun, ,Gott würfelt nicht, aber er spielt auch nicht Schach. Stattdessen hat er ein Quantenkaleidoskop, das er schüttelt und schüttelt.' In der Mathematik löst Kurt Gödel die Sicherheiten auf, in der Lyrik Rimbaud und Mallarme, in der Prosa Kafka, Joyce und Beckett, in der Malerei vollziehen Collage, Abstraktion u.a. den Verlust der Mitte. Für die Philosophie hält Heidegger diesen Sprung (im Sinne von Bruch und Springen), diese Auflösung mit der Seinsfrage und deren Vergessenheit, die er aufheben will, fest. Bei ihm fallen Wahrheit und Un-wahrheit zusammen und werden so erst zum Wahren, das Aletheia genannt wird, zum entbergenden Unverborgenen, um es von der traditionellen Vorstellung von Wahrheit zu unterscheiden. Wie der Terminus des Daseins von der traditionellen Vorstellung des Menschen unterscheiden soll. All das hat natürlich auch politische Konsequenzen, insofern die Bewegung, die im Denken, sowohl dem philosophisch (metaphysischen) wie dem naturwissenschaftlichen (physikalischen), stattfindet auch auf alle gesellschaftlichen, politischen Werte ausstrahlt. Die politische-gesellschaftliche-soziale Situation wird als eine der Auflösung empfunden mit entsprechenden Reaktionen. In all dem liegt nun ein zweiter Bruch, der darin sich auftut, dass diese so schmerzhafte Wandlung des Weltbildes, des Seins, des Denkens vehement verdrängt wird und zwar auf allen Ebenen. Nicht nur in der Alltäglichkeit fällt man darauf sozusagen zwei Welten zurück, da ja noch nicht einmal die Kopernikanische Revolution nachvollzogen wurde, immer noch geht uns die Sonne auf und unter, wo alles mehr und mehr zum Spektakel und Spielekanon verkümmert, sondern auch im technisch-wissenschaftlichen Bereich, wo sich die naturwissenschaftlichen Fächern unterstützt von den scheinbaren großen Erfolgen der Technik in ihrer Vorrangstellung, ihrem im Zuge der Aufklärung gerade errungenen Wert weithin verbarrikadieren und auf Sicherheit und Wahrheit, objektive Erkenntnis pochen und nur hinter der Hand deren Zeitlichkeit eingestehen. Gleiches gilt für den Rationalismus der analytischen Philosophie. Die Literatur kehrt zur orthodoxen Erzählstrukturen zurück, ebenso wie die Musik sich wieder dem Melodischen zuwendet, nur durch technische Einschübe (Erzählung im Kinostil etc.) aktualisiert. Aber man kann nicht ungestraft bzw. ohne einen Preis dafür zu bezahlen, hinter Errungenschaften des Denkens zurückkehren. Da der Sinnverlust als einziger ein „wahres" (stabil in seiner Instabilität, widerspruchsfrei in seiner Widersprüchlichkeit) Residuum des Sinns ermöglicht, ist alles andere Rückfall in Barbarei, was sich wieder am Ende gesellschaftlich zeigt, wo die Auflösung in eine kapitalistisch-technisch-bürokratische Welt und deren Destruktionskonsequenzen dies ebenso mehr und mehr sichtbar macht, wie die Auflösung aller Werte, die in die totale Herrschaftsform (auch und gerade der Toleranz) umschlägt. Dies haben die Denker rechts – Carl Schmitt, Jacques Ellul -, aber auch links – Walter Benjamin, Herbert Marcuse – in ihrer Frontstellung gegen den Liberalismus detailiert herausgearbeitet. Die Behauptung des Objektiven lässt sich objektiv nicht mehr bewahren und verfällt daher, nun aber auf negative, destruktive Weise, den Folgen von dessen Aufhebung. Das Sein, das nur über die Zeit, die rückwärtige Pforte des Paradieses zu erreichen ist, erstarrt auf jedem anderen Wege in sich selbst, verwehrt den Eingang zum Gesetz und lässt den, der einzutreten versucht sterben. Eine Entwicklung, die, wie die Historiker nachgewiesen haben, sich in einem beschleunigten Vollzug der Zeit wiederfindet bzw. der Verläufe in der Zeit. So in etwa ließe sich das Bild abstecken. Aber auch das bleibt alles nur im Rahmen des menschlichen Denkens."* Dem kann sich der Autor nur anschließen und wird an einigem Stellen im Text einiges davon wieder vorlegen.

Man mag den obigen kleinen Exkurs, insbesondere zu Heidegger, entschuldigen, aber der Hinweis auf Heidegger und der Kontext in dem dieser steht könnte angebracht sein, wenn man bedenkt, dass Heidegger einer der großen Opponenten Heinrichs ist und man ihn kaum ausschließen kann, wo die Wahrheitsfrage, insbesondere im Kontext von Zeit, gestellt wird. Ihn als Ansprechpunkt der Ausführungen Heinrichs mit zu bedenken mag daher nicht falsch sein.

Klaus Heinrich zeigt in seinem Text, ohne es explizit zu sagen, aber auch noch etwas anderes, übergreifendes sehr deutlich. Den Umstand, dass Ursprungsmythen keineswegs am Beginn der Zeit stehen, stehen müssen, sondern sich immer in der Zeit jederzeit vollziehen können, und wie ein Geysir, ein Vulkan ihre zumeist zerstörerischen, ursprungsmythischen Kräfte herauszuschleudern fähig sind. Keine Zeit ist davor gewappnet und jede Zeit könnte unter Ascheregen begraben werden. Die Himmelszeichen unserer könnten auf so einen Ausbruch hinweisen.

II

Notizen zu

Sprung ins Zentrum / Hausverlassen / Revolutionärer Quietismus

In: Reden und kleine Schriften. Neue Folge 1

Ça ira Verlag Freiburg, 2020

> *„My sweet lord ...*
> *I really want to see you*
> *Really want to be with you"*
> (George Harrison, 1971)

> *„Er aber sprach: Lasse mich doch deine Erscheinung sehen!"*
> *„Und Mose sprach: Laß mich deine Herrlichkeit sehen!"*
> (2 Moses (Namen/ Exodus) 33, 18

Zeigte die erste Studie von Klaus Heinrich wie aus der Aneignung von Wahrheit und deren Konzentration sich mörderische konfessionelle Folgen ergeben (können), so spürt die zweite den gleichen Effekten der gegenteiligen Bewegung nach, der Bewegung einer, über die Aufgabe von Selbst und Welt laufenden, Indifferenz. Kein Bekenntnis zu einer alles dominierenden Wahrheit wird hier mehr abgelegt, sondern jedes Bekenntnis verweigert und alles einer völligen Bedeutungslosigkeit überlassen. Welt und Subjekt tauchen Hand in Hand in die Belanglosigkeit eines Zentrums ein, um das sich das Geschehen der Welt bedeutungslos dreht. Das Subjekt springt, indem es die Verbindungen - und damit Verpflichtungen - gegenüber der Welt abstreift, aus dem Geschehens- und Bedeutungszusammenhang der Welt heraus[169] und flüchtet in ein in ihm liegendes Jenseits, in dem es vom Geschehen der Welt nicht mehr belangt werden kann. Das Haus der Welt wird verlassen, die Stürme der Welt in eine vollkommene Passivität der inneren Ruhe gekehrt. Eine Flucht, die aber auch einen Umkehreffekt hat, denn im gleichen Zug wird die Welt für das Subjekt, das in die Indifferenz des Zentrums eingetaucht ist, belanglos. Dieser Sprung aus der Welt in eine innere Transzendenz, die sich zugleich paradoxerweise auch als Zentrum der Welt erweist, ist ein Grundzug fernöstlicher Mystik, der sich in allen ihren Abstufungen von Meditation und Askese finden lässt, finden lässt auch und gerade in ihren abendländischen Aufnahmen. Der Sprung ins Zentrum ist hier nicht einer zur Seite, nicht einer hinauf, sondern in etwas hinab. Ist ein Sprung hinaus in ein Jenseits vom hier, das im Springenden liegt, der so in ihm erstarrt.

Doch damit nicht genug. Denn im Verlauf seines Textes wird Heinrich zeigen, dass es – und darauf wird es ankommen und das wird zu zeigen sein – einen Unterschied zwischen fernöstlichen Glaubenssystemen und deren Praktiken und ihren abendländischen Adaptionen gibt, der zu höchst unterschiedlichen Ausprägungen und Folgen bei beiden führt. Zunächst jedoch ist allgemein festzuhalten, dass die Konsequenzen eines solchen Sprunges auf der Hand liegen. Mit ihm wird alle Teilhabe eines autonomen

---

[169] Deutlicher hätte ein Unterschied zum Heidegger von Sein und Zeit und seines Verständnis des Daseins kaum ausgesprochen werden können, versteht Heidegger doch „Dasein" ganz als „In-der-Welt-sein". Von daher erstaunt es und macht nur unter der Voraussetzung einer wirklichen Kehre Heideggers Sinn, wenn später im Text dessen Einbringung von Gelassenheit als Pendant zur fernöstlichen Mystik verstanden wird. Näheres dazu weiter unten.

vernunftgeleiteten Subjektes an Geschichte gestrichen.[170] D.h., alles als was sich das abendländische Subjekt bis dahin verstanden hat fällt weg, im Guten wie im Bösen könnte man sagen. Auch darum geht es, denn das Versprechen dieser Praktiken ist ein Jenseits von Gut und Böse.[171] Dieser Wegfall, man mag auch sagen diese Auflösung des Subjekts in einem Jenseits aller Subjekt-Subjekt-Verstrickungen und aller Subjekt-Objekt-Verstrickungen, ist es, was das Faszinierende fernöstlicher Meditation und Askese für das abendländische Subjekt ausmacht. Aber warum ist die eigene Auflösung[172]

---

[170] Es ist erstaunlich wie sehr diese beiden scheinbar gegensätzlichen Bewegungen der „Wahrheitserhebung" und der „Wahrheitsversenkung" als Mentalitäten und Verhaltensformen in den Gegenwart sich zeigen und wiederfinden lassen, wenn auch nicht an und in den hier betrachteten Komplexen von religiöser Prägung oder fernöstlicher Mystik. Von hierher sind Heinrichs Texte hochaktuell und es ist ein großes Verdienst des Ça ira Verlages diese (wieder) herausgegeben zu haben und, darf man dem Verlagsprogramm glauben, ihnen weitere folgen zu lassen. An dieser Stelle sei der Leser auch noch einmal darauf hingewiesen, dass es sich hier um, ich hoffe möglichst genaue, Summierungen der Heinrichtexte handelt, was aber keineswegs eine Lektüre der Heinrichtexte selbst ersetzen kann und schon gar nicht soll. Im Gegenteil. Getragen werden diese Metanotizen nicht zuletzt von der Hoffnung, dass sie zum Kauf des Heinrichbandes anregen und so eine Weiterführung der Herausgabe der Schriften Heinrichs unterstützen. Die Exkursionen und gezogenen Linien in weit entfernte, aber auch sehr gegenwärtige Thematiken, Probleme und Zeiten sollen dabei verdeutlichen, wie sehr Heinrichs Gedanken auszustrahlen und den Lesenden weiterzutragen vermögen. Der hier Schreibende wurde bei der Lektüre des Heinrichbandes selbst davon überrascht, wie vehement dabei Verbindungen zu Problemfeldern, Assoziationen, Erinnerungen und Anklänge an solche und an vergangene Lektüreerfahrungen sich einstellten. So dass sich Notizen über Notizen häuften.

[171] Darum ist es auch ein Sprung aus der Entscheidung (sei es eine Entscheidung im Sinne Tillichs und Heinrichs zum Dialog, sei es eine im Sinne Schmitt, Taubes zum Ende).

[172] Andererseits geht es in einem gewissen Sinne für das Subjekt aber auch immer darum, sich paradoxerweise gerade in dieser Auflösung selbst zu finden. Vielleicht liegt hierin auch der Schlüssel für den noch anzuführenden Unterschied zwischen den traditionellen Formen fernöstlicher Mystik und deren westliche Adaptionen. Vielleicht bleibt bei zuletzt genannten doch der abendländische Wille zur

überhaupt etwas verlockendes, warum kann sie eine Sogwirkung entfalten, der das abendländische Subjekt sich „willig" ergibt? Dies wird zu klären sein.

Verfolgt Heinrich also in seinem ersten Text die Bewegung einer Aneignung von Wahrheit, so im zweiten nicht weniger. Auch hier geht es um die Behauptung einer Wahrheit, die, wenn auch anderer Art, Konsequenzen hat. Allerdings besteht die Bewegung der ersten in einer Wahrheit, in der es zur Erhöhung von Selbst und Welt kommt und deren Konfession die gesamte Welt beansprucht, *„urbi et orbi"*[173] lautet bis heute der Segensspruch, der an den hohen christlichen Feiertagen vom Balkon der Peterskirche gesprochen wird. Ein Segenswunsch, der nicht nur Gabe, sondern auch Anspruch ist. Die Bewegung der zweiten besteht dagegen in einer Wahrheit, in der es zur Aufgabe von Selbst und Welt, zur Gleichgültigkeit gegenüber beiden, zur Indifferenz kommt.

Selbstfindung und damit ein Stück Selbsterhaltung stärker, als es auf den ersten Blick scheint.

[173] *„Der Stadt und dem Erdkreis"*. Bei der Stadt handelt es sich um Rom, beim Erdkreis um nicht weniger als die ganze Welt (als die in Rom im Grunde das Imperium verstanden wird). Es ist der Romgedanke, in dem die katholischen Kirche sich, eben als katholische, wiederzufinden weiß. Im Denken der römischen Antike war Rom als Zentrum und Geburtsstätte des Imperiums der Inbegriff der Stadt (urbs), so dass, wenn von der urbs gesprochen wurde, man wusste, dass es um Rom ging. Als Zentrum des Imperiums war Rom dann zugleich auch der Mittelpunkt des Erdkreises (orbis), das Zentrum der Welt. Dass die katholische Kirche sich hier wiedererkennen musste, steht außer Zweifel. Man kann kaum wiederstehen zu bemerken, dass bekanntlich alle Wege nach Rom führen, wie alle Gläubigen ihren Weg zur katholischen Kirche finden sollen. Eindringlich ist der Romgedanke mit seinen schwerwiegenden politischen Folgen von Richard Faber untersucht worden. Siehe u.a. Richard Faber. Das ewige Rom oder Die Stadt und der Erdkreis. Zur Archäologie „abendländischer" Globalisierung. Würzburg 2000. Zusammenhängend vom gleichen Autor auch die Bände: Die Verkündigung Vergils. Hildesheim 1975, Politische Idylle. Stuttgart 1977, Roma Aeterna. Zur Kritik der Konservativen Revolution. Würzburg 1981 und Abendland. Ein politischer Kampfbegriff. Hildesheim 1979.

Greift die erste Wahrheit nach der Welt als ganzer, so lässt die zweite Wahrheit die Welt im Ganzen fallen.

Belegt Heinrich die erste Bewegungsfigur zur Besitznahme von Wahrheit und ihres Alleinvertretungsanspruches am Johannes-Evangelium, so die zweite zur Aufgabe aller Bedeutungsansprüche, außer dem Telos des Aufgehens in einem spirituellen Zentrum, am Aufgreifen fernöstlicher Meditation und Askese in bestimmten Situationen der abendländischen Geschichte.[174] Durch das Zusammen beider Texte zeigt sich, dass *„dogmatischer Absolutismus und dogmatischer Indifferentismus zwei Seiten der gleichen unbewältigten Geschichte sind".*[175] Beide, dogmatischer Absolutismus und dogmatischer Indifferentismus, arbeiten den Selbstzerstörungskräften des Menschen zu und weder darf man ihnen verfallen, noch sich ihnen hingeben oder ergeben.[176] Beide sind in der Lage erstaunliche Sogkräfte zu entfalten und beide haben dies unter Beweis gestellt. Zu

---

[174] Heinrich lässt dies merkwürdig schwanken, wenn er zum einen konkret auf die modernen, industriellen Kriege des 20. Jahrhunderts anspielt, zum anderen aber auch das 19. Jahrhundert anführt. Da die Faszination des Abendlandes am fernen Osten schon lange vorher auszumachen ist, liegt die Differenz entweder in der Anwendung von Praktiken, wie der Meditation oder die Askese, die signifikant erst in diesen beiden Jahrhunderten zu finden sind. Oder die Opferprozeduren und Vernichtungsunternehmen, von denen Heinrich spricht und die in den Weltkriegen, aber auch dem Korea- und Vietnamkrieg oder noch späteren Kriegen kulminieren, sind in der technologisch-industriellen, der kapitalistisch-bürokratischen Struktur dieser beiden Jahrhunderte eingeschrieben.

[175] Heinrich, S. 8

[176] Heinrichs Anliegen könnte man auch als eines beschreiben, welches dem Selbstvernichtungstrieb der Gattung eine Selbstverständigung der Gattung entgegensetzen wollte. Dabei gerät auch Heinrich in eine prekäre Lage, sofern auch der Gattungsbegriff ein Begriff ist und damit je einer Intention unterliegt. Carl Schmitts (oder war es Nietzsches?) Diktum: *„Wer Menschheit sagt lügt"*, ist nicht einfach von der Hand zu weisen. Hannah Arendt dachte da sehr ähnlich. Auch die Gattung Mensch ist am Ende nur eine der Einteilung und eine der Eigentlichkeit. Beides birgt große Gefahren in sich, worum nicht zuletzt Klaus Heinrich wusste.

bannen könnten sie aber sein, so die These, sofern man sie als solche erkennt und benennt.[177] Daher geht es, in der Terminologie Heinrichs gesagt, darum, ihnen eine Balance, besser Balancen entgegenzusetzen, welche im Zuge von Bündnissen gewonnen werden könnten.

I

Zunächst, die Faszination an fernöstlicher Meditation und Askese ist im Abendland keineswegs etwas Neues.[178] Heinrich

---

[177] Um aber auch das nicht unhinterfragt zu lassen, sei an den alten, in der Antike stark präsenten Volksglaubens erinnert, dass mit Kenntnis des Namens eine Macht gegenüber dem Träger bestünde. Dieser spielt auch in den Evangelien eine Rolle. (Siehe z.B. Karl Heinrich Rengstorf. Das Evangelium nach Lukas. Übersetzung und Erklärung.) Die Erkenntnishoffnung der Aufklärung mag hiervon ein leichtes Nachzittern sein. In diesen Kontext gehört aber wohl auch die Namensgebung in der Genesis, zum einen die Gottes für den Menschen (1, 5), zum anderen die des Menschen für die Tiere (2, 19). Und es könnte hingehen bis zum Verstehensbegriff bei Heidegger (zu diesem s.u. näheres) und dem In-der-Welt-sein. An der Analytik des „In-der-Welt-sein" und des „Verstehens" wird auch die inzwischen sichtbar gewordene Verwandtschaft von Heideggers Fundamentalontologie und Wittgensteins Sprachphilosophie deutlich, wobei einem das Sprach- bzw. Wahrheitsspiel der Kinder, das Heinrich im ersten seiner drei Texte anführt, wieder in den Sinn kommt.

[178] Man denke z.B. an die Anleihen ans Nirwana in der Philosophie Schopenhauers. Die Faszination des Ostens lässt sich auch in der Bewunderung des 19. Jahrhunderts für asiatische Kunst wiederfinden, die die des Rokoko wiederholte. *„Japanische Farbholzschnitte der klassischen Edo Zeit waren im Europa und hier wiederum insbesondere im Frankreich des späten 19. Jahrhunderts ein Importschlager. Manet hatte als einer der ersten europäischen Künstler Kitagawa Utamaro (喜多川 歌麿) entdeckt"* (Rolf Michael Böttcher: Stehen vor/bei/in Bildern. Norderstedt 2010). Hingewiesen sei auch auf die auf „arte" gesendete Dokumentation von Jérôme Lambert und Philippe Picard Als die Impressionisten Japan entdecken … (2017/2018). Der sogenannte Japonismus erfasste in diesen Jahrzehnten alle Künste und hinterließ bis heute seine Spuren.

Man kann diese Sehnsucht aber noch viel weiter zurückverfolgen als Heinrich dies tut. Man denke nur an Texte wie Der Schaumlöffel (Berlin 1967) von Claude Prosper Jolyot de Crébillon d. J. im Rokoko oder zur Zeit der Aufklärung Denis Diderots Der japanische Prinz (München/Leipzig 1907). Allerdings bricht das Verhältnis zu Asien

verweist darauf, dass es schon im 19. Jahrhundert ein sehnsüchtiges Aufgreifen der Nirwanavorstellung („*Eintauchenwollen in den großen Mutterschoß*"[179]) gab und nur wenig später zu Beginn des 20. Jahrhunderts sich die Generation des Expressionismus vom „*tat twam asf*" („*Begegnung mit sich selbst in dem ganz Anderen*"[180]) angetan zeigte, vor allem wie es durch die Naturlyrik und die mystisch-religiösen sowie philosophisch-pädagogischen Schriften des Dichters und Philosophen Tagore dargestellt wurde. Nach dem II. Weltkrieg, also zur Mitte des Jahrhunderts, ließ sich dann eine Annäherung an die Gedanken des japanischen Zens[181] in europäischen und US-amerikanischen Formen beobachten. Es scheint also, als ob indische und ostasiatische Mystik, zumindest in den

---

etwa zu Beginn des 19. Jahrhunderts auch und die Begeisterung daran, welche zur Jahrhundertwende in den Künsten ihren Gipfel erklimmt, geht langsam über in eine Dominanzhaltung, welche sich im Kolonialismus Bahn bricht. Jürgen Osterhammel hat in diesem Sinne von der „*Entzauberung Asiens*" gesprochen. (Siehe Jürgen Osterhammel. Die Entzauberung Asiens. Europa und die asiatischen Reiche im 18. Jahrhundert. München 2010)

[179] Heinrich, S. 49

[180] Heinrich, S. 49

[181] Der Begriff Zen meint in der Wortbedeutung Versenkung. Aus China (6. Jhr.) stammend übte die Lehre insbesondere in Japan (seit dem 13. Jhr.) eine starke Wirkung auf die Kultur aus, u.a. in der Bühnenkunst des Nō, dem von Ezra Pound bis Roland Barthes im Westen starke Aufmerksamkeit zukam, wie auch die gesamte japanische Kultur Alexandre Kojève zu einer entscheidenden Verschiebung seiner Hegelinterpretation in der Post-Histoire These veranlasste. (Hegel. FfM 1975) Die angewandte Praxis des Zen besteht im Wesentlichen in der Übung des Zazen, der sitzenden Kontemplation, welche den Weg zum Zen, zur Versenkung frei machen soll, der vollständigen „Hingabe an die Wahrheit" in der das Satori, die Erfahrung des Wesens allen Seins, aufscheint. Auch hier also Heilserwartung, Erlösungssehnsucht, Soteriologie als religiöses Grundmuster. Auch hier also die Hingabe, das Gegnen des (im passiven Sinne verstandenen) späten Heideggers.

vergangenen zwei Jahrhunderten, stets ein, wenn nicht der Sehnsuchtsort der europäischen Rationalität gewesen seien.[182] Wie erklärt sich dies? Man kann es vielleicht auf die einfache Formel bringen, dass es sich bei diesen Rezeptionen fernöstlicher Meditation und Askese um Reaktionen einer Enttäuschung an abendländischen *„Opferprozeduren und Vernichtungsunternehmen"*[183] handelt, welche die westeuropäische und US-amerikanische Gesellschaft durchliefen. Eine Enttäuschung, der sich zudem eine weitere Enttäuschung, die über die, diesen *„Opferprozeduren und*

---

[182] Theoretisch könnte man, das MA überspringend, sogar bis in die Antike zurückgehen, wo Indien für die Griechen ein sagenumwobenes Land darstellte. Siehe auch die Verbindung mit dem Dionysosmythos. Desgleichen ließe sich nach vorn tun, über die Mitte des 20. Jahrhunderts hinaus, hinein in die 1960er (Die Reisen und Romane von Kerouac und der Beatgeneration) mit dem Aufkommen des Yoga oder der indischen Erleuchtungsphilosophie, transzendentale Meditation des Maharishi Yogi (Die Indienreise der Beatles stieß hier die Tore weit auf.) usw. Hinein auch in die 1970er Jahre mit Sektenbewegungen wie Hare Krishna (George Harrison drückte mit „My sweet lord" die Sehnsüchte und diesen Zug der Zeit wohl am prägnantesten aus), Bhagwan u.ä. In den folgenden Jahrzehnten versanken all diese Praktiken in die normale Alltagsgegenwart des *„anything goes"* (Paul K. Feyerabend), füllten diese aus als kleine exotische, in die Biographie einzuflechtende Nippesmuster, als *„personaler Ausdruck unpersonalen Schicksals"* (Götter und Halbgötter der Renaissance. Eine Betrachtung am Beispiel der Galatea. In: Floß der Medusa, S. 114), um ein Wort Klaus Heinrichs aufzugreifen. Erst zum Ende des Jahrtausends hin wurde dies überholt durch das Aufkommen eines neuen, ernsthaften Faszinationszuges an Religion, am Islam um genau zu sein. Dies wurde zur Problemlinie an der wir heute stehen. Die Frage, die sich stellt, ist natürlich auch, wie konnte es kommen, dass die abendländische Form des βιος θεωρητικος (bios theoretikos), der vita contemplativa hier versagte und nirgends als Alternative angesehen wurde? Eine kleine Geschichte dieser abendländischen „Lebensführung" siehe Franz Boll. Vita contemplativa. Heidelberg 1920. Die Antwort läge vermutlich darin, dass diese inzwischen mit der Rationalität und nicht der Vernunft in Zusammenhang gebracht wurde und sich daher in die Enttäuschungsphänomene eingliederte. Ketzerisch könnte man sagen, dass dies auch mit zum Entstehen der Psychoanalyse beitrug. Siehe kurz dazu Rolf Böttcher. Sigmund Freud. Norderstedt 2014, S. 37.
[183] Heinrich, S. 49

Vernichtungsunternehmen" folgenden, philosophischen und politischen „*Reinigungs- und Rechtfertigungsritualen*"[184] anschloss. Es ist diese Kette von Enttäuschungen und den scheiternden Versuchen der Gründung eines Nichtenttäuschenden, wie sie das Abendland produzierte, die im 19. und 20. Jahrhundert in diesem Raum zu einer Sehnsucht nach und zu einer Faszination an einem Jenseits von Enttäuschung und Nicht-Enttäuschung führte, wie es die fernöstlichen Systeme mit dem Versprechen einer heilkräftigen Indifferenz anzubieten schienen und es im 21. Jahrhundert bislang weiter zu tun scheinen, wenn nun auch in vielfacher Zersplitterung, eingegliedert[185] und mit starkem

---

[184] Heinrich, S. 49

[185] *Fußnotenexkurs 15*: Gemeint ist, dass aus der mystischen Haltung als Lebenshaltung ein Instrumentarium unter vielen im normalen, durch die Produktions- und Konsumprozesse bestimmten Alltagsleben geworden ist, Farbfleck statt Färbung, sich also nicht mehr absetzt, sondern einfügt und zur Stabilisierung dessen beiträgt, dem es entspringen möchte. Man geht halt am Abend einmal für eine Stunde zum Yoga oder zur Atemübung wie man ins Fitnessstudio, zur Mal- und Tanz- oder zur Selbsterfahrungsgruppe (!), auf ein Bier oder sonstwohin geht. Ähnliches lässt für das Aufsuchen von Psychiatern, Therapeuten, Lebensberatern u.ä. beobachten. Man könnte auch anfügen, dass auf der „anderen" Seite sich Theater-, Konzert-, Museumsbesuche etc. in ähnlicher Weise entwickelt haben und längst in die Nivellierung, die Eindimensionalität der Gesellschaft eingeflossen sind. Auch ist man nicht mehr Philosoph, sondern philosophiert am Ende des Arbeitstages. Kultur scheint heute rein als Unterhaltungskultur existent zu sein, die im Hintergrund natürlich andere Aufgaben hat. Es könnte sein, dass Adornos These aus der „Ästhetischen Theorie", aber nicht nur dort, heute mehr Gültigkeit für sich beansprucht, dichter geworden ist, als je zuvor. In der genannten Schrift Adornos heißt es: „*Das soziale Bedürfnis nach Unterhaltung und dem, was sich Entspannung tituliert, wird ausgebrütet von einer Gesellschaft, deren Zwangsmitglieder Last und Monotonie ihres Daseins anders schwer ertrugen, und die in der ihnen zugemessenen und verwalteten Freizeit kaum anderes aufnahmen, als was die Kulturindustrie ihnen oktroyiert ... Unterhaltung, auch die gehobene und vollends die edel sich aufführende, wurde vulgär, seitdem die Tauschgesellschaft auch die künstlerische Produktion in die Fänge genommen und zur Ware präpariert hat. Vulgär ist Kunst, welche Menschen erniedrigt, indem sie die Distanz herabsetzt, den bereits erniedrigten Menschen zu*

Willen ist; Bestätigung dessen, wozu die Welt sie gemacht hat, anstatt dass ihr Gestus dagegen revoltierte." (Paralipomena. In: Gesammelte Schriften Bd. 7) So vermisste man im abgelaufenen Beethovenjahr 2020 nicht selten den Satz: „*Die von Toscanini dirigierte Beethovensymphonie ist nicht besser als der nächste Unterhaltungsfilm*". (Theodor W. Adorno. Thesen über Bedürfnis. In: Gesammelte Schriften Bd. 7) Nimmt man den Satz: *Vulgär ist Kunst, welche Menschen erniedrigt, indem sie die Distanz herabsetzt, den bereits erniedrigten Menschen zu Willen ist*" einmal als Gradmesser für das, was heute von den (durch das Internet rostig gewordenen) Flaggschiffen der Medien, also den Fernsehsendern, überwiegend produziert und ausgestrahlt wird, und zwar den öffentlich-rechtlichen kaum weniger als den privaten, so trennt nur noch weniges vom Siedepunkt.

Wenn unter diesem Aspekt in der „Coronakrise" die „Kulturschaffenden" auf ihren Demonstrationen aus einer berechtigten Angst um die finanzielle Existenzgrundlage heraus vom „Ende der Kultur" sprachen, dann ist das ebenso verständlich wie fragwürdig für die bestehende Kultur selbst. Was für eine Kultur ist das, die auf Aufführungs-, auf Präsentationspraxis angewiesen scheint? Zyniker fragten deshalb zurück, ob eine solche überhaupt erhaltenswert sei? Entweder enthüllt die Klage ein Kulturverständnis, das in der Kultur nur Tagesaktuelles sieht, was sie nahezu als Kultur im einstigen Verständnis entwertet. Oder die Klage enthüllt die Lüge um die Kultur, ihre künstliche Lebenserhaltung, das Füllen eines toten Körpers, und verweist auf die Richtigkeit der These Adornos.

Dies ist schwer hinzunehmen und man ist geneigt selbst bei weitgehender Akzeptierung der These immer wieder einzelne Kulturprodukte, Künstler und Kunstwerke anzurufen, die sich dem entziehen. Das geht dem Autor dieser Zeilen nicht anders. Vielleicht ist auch gerade einer inzwischen älter gewordenen Generation, der das Reden über Musik immer auch Andeutung der eigenen Lebenshaltung ist - „Sage mir wen du hörst und ich sage dir wer du bist." -, dieser Gedanke nahezu unerträglich. Und dennoch, eine Zerrissenheit zwischen einem Kulturverständnis als Bestätigung und Stabilisierung eines Status quo und einem, welches es als notwendige Entlastung von diesem sieht, sofern sich dies überhaupt unterscheidet, gegenüber einem, welches sich als Befragung oder Widerspruch gegen hingenommene Normverhältnisse versteht, ist nicht abzustreiten. Um es mit den Worten eines Kulturschaffenden zu sagen: „*And sometimes even music / can not satisfied the tears*" (Paul Simon. The cool, cool river. In: Lyrics 1964 – 2016. NYC 2016, S. 221) Gerade der „Kulturschaffende" wird dies aber nur schwerlich zugeben können, Schreibende eingeschlossen.

Und doch, haben nicht zugleich auch Ernst Bloch und Walter Benjamin Recht, dass in den kleinsten primitivsten Stücken von Unterhaltungsindustrie und Trivialkultur noch Emanzipationspotential, und sei es nur als Sehnsucht, steckt? Wie sich also verhalten? Wo finden sich die *„messianischen Splitter"* (Benjamin) zur Befreiung, zur Emanzipation von Einschlüssen?

esoterischem Einschlag. Damit hat Heinrich seinen eigentlichen Zielpunkt angesprochen.

II

Es geht, um es noch einmal deutlich zu sagen, bei der abendländischen Faszination an fernöstlichen Meditationen und Techniken der Askese also um Entlastung von Katastrophenszenarien und Enttäuschungen[186] der

---

An dieser Stelle mag auch vermerkt werden, dass Heinrich den Begriff der Emanzipation für unglücklich hielt, sofern dieser der „Sklavenhaltersprache" entstammt. Um genau zu sein ist es ein Terminus des römischen Rechts. Eigentum wurde in Rom durch die feierliche Geste des Handauflegens (mancipium) erworben. Emanzipation ist so das Negativum dieses Aktes in der Bedeutung des Loslassens, Fortnehmen der (haltenden) Hand usw. Die Emanzipation wurde als Akt vollzogen wenn ein Kind oder Sklave aus der Verfügungsgewalt des Hausherrn, des Hausvaters (s.o.), die in der Antike bis zur Verfügung über das Leben aller unter diesem im Haushalt lebenden reichte, entlassen wurde, um selbst das Recht auf Eigentum und Familie zu erwerben. (Man mag darin auch die Dialektik der Aufklärung und Revolutionen erkennen, sofern der Freigelassene selbst zum Hausvater wird.) Der Terminus Emanzipation gab also einen öffentlich-rechtlichen Vorgang wieder, der in das Ermessen des jeweiligen Herrn gestellt war und die Verleihung der Selbstständigkeit an jeweils passiv beteiligte Einzelpersonen bedeutete. In dieser Bedeutung erhielt sich der Begriff dann in den meisten Rechtstraditionen Europas bis weit ins 18. Jahrhundert hinein. Das bereitete Heinrich natürlich Kopfschmerzen und er hielt den Begriff mit seiner Bezogenheit auf Einzelpersonen wie in der Betonung der Passivität des Befreiten, da nicht dieser, sondern der loslassende Herr das Subjekt der Befreiung war, für mehr als unglücklich. Im Grunde ist dem zuzustimmen, aber vielleicht wäre auch dies ein Begriff, um den es sich zu ringen lohnen würde. Zumal dies schon insofern geschehen ist, als seit der Französischen Revolution die Aktivitätsrolle mehr auf die Rolle des Befreiten übertragen wurde, der nun selbst zum Urheber seiner Befreiung geriet und sich seine Freiheit selbst erkämpfte. Dies galt für Individuen wie Gruppen gleichermaßen. Was damit geschah ist auch ein Übergang des Begriffs aus der Rechtssphäre in die der Geschichte. Emanzipation wurde von einem Rechtsakt zu einem historischen Handlungsakt oder Prozess. Das sollte vielleicht nicht aufgegeben werden.

[186] Wie wirkungsmächtig das Phänomen der Enttäuschung ist, hat Peter Furth, wenn auch in ganz anderen Zusammenhängen, in seinem wichtigen Buch Phänomenologie der Enttäuschungen (FfM 1991) beschrieben.

abendländischen Rationalitätsgeschichte.[187] Entlastung findet dabei in Form der Selbstaufgabe statt, die eine des logoszentrierten[188] abendländischen Subjekts ist und über eine Indifferenz, eine Gleichgültigkeit gegenüber dessen Welt als Geschichtswelt verläuft.[189]

---

[187] Hierzu passt auch, dass in allen diesen Formen das Subjekt immer aufgelöst wird. Die Suche nach Ruhe ist auch die vor sich selbst. Es ist eine interessante Nebenbeobachtung, dass der Blues die einzige meditationsartige Kunstform ist, in der es nicht zur Auflösung des Subjekts kommt, sondern dieses erhalten bleibt und dennoch Entlastung findet. Dem wäre nachzuspüren. Zu betonen wäre auch, wie Jacques Ellul dies tut, dass Gedanken wie Menschenrechte, Kampf gegen Armut, Selbstbestimmung etc. genuine Gedanken des abendländischen Geistes sind, in deren Sinne weite Teile der heutigen Kritik an diesem vorgetragen werden. (Verrat am Abendland. Geist und Ungeist im Widerstreit. Stuttgart 1978. S. 28)

[188] Das abendländische Subjekt definiert sich als ein vernunft- und sprachzentriertes Subjekt. Daher auch immer die Aufmerksamkeit, die andere Ansätze (von der Romantik bis zur Psychoanalyse und Antipsychiatrie) finden. Versuche dieses Identifikationsmuster zu bestreiten scheinen mir kaum zu greifen und zwar für alle drei Hauptepochen – Antike, MA, Neuzeit – gleichermaßen. (Siehe auch Karen Gloy. Vernunft und das Andere der Vernunft. Freiburg i.B. / München 2001)

[189] Auch der Kirchengeschichte des Abendlandes ist der Quietismus nicht fremd. Das Anstreben einer vollkommenen Passivität, der inneren Ruhe, der berühmten „Seelenruhe", war im Katholizismus des 17. Jahrhunderts eine stark verbreitete Strömung, die der Kirche schon daher suspekt bleiben musste, als es sich dabei um einen individuell-verinnerlichenden Typus der Frömmigkeit handelte, die vermittelnde Rolle der Kirche zwischen Gott und Mensch, in der diese ihre Machtbasis besaß (siehe 1. Text), also nicht benötigte. Folgerichtung wurde diese Haltung der völlige Passivität in Handeln und Wollen, um so Gott für sein Handeln und Wollen Platz zu schaffen, 1687 durch Papst Innozenz XI. verurteilt. Ein frühes Beispiel dafür wie die Nichtanerkennung zum gefährdenden Faktor von Strukturen und Institutionen werden kann.

Was im Barock als religiöse Haltung zu finden ist kann man unvermutet möglicherweise am anderen, entgegengesetzten Ende, in einem völligem weltlichen Hedonismus wiederfinden, wie ihn die Merry pranksters um Ken Kesey in den 1960er Jahren betrieben. Der Autor muss eingestehen, dass ihm dieser bis heute vollkommen fremd geblieben ist und lange unverständlich war, bis er ihn innerhalb des Kontextes der Anerkennungsstruktur verstand. Die Aktionen und Lebensweisen der Pranksters, die ansonsten völlig sinnlos sogar albern bis lächerlich erscheinen, werden innerhalb dieses erhellt, so fragwürdig alles andere bleiben mag. Ein gutes Beispiel dafür wäre das Verhalten von Kesey auf der Veranstaltung des Vietnam Day Commitees, wo er diesbezüglich Klartext spricht. Der Punkt dabei ist die These, dass das alte politische Spiel des politischen Aktivismus sich zwar gegen die Unterdrücker zu richten scheint, diese aber unterstützt, indem es ihr Spiel mitspielt. So ließ Kesey ein erstauntes Publikum auf besagter Kundgebung des Vietnam Day Commitees wissen: *„das ist das Spiel, das sie spielen ... sie halten Kundgebungen ab und marschieren ... und ihr spielt das gleiche Spiel ... ihr Spiel ..."* (S. 249) Zuvor hatte er Paul Krassner gebeten bei einem gegen den Krieg sprechenden Vorredner, der sich in Rage geredet hatte, nur auf die Gesten und den Klang der Stimme zu achten und ihm zu sagen, wen er dort sehe. Krassner wird sagen müssen *„Mussolini"*. Eine mächtige Demonstration der Analogie. (Tom Wolfe. Unter Strom. Die legendäre Reise von Ken Kesey und den Pranksters. München 1991, S. 246 ff) Dagegen wird ein völliger Ausstieg in eine Welt des völligen Hedonismus vorgeschlagen, den man als Pendant des religiösen Ausstiegs des 17. Jahrhunderts verstehen könnte. Die bekannte Sentenz aus den 1960er Jahre, *„Stell dir vor, es gibt Krieg und keiner geht hin"*, findet hier seinen Ort. Witzigerweise unterliegen aber alle Parteien in diesem Spiel weiterhin dem Wahrheitsanspruch.

Es fällt schwer diese Analogie von Askese und Hedonismus zu akzeptieren. Dennoch ein kleiner Beleg dafür mag in ihrem nicht selten gemeinsamen Auftreten (Aufblühen) zu sehen sein, in den 1920er nicht weniger als in den 1960er Jahren, wo sie oft auch zusammen von den gleichen Personen praktiziert werden. Beiden ist das Wohlfühlmoment der Gemütlichkeit des Eigenen bzw. des „wahren Lebens" eigen, auf das im 3. Text zu kommen sein wird. Der Punkt ist, dass beides Abkehrbewegungen sind. Und das Interessante ist, dass beide mit der Begehrensstruktur der Anerkennung arbeiten, indem sie diese verweigern und das Gegenüber ins Leere laufen lassen. Steckt da nicht etwas vom theologischen Verhältnis Judentum – Christentum darin, bei dem das eine ein Mysterium des anderen ist, während für das andere jenes gar keine Bedeutung besitzt, so dominant es sein mag (s.o.)?

Dennoch hält der hier Schreibende solche Praktiken letztendlich für wenig anstrebenswert. So erfolgreich sie zuweilen im Persönlichen sein mögen und dort, zumindest solange sie bewusst ausgeführt werden, enorme Wirken zu entfalten vermögen. Jemand dessen Autorität ich nicht anerkenne (was auch schweigend geschehen kann, insbesondere sofern es Gewaltautorität der Hierarchie ist), ist keine Autorität. Dies ist sogar, wie das Brecht'sche Nein demonstriert, sehr wichtig als letzte Bastion gegen allen Totalitätsanspruch. Im gesellschaftspolitischen Zusammenhang sieht dies jedoch anders aus. Zumal solche Versuche nicht nur solange sie Randerscheinungen bleiben dem Status quo durch den Entzug keinen ernsthaften Schaden zufügen, solange sie außerhalb des Zustandes diesen sogar aktiv leben, sondern auch, weil sie sehr schnell jeweils von diesem kaptiviert und genutzt werden und sei es - analog der Urlaubserlaubnis - nur als Entlastungszustand für gesteigerte

Der Rückzug ins Selbst ist in den fernöstlichen Praktiken von Meditation und Askese einer vom Anderen.[190] Dieser und dieses hatte sich in den Enttäuschungen der *„Opferprozeduren und Vernichtungsunternehmen"* als Gegenüber erwiesen. Mit dem Rückzug vom Anderen[191] wird aber auch die Möglichkeit des Miteinander, in der Terminologie Heinrichs: des Bündnisses, aufgegeben, was

---

Belastbarkeit. Zumeist werden sie aber gewinnbringend in den Konsumzwang integriert. Die Straßen von den Pranksters zur Spaßgesellschaft sind schnell angelegt und die der fernöstlichen Sekten in die Feierabendesoterik ebenso. Revolutionärer Quietismus wie er in den fernöstlichen Praktiken geübt wird ist sicherlich etwas völlig anderes als im Hedonismus, etwas völlig anderes, das doch in vielem das gleiche ist. Die Hauptdifferenz besteht darin, dass es bei den einen um Selbstauflösung geht, bei den anderen um Selbstausleben, was aber als Begriff schon seine Folgen, die Aufgabe des Selbst in der Geschichte anklingen lässt. Wird bei den einen die konkrete Welt zum Nichts, so bei den anderen zur Spielwiese. Beide scheinen aber doch Reaktionen auf eine unbewältigte Geschichte, also der gleich Quelle zu entspringen.

[190] In der Versenkung vollzieht sich gleichermaßen die Abkehr vom Anderen, selbst vom Gleichgesinnten, wie von sich Selbst. Verabschiedung aus der Welt ist also immer Verabschiedung aus der Menschenwelt, spricht der Geschichte. Gilt die Analogie zum Hedonismus, wie ihn die Pranksters lebten, so findet sich dieser Zug in dem Gruppensatz: *„Traue niemals einem Prankster."*

[191] Es liegt übrigens auf der Hand, dass dieser Rückzug vom anderen immer mit einem Rückzug vom Selbst – auch wenn gerade das Gegenteil angestrebt und behauptet wird – verbunden ist, sofern das abendländische Subjekt als Vernunftsubjekt immer ein gespaltenes, eines in der Re-flexion ist. Damit aber auch vom Gespräch des Denkens, wie Hannah Arendt es in ihrem Text über Sokrates beschrieben hat, als (vom Zweifel getragenen) Dialog mit sich selbst. Dabei, so möchte man hinzufügen, argumentieren die Dialogpartner aber auch immer mit der Epave des Wissens, wie schon das Lesen, um es mit einer wunderschönen Formulierung Richard David Prechts zu sagen, immer Denken mit anderen Gehirnen ist. (*„Lesen ist Denken mit einem fremden Gehirn."* In: Erkenne die Welt. Eine Geschichte der Philosophie Bd. 1. München 2015, S. 12) Auch dem versucht der Faszinierte ja zu entkommen. Die gesamte abendländische Geschichte bestimmt sich genau dadurch und ist, wie oben bereits bemerkt, von einem ständigen zugleich von A und Non-A durchzogen. Alle Meditationsformen streben aber die Aufgabe des Ichs an, die aber zugleich auch die der Konzentration in ein einheitliches, in sich ruhendes ist. Das Subjekt ist aber kein einheitliches.

fatal ist, sofern die Zerstörungstendenzen keineswegs aufhören zu wirken und mit der Aufgabe eines bündnisfähigen Selbst keinen Widerstand mehr finden.

Auch in der neueren Philosophiegeschichte findet sich solch ein Versuch der Aufgabe auf den Heinrich zunächst zu sprechen kommt. Es ist nicht umsonst, dass dieser ausgerechnet zur Zeit des Nationalsozialismus stattfindet und durch Martin Heidegger angeboten wird. In der von Heidegger vorgebrachten „Gelassenheit" *„gegnet"* oder *„vergegnet"* das Subjekt durch ein Eintauchen in den Seinszusammenhang der und seiner Welt.[192] Heinrich

---

[192] *Fußnotenexkurs 16*: Heideggers Begriff der Gelassenheit, den er von Meister Eckhart übernimmt, wird von Michael Inwood in seinem A Heidegger dictionary (Oxford 1999) dagegen keineswegs rein passiv und apathisch definiert, sondern ganz im Sinne eines Versuchs einem technologischen und repräsentativen, entfremdeten Denken ein anderes Denken entgegenzusetzen. So heißt es zum Gelassenheitsbegriff: *„Mystics such as Eckhart and Seuse used it* (den Begriff „Gelassenheit", RB) *in the sense of 'devout, devoted to God, pious'. Gelassenheit was used by mystics for the peace one finds in God by taking one's distance from worldly things. ... It is similar to the apatheia, 'impassivity', recommended by the Greek stoics, and to the basic mood of Verhaltenheit, 'restraint', recommended by Heidegger (LXV, 8, 395, etc.). Gelassenheit is a remedy for technology. Technology 'alienates [entfremdet]' ... In a dialogue Heidegger explores Gelassenheit more thoroughly (G, 29ff./58ff.). It involves the disinterested reflection that technology threatens to eliminate (cf. G, 25/56). It abandons willing, but it is not passive and does not let things slide and drift. It is not, as Eckhart supposed, the abandonment of sinful selfishness and of self-will in favour of the divine will. It is thinking, but not thinking in the sense of representation."* (p. 117 f)

In der Tat lässt sich Heideggers Begriff der Gelassenheit sowohl als Weg in die Apathie als auch als Widerstand gegen eine technologische Vereinnahmung und Entfremdung des Menschen verstehen, als Ansatz zu einem neuen, dem repräsentativen und entfremdenden Denken entgegenstehende. Sehr deutlich wird diese Ambivalenz in folgender Passage: *„Philosophieren als Geschehenlassen der Transzendenz ist die Befreiung des Daseins. Befreit wird die Freiheit desselben, und Freiheit ist nur in der Befreiung. Im Geschehenlassen der Transzendenz als Philosophieren liegt die ursprüngliche Gelassenheit des Daseins (vgl. oben: Seinlassen), das Vertrauen des Menschen zum Da-sein in ihm und zu dessen Möglichkeiten. Hieraus allein erwächst die echte Kraft der Zuwendung zum Seienden, die alle Haltung* *als Auseinandersetzung mit dem Seienden innerlich fordert.*" (Martin Heidegger. Einleitung in die Philosophie. In: Gesamtausgabe Bd. 27. FfM 1996, S. 401) Aber auch im passiven Sinne ist Gelassenheit im Spätwerk Heideggers zu lesen, als ein Sichloslassen. Aus *„dem transzendentalen Vorstellen löst die Gelassenheit vom Wollen des Horizontes ab; ein Lassen, das nicht mehr aus einem Wollen, sondern dem Sicheinlassen in die Zugehörigkeit zur »Gegnet« kommt, zum Geheimnis des Wahren."* (Manfred Riedel. Feldweg-Gespräche. Deuten im Wort. In: Heidegger Handbuch (Hrsg. Dieter Thomä). Stuttgart 2013, S. 215)

Dass dieser Dualismus aber auch eine Klammer bzw. einen Übergang hat, und zwar einen der im Politischen liegt, hat hellsichtig Kathleen Wright bemerkt, wenn sie in ihrem Text Gespräch mit Hölderlin II. Die Heroisierung Hölderlins um 1933 (In: Heidegger Handbuch, S. 198) schreibt: *„Zum Grundzug (Wesen) des deutschen Daseins wird in den Kriegsjahren das Sich-Fügen (Seinlassen) und die Gelassenheit, nicht mehr der Kampf wie zuvor (GA 53, 68). An dieser Form der »Gelassenheit«, wie sie dann in Texten aus der Nachkriegszeit isoliert hervortritt (vgl. G; GA 16, 517 ff.), ist schließlich kaum mehr erkennbar, dass sie aus einer Dualität des Maskulinen und Femininen, Dionysischen und Junonischen hervorgegangen ist".* Wer bisher den Hinweis auf die Heinrich wichtige Geschlechterspannung vermisste, findet ihn hier. Unter ihrem Diktum mag man auch Wrights Text zu Heideggers Verhältnis zum Nationalsozialismus via Hölderlin noch einmal lesen. Wichtiger in diesem Zusammenhang scheint mir aber die Verbindung des Sich-fügens zur Zeit des NS, und dies bereits 1933.

Ob die „Gelassenheit" bei Heidegger im Spätwerk das vormalige Ringen um das Sein, den Sinn von Sein über das eigentliche Sein als das In-der-Welt-sein des Daseins ersetzt und Sein, zumindest als Begriff, vollkommen aus der Verfügungsgewalt des Menschen nimmt und zum Geschenk an diesen macht, welches er in der Gelassenheit entgegen nehmen kann, oder ob es weiter als Moment im Handeln gegen die Entfremdung und Vereinnahmung, gegen die Nivellierung zum „Man" einer zunehmend technologisch-ökonomischen zerstörerischen Mythenwelt verstanden wird, muss offen bleiben. Hingewiesen sei dabei noch einmal auf die Befragung von Heinrichs Stellung zu Heidegger, ob diese nicht etwas aufgibt, das zu gewinnen wäre und doch zugleich äußerst notwendige Warnung ist. Das Ringen um Begriffe hält an. Hier spiegelt sich auch im größeren Zusammenhang die Frage um den Begriff der Emanzipation als aktiv oder passiv verstandene wieder.

Über die „Gelassenheit" im Zusammenhang des konservativen Denkens siehe Daniel Morat. Von der Tat zur Gelassenheit. Konservatives Denken bei Martin Heidegger, Ernst Jünger und Friedrich Georg Jünger 1920-1960. Göttingen 2007 sowie Wolfgang Schirmacher. *Technik und Gelassenheit. Zeitkritik nach Heidegger.* Freiburg/München 1983. Bei Heidegger insbesondere „Zur Erörterung der Gelassenheit". In: Gesamtausgabe Bd. 13 (FfM 1983)

bemerkt, dass hierbei, bei dieser abendländischen Mystikvariante, sogar das Lustversprechen des Mutterschoßes, wie es im fernöstlichen Nirwana noch gegeben war, gestrichen und aufgegeben werde, zugunsten einer „totalen Erfassung (‚Vergegnung‘)". Hatte der frühe Heidegger von „Sein und Zeit" noch die aktive Wahl prononciert[193], so scheint der spätere Heidegger zum passiven Erwarten und Empfangen übergegangen zu sein. Einem Ergeben und Hingeben, mit entsprechenden Konnotationen für die Zeit des Nationalsozialismus. Man geht wohl nicht ganz fehlt, wenn man vermutet, dass genau diese Hingabe an eine verschlingende Ideologie der Schreckensmoment war, der Heinrich sensibel machte für ähnlich gelagertes, wie es sich in den fernöstlicher Meditation und Askese wiederfindet. Das Subjekt, so Heinrich, wurde bei Heidegger sogar noch radikaler gelöscht als in den Meditationspraktiken der indischen Philosophie.[194] Ein in sich exemplarisch scheiterndes Unternehmen, denn mit und in ihm wiederholt Heidegger als Denkender genau das, dem er genau damit zu entgehen hoffte bzw. zu entgehen vorgab. Die enttäuschte gesellschaftliche Heilserwartung ist im Versuch einer „ontologischen Überwindung"[195] wie Heidegger sie vorschlägt kaum zu bewältigen, sondern wiederholt und radikalisiert sie in der Enteignung und letztendlichen Vernichtung des Subjekts als autonomes Vernunftsubjekt.[196]

---

[193] Was von den Opponenten Heideggers aber gleichfalls als auf die Katastrophe zulaufend verstanden wurde, während es seine zur Eigenheit sich entwickelnde Schülerschaft als Aufruf zur Befreiung und zur Autonomie des Subjektes nutzte.

[194] Inwiefern dies logisch möglich ist, sei einmal offen gelassen. Es ist aber deutlich, worauf Heinrich dabei zielt.

[195] Heinrich, S. 50

[196] Es kann hier nicht der Ort sein sich Heinrichs Auseinandersetzung mit Heidegger zu widmen, zumal die für eine solche entscheidende Veröffentlichung seiner

Wie auch immer, trotz und gegen all diese Versuche ging und geht der „*reale Opferprozeß*"[197] weiter, auch wo er „das Opfern zu opfern"[198] beabsichtigt, sofern das Subjekt sich in all diesen Prozessen, den fernöstlichen nicht weniger als denen Heideggers, stets selbst opfert und sich selbst das Andere. Alle diese philosophischen Meditationsformen und ihre anschließenden Lebens- und Verhaltensweisen sind letztendlich nichts anderes, können nichts anderes sein, als selbst Enttäuschungsprodukte. Sie entstehen aus der Enttäuschung heraus und setzen sie zugleich fort, indem sie sich als Denkmuster und Handlungsstrukturen in die Auflösungs- und Vernichtungsprozesse einreihen.[199] Der Unterschied – und nach diesen wird zu fragen sein – liegt nur darin, dass sie als ein Heilsversprechen vorgetragen und

---

Vorlesungen zu Heidegger leider immer noch aussteht und man auf die, wenn auch zahlreichen, Anmerkungen von Heinrich in anderen Themenzusammenhängen oder Erinnerungen persönlicher Gespräche angewiesen ist. (Dankeswerter Weise hat der Ça ira Verlag, der 2020 das Werk Klaus Heinrichs vom Stroemfeld / Roter Stern Verlag, in dem die Dahlemer Vorlesungen seit 1981 erschienen, übernommen hat und nun weiterführt – auch unter Neuauflage aller bereits erschienenen Bände – diese Heidegger Vorlesung für kommendes Jahr angekündigt. Auf weitere, darunter die über das Transzendentale Subjekt und die im SS 1985 unter der Überschrift: De rerum natura. Zur Religionsphilosophie des europäischen Materialismus gehaltene, darf man sich Hoffnungen machen.) Vorweg kann man aber zweifeln, auch an der eigenen Einschätzung, ob die Frontstellung, die Heinrich gegen Heidegger aufmacht, nicht eine ist, die eine Möglichkeit des Bündnisses verspielt, zu leicht die Deutungsmöglichkeit(en) der Fundamentalontologie aufgibt, einer Philosophie, die zweifelsohne, was immer man von ihr halten mag, eine der beiden philosophischen Grundsäulen der modernen Philosophie ist. Sicher, Heidegger ist mit Vorsicht, ja äußerster Vorsicht zu genießen, aber nicht unbedingt aufzugeben. Darin ist er sehr ähnlich dem Johannes-Evangelium.

[197] Heinrich, S. 50

[198] Heinrich wörtlich: „*Opfers auch des Opfern selbst*", S. 50

[199] Heidegger liefert hier sozusagen das Paradigma.

geglaubt werden, und ihr Vernichtungspotential zumeist oder zumindest vorerst unbemerkt bleibt.[200]

III

Aber kann man so pauschal urteilen? Die gegenwärtigen Praktiken fernöstlicher Meditation sind weit entfernt von den einstigen Versuchen sie aufzugreifen. Zu unterscheiden sind mit Heinrich daher zunächst einmal a) die metaphysische Spekulationen, welche das Ziel verfolgen, das Leben zu verändern und *„doch nur zur Rechtfertigung des nichtveränderbaren, dabei rasend sich verändernden"*[201] geraten; b) der sprachlose Protest der Jugendgeneration der Nachkriegszeit[202], der sich gegen eine verstrickte und verstrickende Erwachsenenwelt richtete, die diese Verstrickung als realitätsgerecht rechtfertigte (I. Wandervogel, II. Rock ‚n' Roll, Marlon Brando, James Dean).[203] Ihr folgte zunächst ein Zug zum Zen-Buddhismus (Beatgeneration, Jack Kerouac, Allen Ginsberg), den Heinrich als dekorativ und lebensreformerisch beschreibt und als

---

[200] Aber ist dies ein Unterschied? Sind nicht all die Opferprozesse und Vernichtungsunternehmen, insbesondere der großen politischen Ideologien der Moderne – Faschismus, Kommunismus, Liberalismus – solche geglaubten Heilsversprechen?

[201] Heinrich, S. 51

[202] Welche Nachkriegszeit meint Heinrich genau, die des I. oder die des II. Weltkrieges? Oder beide? Gegenüber Wolfgang Fritz Haug sprach Heinrich von dem *„Unterschied der Generationen nach dem Ersten und Zweiten Weltkrieg"*, wobei für die letztere *„die Bedrohung durch Indifferenz, die Aufwertung der Abkehr erst eigentlich an erste Stelle getreten"* sei (Versuch, Klaus Heinrich Dank zu sagen. S. 398)

[203] Heinrich lässt offen, was er genau meint. Die in Klammern gesetzten Beispiele sind also nur meinem Verständnis nach das Gemeinte. Vorschläge oder Berichtigungen hierzu oder zu anderen sind willkommen.

stumme Anbetung von Gegenständlichem auffasst.[204] Und anschließend Gemeinschaften, welche neben der Gesellschaft her existierten (Hippies, Kommunen u.a.) und alternative Lebensformen praktizierten, wobei zumeist eine Rückkehr zu einem einfachen Leben, auch der Reproduktionsformen, propagiert wurde, was sie in den Augen der bestehenden (industriellen und kapitalistischen) Gesellschaft besonders anstößig machte.[205] Neben diesem sprachlosen Protest bildete sich aber auch ein beredeter Protest (Studentenbewegung), der Autorität und bestehende (politische) Realität in Frage stellte. Mit dem Ausbleiben der großen Veränderung aber wurde dieser umgeleitet zu Organisationsformen („Grüne", zahlreiche Bewegungen, Einrichtungen usw.)[206], welche den

---

[204] In diesem Zusammenhang wären das Ikebana (Blumensteckkunst), die Teezeremonie oder die Kalligraphie (Schönschreibekunst) zu nennen.

[205] Man muss bemerken, dass sich die Kraft der kapitalistischen Gesellschaft darin zeigt, dass es ihr gelang, all diese Absetzbewegungen zu kaptivieren und sich einzuverleiben. Dies war auch bei späteren Formen der Fall, wie der Anti-Atomkraft- oder der Friedensbewegung. Die große Ausnahme hiervon ist die in den 1980er Jahren aufblühende Hausbesetzerbewegung. Auch sie wurde zum Teil sicherlich kaptiviert. Der verbliebene Teil jedoch nicht, wie dies bei anderen Bewegungen mit deren Resten der Fall war, ins Leere und die Bedeutungslosigkeit laufen gelassen, sondern gewalttätig zerschlagen. Der Grund ist einfach. Anders als die anderen Bewegungen griff die Hausbesitzerbewegung etwas der Ideologie des Kapitalismus fundamentales an, so dass diese reagieren musste, ähnlich wie einst die Kirche auf bestimmte, sie in ihren Fundamenten in Frage stellende Bewegungen reagieren musste, während sie andere zu integrieren wusste. (Auch dies eine Spielart des *„Garantiekapitalismus"* von dem Jacob Taubes schon in den 1980er Jahren sprach und der im Zuge des Neoliberalismus von der Finanz- bis zur Coronakrise sich offen zeigte, und als ebenso human wie notwendig spätestens seit Gerhard Schröder verkauft wird.)

[206] In dieser Einschätzung bin ich sehr unsicher. Dabei ist zu bedenken, dass Heinrich seinen Text 1984 verfasste, wo es um die Partei der Grünen ganz anders stand als heute, wo sie sich anschickt etablierte Regierungspartei zu werden, was aber die Einordnung nur bestätigt. Gestützt in dieser Einschätzung werde ich ein wenig durch die Äußerungen Heinrichs in einer Diskussionsrunde, die z. T. im Film „Niemanns Zeit" (1984/85) von Horst Kurnitzky und Marion Schmid wiedergegeben ist. Der

langen Marsch durch die Institutionen antraten.[207] Biographisch, d.h. nicht als Organisationsform, wo eher eine reformierende Angleichung stattfand, verliefen sich ihre Mitglieder und damit weite Teile der Gesellschaft zusehends in eine c) erneute Sprachlosigkeit, die der Kraft der autonomen Rede als Einspruchsmöglichkeit keinen Glauben mehr schenkte, diese verwarf und sich wieder Zen und ähnlichen Praktiken zuwendete,[208] allerdings subjektzentriert und weitgehend unpolitisch, wenn auch oft aktionistisch.[209]

All dies hat, wie gesagt, Tradition, die Faszination daran ist nicht neu. Und all dies ist vom Stigma der Sprachlosigkeit und/oder der Anpassung gekennzeichnet. Weiter bleibt also die Fragestellung, wie diese Formen sich als Heilsversprechen darstellen konnten.

Film zählt, das sei erlaubt zu bemerken, meines Erachtens zu einem der besten Werke über den NS und dessen Mentalität überhaupt und setzt sich meilenweit von anderen solchen Versuchen ab.

[207] Ein Schelm, wer eine Ähnlichkeit mit der Enttäuschung der Naherwartung der frühen Christen sieht.

[208] Dies ist natürlich eine gewagte These Heinrichs, für die aber ein Blick in den eigenen Bekanntenkreis (innerhalb der gemeinten Generation und ihrer Zeit) vielleicht doch einige Belege finden könnte.

[209] Wieder bin ich mir nicht sicher, was Heinrich meint. Typen wie Spaßgesellschaft, Egoismus, Hedonismus etc. sind nur schwer als zenartig zu beschreiben. Auch wäre zu bemerken, dass die gegenwärtigen Erscheinungen wie Fridays for future, Occupy, Greenpeace, Peta, Vier Pfoten, Gelbwesten, Oxfam, Futur II und viele andere kaum als sprachlose zu bezeichnen wären. Hier scheinen die Bruchstellen verschiedene und andere zu sein. (Zersplitterung, Systemanpassung usf.) Auch Norbert Bolz Einschätzung der Umweltbewegung(en) als im Duktus der Religion sich vollziehende scheint mir, so spannend sie ist, doch verfehlt und nur auf Momente darin anwendbar. Ist die von Heinrich beschriebene Tendenz aber richtig, wofür viel spricht, dann ließe sich daran erneut die Wegnahme einer Wahrheit, diesmal einer politischen, erkennen.

IV

Heinrich macht, um diese Frage zu beantworten, zunächst einen weiten Schritt zurück, zu einem allgemein kaum bemerkten, aber signifikanten Punkt, der ersten oder zumindest einer der ersten Begegnungen[210] westlicher und östlicher Mystik. Diese Begegnung zwischen östlichem und westlichem Mysterium findet bereits sehr früh statt.

In Karl Kerényis Buch über „Die Mysterien von Eleusis" findet sich eine Textstelle mit der Überschrift: „Das Zeugnis des Brahmanen". Sie erzählt davon, wie Augustus die Durchführung der eleusischen Mysterien außer der Reihe angeordnet hatte, um damit einen in Eleusis weilenden Brahmanen zu ehren. Dieser ließ sich einen Scheiterhaufen errichten, in den er, nachdem er diesen hatte anzünden lassen, lachend hineinsprang. Mit dieser Demonstration seines Glaubens übertrumpfte er sowohl die auf dem vernünftigen Wort der Diskussion beruhende griechische Philosophie, also den abendländischen λογος, wie auch die in den eleusischen Mysterienritualen stattfindende abendländische Schau (θεωρια, **theoria**) des Numinosen[211]. Beides entlarvte er in (≠

---

[210] Die erste Begegnung wird es kaum gewesen sein, da zumindest die Teilnehmer an den Feldzügen Alexanders d. Gr. mit den fernöstlichen Ritualen in Berührung gekommen sein werden, vermutlich hat es aber auch schon sehr viel früher erste Kontakte von Reisenden gegeben. Zur Begegnung der Griechen mit den Kulturen des Ostens und deren Wechselwirkungen siehe u.a. Albrecht Dihle. Antike und Orient. Heidelberg 1984, dergl. Die Griechen und die Fremden. München 1994 und dergl. Hellas und der Orient. Phasen wechselseitiger Rezeption. Berlin 2009, Walter Burkert. Die orientalische Epoche in der griechischen Religion und Literatur. Heidelberg 1984. Zur griechischen Mystik: Carl du Prel. Die Mystik der alten Griechen. Leipzig 1888, Erwin Rohde. Psyche. Stuttgart o. J., Walter Burkert. Antike Mysterien. Funktion und Gehalt. München 1990. Grundlegend weiter Martin P. Nilsson. Geschichte der griechischen Religion. München 1955

[211] Primär natürlich in der Bedeutung des römischen Kultzusammenhanges, wo mit der Bezeichnung Numen eher das Wirken der Götter als diese selbst gemeint ist. Dennoch läuft man nicht fehl, wenn man auch die moderne, von Rudolf Otto

mit) seinem Handeln[212] als Veranstaltung eines bloßen abendländischen Kult-Theaters, dem kein ernsthafter, lebensbestimmender Sinn zukam.[213] Die Neugeburt, die existentielle Erfahrung, welche das eleusische Mysterium versprach, wurde als Schein aufgedeckt, da keiner der in sie Eingeführten bereit war sein Leben wirklich aufzugeben. Anders der Brahmane als Repräsentant fernöstlicher Praxis, der den Sprung nicht nur gewagt, sondern auch begrüßt hatte. Hat aber der Brahmane diesem Schein nicht nur einen anderen Schein entgegengehalten? Denn ist sein Scheiterhaufen nicht ebenso reine (Schein-) Veranstaltung wie die Kultmysterien? So fragt Heinrich zu Recht. Mehr noch: Kann ein „Sprung ins Zentrum", in den heilenden Ursprung überhaupt gelingen? Oder kann er nur in der Übergabe an den Tod gelingen?[214] *„Dulce et decorum est pro patria mori"* (*„Süß*

---

gesetzten Bedeutung als göttliches Sein, egal ob abstrakt (Sein) oder als Wesen (Gott) mitdenkt.

[212] Es ist ein interessanter Aspekt dieser Geschichte, dass hier mit einem Handeln, das ins Nichthandeln führt, die Theorie überflügelt wird, wo ansonsten (nach abendländischem Verständnis) die nichthandelnde Theorie dasjenige ist, das Handeln in Gang setzt und leitet.

[213] Man denke an Jacob Taubes Bemerkung, dass ernsthafte Religion immer mit Blut verbunden sei.

[214] *Fußnotenexkurs 17*: Genau dies ist die Weggabelung, vor der die Interpretation von Heideggers *„Vorlaufen in den Tod"* steht und die zwischen katastrophalen Ereignisdenken und autonomen Befreiungsdenken zu entscheiden hat. Hier trennen sich die Schüler und Interpreten Heideggers wie die Apostel am Ende des Marcusevangeliums (16, 20). Dieses Ambivalenzproblem, das Heidegger mit Johannes teilt, wurde schon oben angesprochen. Emanzipativ ausgelegt wäre ein solches Vorlaufen in den Tod zu lesen als die Möglichkeit der Gewinnung eines von den Verstrickungen und Vorgaben des Allgemeinen Losgelösten, also der Freiheit und Möglichkeit des Subjekts es selbst zu sein. Und zwar des Selbstseins als Grundlage zum Selbstdenken, Selbsturteilen und Selbsthandeln (wie es auch Heinrich fordert). Nicht also um seiner selbst willen (wie es Heinrich zuwider ist). Danach wäre Dasein mögliches Nicht-Sein, bürge in sich also die Möglichkeit des Nichts, was es zu einer besonderen Existenzweise werden lässt. Dadurch wiederum ist es nicht

festgelegt, sondern zur Unabhängigkeit, zum Losmachen von allem es Bestimmenden fähig. Es kann seine Möglichkeiten selbst entwerfen oder wählen und hat sich nicht zwangsläufig den vorgegebenen und vorgebenden Bestimmungen der Welt oder des „Man" zu beugen und diesen zu folgen. Es hat, mit anderen Worten, die Möglichkeit der Freiheit. Daran hat insbesondere Sartre festgehalten. Und wenn man bedenkt, dass ein Existential des Dasein das Verstehen ist, dann kann man hierin die Aufforderung zum Selbstdenken verstehen, wie sie z.B. von Hannah Arendt aufgegriffen wird. Heidegger selbst schreibt: *„Das Vorlaufen erweist sich als Möglichkeit des Verstehens des eigensten äußersten Seinkönnens, das heißt als Möglichkeit eigentlicher Existenz."* (Sein und Zeit. Tübingen 1967, § 53, S. 263) Der Streit, auch mit Heinrich, dreht sich dabei also um die Bedeutung des „eigentlich".

In dem, von Heinrich abgelehnten, befreienden Interpretationsansatz und im hier mit der fernöstlichen Mystik zu erörternden Zusammenhang, ist vor allem aber wichtig, dass die so angelegte Möglichkeit der Freiheit nie als absolute Freiheit verwirklicht werden kann, weil Dasein immer ein In-der-Welt-Sein und ein Mit-Sein ist. Der Tod aber als absolute Freiheit im Sinne totaler Befreiung von allen äußeren Einflüssen ist das Ende unserer Existenz. Versteht man Heidegger dagegen in diesem Sinne, also dem Ergreifen einer absoluten, totalen Freiheit, dann wird aus dem in die Freiheit autonomen Denkens und Handelns Setzenden, so sieht es Heinrich, eine katastrophale Todesverfallenheit. Die Frage der Auslegung ist daher, ist das Vorlaufen im obigen Zitat als eines an-sich, also ohne das Ankommen gemeint (Befreiung, Widerstand), oder eben als bzw. inklusive dieses Ankommens (Opfermentalität, Ergebenheit)? Auf psychoanalytische Kategorien herunter gebrochen ist die Frage, ist der Todestrieb einer, der sein Ziel erreichend in der Katastrophe endet? Oder ist er einer, der auf seinem Weg gerade durch seine Umwege zu Aufbau und Sublimierung beiträgt? Daran liegt alles. Die Frage ist, ob man wie der Brahmane in oder ob man über den Scheiterhaufen springt.

Erschwert wird die Interpretation Heideggers auch dadurch, dass dieser die Möglichkeit der Loslösung von den Vorgaben der Welt oder des „Man" gerade durch deren konstitutive Rolle für das Dasein als solches führt. Sein Weg zur Eigentlichkeit als Autonomie, wenn es denn ein solcher ist, führt durch dessen Unmöglichkeit hindurch, ist also kein gerader und einfacher. Denn das In-der-welt-sein und Mit-sein, das überwiegend vom „Man" geprägt wird, ist für die Existenz des Daseins als Seinsweise grundlegend. Immer wird es in dieses hineingeboren. Und nur aus diesem Umstand kommt es zum Existential des „Verstehens". Ein Begriff mit dem Heidegger, so Willem van Reijen (Martin Heidegger. Paderborn 2009, S. 15), an die traditionelle Hermeneutik anknüpft. Zwar geht das Verstehen „zuerst" auf das Verstehen der Seinsweise der eigenen Existenz, *„Verstehen ist das existenziale Sein des eigenen Seinkönnens des Daseins selbst"* (Sein und Zeit. § 31, S. 144), bruchlos aber geht dies über, ja verbindet sich und zwar untrennbar mit dem Verstehen des Sinns von Seiendem als Ganzen. Das Dasein versteht sich über die Welt, wie die Welt über das

Dasein verstanden wird und beide in einem Kontext der Zeit. So gehört die Struktur des Sinnes in die existenziale Verfassung des Daseins, die im auslegenden Verstehen verwurzelt ist. Ein Kreislauf des Verstehens, der unvermeidlich ist und auch nicht vermieden werden soll. Worum es für Heidegger geht um das „Man" zu vermeiden und zur eigentlichen Weise des Daseins zu kommen, ist, so in diesen Zirkel hineinzugelangen, das dabei die Möglichkeit des Erkennens, die dem Dasein gegeben (zu eigen) ist, sich auftut und den Kreislauf in seiner und als seine Eigentlichkeit offenbart, die eben die des Daseins ist.

In solchem Brückenschlag von intensiven Denken und gelebter Alltäglichkeit lag auch, wie mehrfach bezeugt ist, die Faszination die Heideggers Werk, vermittelt durch die ebenso bezeugte Faszination seiner Person, auf seine Schülerschaft, insbesondere die der Nachkriegsgeneration, ausübte. Ein Brückenschlag, der er eine ganz neue Existenzweise bot, die alle bis dahin geltenden Modelle, die sich als brüchig erwiesen hatten, ersetzen und übertrumpfen konnte. Heidegger selbst aber bedient sich hierbei einem Zug von Husserls, den dieser mit seiner Intentionalität – allerdings noch akademisch – durchexerziert hatte. (Ein schönes Beispiel dafür in: Thomas Rentsch. Philosophie des 20. Jahrhunderts, 3. Kapitel.) Husserls Phänomenologie verstand sich bereits als Wesensanalyse aller Phänomene der Welt, auch und gerade der alltäglichsten und kleinsten. Auch sie entwickelte ihre Faszination als Arbeit am Selbstverständlichen, die dessen Verborgenes enthüllte. Dies liegt wieder sehr nah bei Figur und Streben der Psychoanalyse. Im Sprachkontext hat das dann Jacques Lacan herausgestrichen, insofern der Mensch von Beginn an in der Symbolischen Ordnung sich befindet. Dieser Verstehenszusammenhang, der allen und allem mitgegeben ist, ließe sich jedoch auch sehr nahe an Versuchen Benjamins lesen. In deutlichen Worten hat dies Wolfram Eilenberger beschrieben: „... den jeweils gewählten Gegenstand als eine Art Monade zu deuten, das heißt als etwas, an dessen Dasein sich nicht weniger als der gesamte Weltzustand der Gegenwart, Vergangenheit und Zukunft aufweisen lässt. Genau darin bestehen Benjamins eigentliche Methode und Magie. Seine Weltsicht ist eine tief symbolische: Jeder Mensch, jedes Kunstwerk, jeder noch so alltägliche Gegenstand ist ihm ein zu entschlüsselndes Zeichen. Und jedes dieser Zeichen steht in einer höchst dynamischen Verbindung mit allen anderen Zeichen. Womit die wahrheitsorientierte Deutung solch eines Zeichens für ihn auf nichts anderes hinausläuft, als dessen Eingebundenheit in das große, sich beständig verändernde Zeichenganze aufzuweisen und gedanklich durchzuspielen: Philosophie." (Zeit der Zauberer)

Und ist, um einen Tabubruch zu begehen, nicht auch Klaus Heinrich dem sehr nah, wenn er sagt: „Und Sprache als Übersetzung ist eigentlich das Medium, dessen wir zur Eroberung unserer Selbst und der Welt bedürfen, aber auch zum Sich-Zufriedengeben mit sich selbst und der Welt" (zitiert nach René Aguigah: Selbstaufklärung und Verdrängung. (deutschlandfunkkulturkultur.de/religionswissenschaftler-klaus-heinrich-gestorben-en.1013.dehtml?dram:article:id=488022), ein Feature des

Deutschlandfunk vom 5. 11. 2017). Dies gilt schon im Blick auf die Erfahrung der Geschichte. *„Geschichtliche Ereignisse sind ohne Sprachhandlungen nicht möglich, die daraus gewonnenen Erfahrungen ohne Sprache nicht zu vermitteln."* (Reinhart Koselleck. Neuzeit. Zur Semantik moderner Bewegungsbegriffe. In: Vergangene Zukunft. Zur Semantik geschichtlicher Zeiten, FfM 1989, S. 300)

Im Grunde genommen scheint dies, jedenfalls das In-der-Welt-sein „as simple as could be", ist genau das, worum es auch noch in der Interpretation geht, denn wie wäre ein Denken möglich ohne Daseinsgrund? Wer sollte dann denken? Aber das In-der-Welt-sein meint mehr. Zwar ist das „Da" des Daseins zunächst ein topographisches, räumliches In-der-Welt-sein, aber eben nicht nur. Das In-der-Welt-sein ist immer auch eine reflexive, die Welt reflektierende Seinsweise, die in dieser Reflexion sich bewegt und in Beziehung zur Welt tritt. Und zwar im Verstehenszirkel von sich und seiner Umwelt. *„Das Dasein aber ist ‚in' der Welt im Sinne des besorgend-vertrauten Umgangs mit dem innerweltlich begegnenden Seienden."* (Sein und Zeit § 23, S.104) Dieser Umgang mit Welt ist einer des Handelns und einer des Verstehens, letzteres vielleicht sogar primär. Was aber meint „Verstehen" genau? Zum „Verstehen" kommt es dadurch, dass das Dasein zunächst in seinem In-der-Welt-sein Seiendes vorfindet. Solches eignet es sich an, indem es dieses für sich beschafft oder gar herstellt, Nahrung z.B. Um darin – um überleben zu können – auf eine gewisse Dauer, eben die des Lebens, erfolgreich zu sein, muss das Dasein das Seiende strukturieren, auf einen Zusammenhang hin entwerfen. Man merkt wie hier die Themata verschiedenster philosophischer Richtungen zusammenlaufen, vom Idealismus über die Anthropologie bis zum später kommenden Strukturalismus. Dieser Zusammenhang ist einer der Bedeutung. Das Bedeutungsganze ist dann die Welt, bzw. wird unter dem Begriff Welt verstanden. (Man kann das auch als Wirklichkeits-Modelle, als Lebensumfelder verstehen, als zumeist vorbewusste Grundannahmen über das Bestehen und Verhalten von Dingen und Prozessen, aber auch der Menschen in ihrer Alltagswelt. Roland Barthes nannte das leicht verschoben die Mythen des Alltags und Klaus Heinrich hatte es sich u.a. zur Aufgabe gemacht diesen nachzuspüren.)

Damit ist der Kreis einmal abgelaufen. Welt und Dasein (Subjekt) beziehen sich aufeinander und sind unlösbar miteinander verbunden. Da das Dasein nun jedes einzelne Seiende positioniert im Zusammenhang des Bedeutungsganzen erfährt und einordnet, hat es mit jedem Einzelnen auch die Welt (das Bedeutungsganze) im Blick, die wiederum auf es selbst (das Dasein) als In-der-Welt-sein seiendes Dasein, und zwar als Einzelnes, verweist. Daher ist ihm die Möglichkeit der Selbstreflektion eröffnet, wie sie sich immer wieder als Eingangstor zur Erkenntnis des An-sich seienden, des Dings-an-sich, des Eigentlichen usw. findet. Schon Schopenhauer kommt z.B. auf diesem Wege zur Bestimmung der Welt als Wille. Und darauf gründet auch noch Arendt ihr: *„Ich will verstehen!"*.

Von Beginn an wird das Verstehen also - daher lässt das metaphysische Fragen, das über sich hinaus fragen, den Menschen auch nie los – auf ein Selbst- und Weltverstehen, auf eines des Seienden im Ganzen, als auch des Daseins selbst als sichbefindliches in diesem Ganzen hin geleitet, und zwar durch sich selbst. Das Subjekt der Eigentlichkeit wird nur durch das Subjekt de Alltäglichkeit erkennbar. Heidegger nennt dies die „Gestimmtheit". Erfährt solches Verstehen Ausdruck, so wird es zur Aussage, die in der Sprache erfolgt. In der Sprache oder der Rede entbirgt, offenbart sich die Erschlossenheit, zumindest der Hinweis auf den Sinn des Bedeutungsganzen. Dieser ist dann aber nicht – und das ist nun ebenso problematisch wie umstritten – an ein beliebiges Seiendes gebunden, sondern Existential des Daseins, welches die Welt aus seinem Verstehen heraus entwirft, ins Unverborgene (aletheia) bringt und so, wieder ist der Kreis abgeschritten, ins Verstehen zieht, wo sie eben als Sinn von Sein erschlossen bzw. offenbar werden kann. Nur wenn dieser Weg erkannt und geöffnet wird, lässt sich nach Heidegger die entscheidende Frage, die Frage nach dem Sinn von Sein angehen, welche von der gesamten Philosophie und damit im gesamten Denken des Abendlandes in den letzten 2000 Jahren dermaßen vergessen wurde, dass sogar das Vergessen der Frage vergessen worden ist. Aber das lässt sich auch aus dem Zusammenhang von Philosophiegeschichte herausnehmen und die Frage nach einer doch möglichen und, wenn ja, herzustellenden dialogischen Schnittmenge von Wissensgebieten aufwerfen. Dazu bereits oben.

Diese Frage, die nach dem Sinn von Sein, wieder zu stellen, man denke nur an den Eingang von „Sein und Zeit", ist das Anliegen von Heideggers Hauptwerk, dessen Argumentationsgang Thomas Rentsch (Philosophie des 20. Jahrhunderts. München 2017) brillant zusammengefasst hat. Der Aufbau von „Sein und Zeit" ist demnach etwa folgender: *„1. die Grundfrage nach dem Sinn von Sein wurde laut Heidegger seit über 2500 Jahren nicht oder falsch gestellt ... (§§ 1–8). 2. Die Klärung dieser Frage kann nur erfolgen im Rückgang auf das einzige Seiende, das überhaupt Sein «verstehen» kann – im Rückgang auf den Menschen, das Dasein in Heideggers Terminologie (§§ 9–11). 3. Das Wesen des Daseins ist das in-der-Welt-sein ... Deswegen erfolgt eine umfassende Weltanalyse ... (§§ 12–38). In diesem Kontext gehört auch die Unterscheidung von «Zuhandenheit» und «Vorhandenheit ... 4. Das Wesen des In-der-Welt-sein ist ... die Sorge. Mit Bezug auf sie entwickelt Heidegger eine elementare Konzeption des menschlichen Handelns, eine Hermeneutik menschlicher Praxis (§§ 39–44). 5. Das Wesen der sorgenden Praxis ist die Zeitlichkeit, wie sie sich insbesondere in der Endlichkeit und Sterblichkeit des Menschen, im Sein-zum-Tode, manifestiert (§§ 45–71). 6. Von dieser ekstatischen Zeit her wird auch die Geschichtlichkeit des menschlichen Daseins allererst verstehbar (§§ 72–77). 7. Die ekstatische menschliche Lebenszeit ist die ursprüngliche Zeit, von der her alle andere Zeit – die Geschichtszeit, die Uhrzeit, die physikalische Zeit – überhaupt erst möglich wird (§§ 78–83)."*

Auch an dieser Stelle ist die Begründung dafür, dass Heidegger ein solch breiter Raum zugeteilt wird, die gleiche wie zuvor, nämlich, dass dieser nicht nur für das

Verständnis der Philosophie in ihren verschiedensten Facetten im 20.Jahrhundert eine fundamentale Bedeutung zukommt, sondern auch, dass in der Auseinandersetzung Heinrichs mit dem Werk Heideggers ein ebenso signifikanter wie neuralgischer Punkt für dessen Denken vorliegt. Und schließlich, dass es um jeden Begriff zu ringen gilt.

Es mag erlaubt sein, um die Abschweifungen, Umwege und Linien weiter fortzuziehen, auf Augustinus, als zwischen Johannes und Heidegger stehend, hinzuweisen. Auch Augustinus stellt die Wahrheitsfrage. U.a. in seinem Traktat De vera religione („Über die wahre Religion" oder doch „Über die Religion der Wahrheit"?). In Bezug auf die Wahrheitskonfessionen der Manichäer und verschiedener griechischer Philosophenschulen, die einander widersprechen stellt Augustinus am Ende seines Textes fest: *„Wenn ich sie nötigte zu beschwören, sie wüßten, daß dies wahr sei, würden sie vielleicht das nicht behaupten, aber mir ihrerseits entgegenhalten: ,So zeige du uns, was wahr ist!' Ich brauchte ihnen dann bloß zu antworten, sie möchten jenes Licht suchen, das ihnen den Unterschied zwischen Glauben und Einsehen deutlich und gewiß macht, dann würden sie schwören, daß dies nicht mit leiblichen Augen zu sehen sei, daß man es auch nicht räumlich sich denken könne, daß es vielmehr den Forschenden überall gegenwärtig wäre und daß nichts heller und gewisser sei als eben dies Licht. – Alles hinwiederum, was ich soeben von diesem Licht gesagt habe, ist einzig und allein durch eben dieses Licht offenbar. Denn durch dasselbe erkenne ich die Wahrheit des Gesagten, und auch daß ich sie erkenne, erkenne ich wiederum durch das Licht. Und so immerfort, wenn jemand erkennt, daß er etwas erkennt, und wiederum auch dies erkennt und so weiter ins Unendliche: es ist stets das gleiche. Und auch das erkenne ich, daß in diesem Erkennen die Ausdehnung des Raumes und die Flüchtigkeit der Zeit nichts zu bedeuten haben. Ferner erkenne ich, daß ich nur erkennen kann, wenn ich lebe, und noch gewisser, daß ich durch das Erkennen lebendiger werde. Denn das ewige Leben übertrifft das zeitliche auch an Lebendigkeit. Auch was Ewigkeit ist, schaue ich nur durch das Erkennen. Denn in geistiger Anschauung sondere ich alle Wandelbarkeit von der Ewigkeit ab und erblicke in ihr keine Zeiträume. Denn die Zeiträume entstehen durch vergangene und zukünftige Bewegungen der Dinge. Aber im Ewigen vergeht nichts und nichts ist zukünftig. Denn was vergeht, hört auf zu sein, und was zukünftig ist, hat noch nicht angefangen zu sein. Von der Ewigkeit aber gilt, daß sie ausschließlich ist; da gibt es kein ,es war einmal' und kein ,es wird sein', als ob etwas nicht mehr oder noch nicht wäre. Darum konnte nur sie in vollster Wahrheit zum menschlichen Geiste sagen: ,Ich bin, der ich bin' und konnte von ihr mit vollster Wahrheit gesagt werden: ,Der da ist, hat mich gesandt' (Ex 3,14)."* (Zitiert nach Carl Andresen. Die geoffenbarte Wahrheit und die sich offenbarende Wahrheit oder Das Verhältnis von Wahrheit und Autorität bei Augustin. In: Theologie und Kirche im Horizont der Antike. Gesammelte Aufsätze zur Geschichte der Alten Kirche. Berlin 2009, S. 199 f) Auch die Zeitvorstellung des Johannes ist hier präsent, und nicht nur sie. Das aber an anderer Stelle.

und ehrenvoll ist es für das Vaterland zu sterben" in seiner Missdeutung durch Weglassung seiner Ironie[215] umgedeutet in ein „Dulce et decorum est verum" („Süß und ehrenvoll ist es für die Wahrheit zu sterben")? Doch „*Quid est veritas?*" Mit anderen Worten, kann es ein Angebot (fernöstlicher wie abendländischer Praktik) überhaupt leisten den Eintritt ins Heil zu gewähren und wenn ja, um welchen Preis?

Dennoch, der Brahmane hatte beeindruckt, wie schon der Sprung des Peregrinos zeigte, er hatte fasziniert und wirkte fort bis in die Gegenwart hinein.

V

Der Brahmane war und blieb kein Einzelfall der Aufgabe des Lebens als Demonstration.[216] Wenn die These stimmt, dass all die genannten Praktiken faszinieren und einfangen konnten aus einem Enttäuschungszusammenhang heraus, wie ihn „*Opferprozeduren und Vernichtungsunternehmen*" sowie „Reinigungs- und Entsühnungsveranstaltungen" zur Gründung eines Nichtenttäuschenden im Anschluss herstellten, dann wurden solche Sprünge unternommen, um „*angesichts des Lebens*"[217] das Gesicht nicht zu verlieren und ihr gehäuftes Auftreten nach Kriegen wundert daher nicht. Einige solcher Sprünge sind bekannt und werden von Heinrich erwähnt, so der Sprung des Empedokles in den

---

[215] Horaz (Carmina 3, 2, 13) verspottete mit diesem Vers vor allem die Einstellungen der Epikureer und Stoiker, indem er deren Ideale als staatstaugliche in die Sphäre des Krieges übertrug. Auch Wilfred Owen gleichnamiges Gedicht aus dem Jahr 12917 geißelt mit dem Satz beeindruckend die Schrecken des Krieges.

[216] Man kann auch umgekehrt daran sehen und demonstrieren, dass solche Versuche immer mit der Aufgabe des Lebens, des eigenen wie des allgemeinen, einhergehen.

[217] Heinrich, S. 53

Vulkan, der von Lukian berichtete des Peregrinos zu Olympia als Nachahmung des Brahmanensprunges zu Eleusis, aber auch die Ketten Jugendlicher, welche nach dem II. Weltkrieg in Japan gemeinsam, von Zuschauern angefeuert, sich von einem heiligen Berg stürzten. Bekannt auch der Sprung des Prinzen Arjuna, der vom Wagenlenker Krishna durch die Schlacht gefahren und angewiesen wurde, so der ausweglosen Situation (Schlacht, Leben) zu entgehen, aus der ihn eben der Sprung vom Wagen (also aus dem Geschehen in ein ereignis- und berührungsloses Jenseits) erlösen würde.[218] Ähnliches kann man nach Heinrich auch im „Hausverlassen" des Gautama Buddha oder des Haiku-Dichters Basho erkennen. Immer sind es Sprünge und Aufbrüche von in der Fremde der Wirklichkeit des Seienden, also des eigenen Hauses Weilenden, Versuche einer Abstoßung, Bemühungen des Nichthaftenbleibens an der verstrickenden, verzehrenden und verzerrenden, objektiven geschichtlichen Wirklichkeit, zu der auch der eigene Körper, das eigene Leben am Ende zählt.

Dem Abstoßen aus dieser Sphäre korrespondiert der Versuch eines Eintauchens in das, was man den *„Triebgrund der Wirklichkeit"*[219] nennen könnte, mit dem die springenden Subjekte eine Vereinigung anstreben. Immer soll die Subjekt-Objekt-Struktur durchstoßen werden, immer ist ein absolutes Zur-Ruhe-Kommen im Inneren der Bewegung angestrebt, welches nicht mehr den mitreißenden Strömen, Trieben (und Umtrieben) der Wirklichkeit, auch der Wirklichkeit der eigenen Psyche, ausgeliefert ist, Bewegungen, die alle im

---

[218] Provozierend könnte man fragen, ob darunter nicht auch Aktionen, wie die zu Krisen- und Kriegszeiten stattfindenden Selbstverbrennungsaktionen, aber auch Selbstmordaktionen und Amokläufe, wie sie heute wieder aufflammen, zu verstehen wären, so unterschiedlich diese in ihren sonstigen Motivationen seien mögen.

[219] Nach Lorenz Wilkens in seiner Ansprache zur Bestattung von Klaus Heinrich ein von Heinrich selbst geprägter Begriff.

Zentrum, im Triebgrund zum Stillstand gelangen. Es soll Windstille herrschen im Grund aus dem die Stürme der Triebe ursprünglich sich entfachten, zumindest sagt man das. Die Sprünge sind somit also auch immer Sprünge hinter den oder zum Ursprung. Gesucht wird in ihnen immer das Jenseits von Enttäuschung (und Täuschung). Darin liegt ihre Faszination. Man könnte daher auch von einem „aktionistischen Quietismus", gar einem *„revolutionären Quietismus"* solcher Handlungen sprechen. Aber, was von Heinrich nicht unbemerkt bleibt, bereits diese Beschreibung läuft insofern fehlt, als sie das Anstreben eines Zieles suggeriert. Ein solches kennen der Sprung ins Zentrum, das Hausverlassen, der revolutionäre Quietismus im Grunde nicht, sondern ihr ganzes Verfahren ist eines der Intentionslosigkeit, der Indifferenz, das weder ein Streben noch ein Ziel als gegeben anerkennen kann. Es erfährt (reflektiert) sich gar nicht als Verfahren, da allein dies ihm die Chance des Ankommens nehmen würde. Es herrscht ein merkwürdiges Verhältnis zwischen Praktik und Ergriffenwerden. Schon das Wort (logos, Vernunft), und damit jeder (rationale) Erklärungsversuch, macht jede Auflösung, jede Identität im Numen, wie sie die fernöstlichen Praktiker fordern, und ihre Wiedergabe unmöglich. Aber ist dies nur bei den fernöstlichen der Fall?[220]

---

[220] Sicherlich lässt sich auch die westliche Mystik, bei allen Versuchen dazu, nur schwer in Worten wiedergeben. Ein genauer Vergleich von westlicher und fernöstlicher Mystik wäre gefordert, der hier aber nicht geleistet werden kann. Man könnte sogar noch weiter fragen, ob die Unmöglichkeit der kommunikativen Wiedergabe nicht jeder religiösen Erfahrung eingeschrieben ist.

VI

Doch was ist mit denen, die nicht im Sprung, in Hausverlassen verbleiben, die der Ursprung, das Zentrum nicht behalten hat, und die, vom Vulkan wieder ausgespien, zurückkehren müssen zum Ausgangspunkt? Im Grunde genommen sind dies alle. Denn wer könnte schon „auf immer" in diesem quietistischen Zentrum verbleiben, zumindest lebend?[221]

Genau dies ist der Punkt, um den es im Allgemeinen wie bei Heinrich geht. Denn als solche sind die Gesprungenen lebende Tote, die im Leben ihre Wirkung entfalten, sofern sie eine Abkehr von diesem propagieren. Für den einmal Eingetauchten und dann wieder Aufgetauchten hat sich die *„Konsistenz der Wirklichkeit"*[222] verändert. Wirklichkeit ist ihm nun Phantasmagorie und Stein des Anstoßes zugleich, ist ihm flüchtig wie hart, beides ist ihm gleichgültig im doppelten Wortsinne. In genau dieser Indifferenzhaltung aber wird der einst Eingetauchte und nun wieder Aufgetauchte vom Strom der Opferungen und Vernichtungen widerstandslos mitgerissen, vermag auch im Bündnis mit anderen diesem keine Barriere mehr zu errichten, keine Vermittlung von Sein und Nicht-sein, in welcher Drehung auch immer, mehr anzustreben.

Genau dies aber taten die fernöstlichen Mystiker einst. Es ist die große Kulturleistung der östlichen Zivilisationen zwischen beiden Erscheinungsformen der Wirklichkeit die Vermittlung, das Bündnis gesucht und angestrebt zu haben, in jeder Erscheinung ihr Bestehen und Entstehen/Vergehen zugleich zu erblicken, die Beimischung des Harten im Flüssigen und

---

[221] Hier klafft erneut die ganze Problematik des Vorlaufverständnisses bei Heidegger auf.

[222] Heinrich, S. 55

des Flüssigen im Harten.[223] Dies die zu Anfang angesprochene signifikante Unterscheidung zu den abendländischen Formen fernöstlicher Praktiken.

Die neuen abendländischen Adepten der alten fernöstlichen Meditations- und Askesepraktiken versuchen in ihren Adaptionen – oder sind es Wegnahmen? - als Reaktionen auf Enttäuschungserfahrungen für Heinrich gerade dies nicht. Im Gegenteil, sie versuchen von der erfahrenen Härte der Wirklichkeit wegzukommen und ganz auf dem Weg in eine *„lustvoll-süchtige Verflüchtigung"*[224] zu verbleiben. Dies ist auch die Antwort auf die oben gestellte Frage, warum solche Praktiken der Meditation und Askese rein als Heilsversprechen vorgetragen und geglaubt werden können, ihr Vernichtungspotential wird gänzlich ausgeklammert und jedes Bündnis, eben anders als die traditionellen Praktiken dieser Mystik, ausschlagen. Dieses Heil als Alleiniges und reines zu erreichen geben sie alles, wodurch die erfahrene Härte aber stetig an Dichte zunimmt und ihnen die Realität immer auswegloser und unbarmherziger erscheint. Dadurch aber entsteht am Ende der Wunsch diese (am besten als ganze) versinken zu sehen, koste es, was es wolle, und sei es am Ende das Leben (seiner selbst oder im größerem Umfang).

So arbeitet die abendländische Faszination an fernöstlichen Meditationen und Askese am Ende den Katastrophen zu, denen sie eigentlich entkommen wollte.[225] Die Indifferenz von Wahrheit ist zur (verfochtenen) Wahrheit geworden. Die

---

[223] Aber ist dies nicht Heraklit und auch dem Abendland durchaus geläufig? Und ist man damit nicht auch ganz nah wieder bei Heidegger und seiner Auslegung der Bewegung des Denkens? (s.o.)

[224] Heinrich, S. 56

[225] Dies verbindet latent die generationsspezifisch gewählten abendländischen Formen fernöstlicher Askese und Meditationen, seien es Sekten, seien es Selbsterfahrungsgruppen.

Nähe beider Bewegungen der Wahrheitsform, die zu Anfang angesprochen wurde, liegt nun vor Augen.

VII

Dass diese Vernichtung auch eine körperliche ist macht Heinrich ebenfalls deutlich. Die in diesen Formen immer abgestreifte Körperlichkeit ist innerhalb der okzidentalen Realität stets eine zentrale Kategorie gewesen, auch wenn die Philosophie diese hinter den Geist zurückschob. Nach Heinrich beruht dies sowohl auf Formen des AT und seines Bundesbegriffes, wie auf der Fleischwerdung des Wortes im NT. Überall dort, wo der Anspruch des Fleisches einer logozentristischen Macht entgegentrat, wurde dabei sein revolutionärer Impuls sichtbar.[226] Im Begriff der „Verkörperung" schossen und schießen daher Politik und Eros zusammen auf dem Boden der Testamente. Der Bündnisforderung des AT, in deren Nachfolge die Gedanken des Gesellschaftsvertrages, des Naturrechts und der Demokratie entstanden sind, war und ist immer auch ein Bündnis der Triebsubjekte und von Triebsubjekten, sowohl mit anderen Triebsubjekten wie mit sich selbst, so dass eine Streichung, eine Aufkündigung des Bündnisses[227], das vom je Anderen lebt, als eindimensionale Identität auch das Ende des (europäischen) Subjekts und von Geschichte[228] wäre. Darin

---

[226] Siehe Rolf Michael Böttcher. Desire. (in Vorbereitung befindliches Manuskript und Notizenkonvolut, in dem die Libertinage als Teil der Aufklärung behandelt wird.) Man könnte aber auch die umgekehrte These aufstellen, dass diese abendländische Körperlichkeit über den Materialismus sowohl zur Gütereroberung wie deren Konsumierung beitrug.

[227] Wie sie eben in den fernöstlichen Praktiken vollzogen wird.

[228] Aber auch von Aufklärung (mit und trotz deren Dialektik).

liegt die Gefahr der Faszination und Beschwörung fernöstlicher Identitätsfindungsversuche.[229]

VIII

Der in den fernöstlichen Meditationen gewagte Sprung springt aus der Peripherie, als die die Welt verstanden wird, welche sich zusehends entleert (und zunehmend geistig wie materiell als steril, qualvoll und todbringend verstanden wird[230] und es vielleicht auch ist), heraus, in ein ungefährdetes Zentrum hinein, in dem nichts mehr zur Entscheidung, um die es zu kämpfen gilt, ansteht (womit es ebenso steril wird). „*No exit*".[231]

---

[229] Was sich darin auch vollzieht ist die Verdrängung wenn nicht Auslöschung des spannenden Verhältnisses der Geschlechter, der Geschlechterspannung. Ketzerisch könnte man sagen, dass diese Gefahr heute von Unisexbewegungen mancherlei Art gefördert wird, auch wenn diese behaupten an der Spitze des Fortschritts zu marschieren. Norbert Bolz hat sich da in der ihm eigenen Art mit „Die Helden der Familie" (München, 2006) sehr weit vorgewagt. Aber ist das überhaupt möglich solange es Menschen gibt? In seinem Artikel zu Klaus Heinrichs 80. Geburtstag schreibt Cord Riechelmann darüber: „*Es wird niemals eine Formel geben, aus der die Anleitung gezogen werden könnte, wie das Verhältnis der Geschlechter ‚glücklich' zu gestalten sei. Und zwar einfach deshalb nicht, weil die Geschlechterspannung von Anfang an da ist. Alle frühen Zivilisationen, soweit wir auf sie zurückblicken können, werden durch die Spannung in wechselnden Geschlechterrollen geformt. Und einer der ersten, der hierzulande darauf hinwies, war der Berliner Religionsphilosoph Klaus Heinrich*". (Die Chance des Verschwindens. In: TAZ 21. 9. 2007) Und heißt das nicht auch, dass wo die Spannung zwischen den Geschlechtern aufhört, weil man sie in eine Einheit gebündelt hat, eingefangen als Glücksversprechen - man fragt sich, wem gegenüber -, auch Geschichte als Emanzipationsstreben aufhört, für Frauen und Männer gleichermaßen?

[230] Nicht umsonst ist das Labor (mit seinen gnadenlosen Versuchen an lebendigen, hilflosen Wesen und unhinterfragten Forschungen) vielleicht das Sinnbild des neoliberalistischen Kontextes. Inzwischen scheinen ganze Gesellschaften darin gefangen.

[231] So Bret Easton Ellis pointiert am Ende seines Romans American Psycho (Köln 1991).

All diese Sprünge als Enttäuschungsreaktionen und -produkte aber sind, so vermerkt Heinrich zum Ende der Studie, auch Hilferufe. Könnten diese Hilferufe, als die diese Illusionen der Heilserwartung zu verstehen wären, aufgefangen und gerettet werden? Ein Gegenzauber oder eine Aburteilung wird dies nicht vermögen. Hilfe mag vielleicht nur aus der Klärung der diese Hilferufe erzeugenden Gefahr kommen und diese entspringt ausgerechnet der Welt der Aufklärung, die sich durch die letzten Jahrhunderte zieht.[232] Denn *„Entkörperungsbedürfnis signalisiert eine übermäßige Belastung durch Verkörperungsforderungen, die Gier nach ‚jener‘ Erfahrung Erfahrungsverlust".*[233] Diese ein Solches erzeugende (zumindest mit sich führende) Kultur und ihre Abgründe gilt es aufzuarbeiten, anstatt sie zu fliehen. Nicht eine Abkehr von der abendländischen Vernunft ist gefragt, sondern deren Zuwendung. Aufklärung muss sich über sich selbst aufklären, muss sich über ihre Dialektik, wie schon Adorno und Horkheimer forderten, im Klaren sein.[234] Alle Jenseitsbestrebungen – fernöstlich wie ontologisch – dagegen, vom Yoga bis zum Fitnesstraining, von der Spaßgesellschaft

---

[232] Wie sehr die Welt der Moderne auf der Aufklärung und ihrer Geschichtsphilosophie beruht hat Reinhard Koselleck in seinem epochalen Werk Kritik und Krise beeindruckend dargelegt.

[233] Heinrich, S. 59

[234] Max Horkheimer & Theodor W. Adorno. Dialektik der Aufklärung. FfM 1980. Es ist bezeichnend, dass Koselleck sein Buch Kritik und Krise zuerst Dialektik der Aufklärung nennen wollte, bevor er erfuhr, dass es diesen Titel bereits gab. Eine Formel über der sich Horkheimer und Adorno mit Koselleck verbinden und auf der auch Benjamins Versuch des Stillstands / Stillstellens solcher Dialektik aufbaut. Alle stehen damit in einer Traditionsreihe, die zu beachten wäre und auf Vernunft setzend die Trennung von links und rechts ausschlägt, auch wenn sie sie mit bedenkt, und die zugleich auch nicht der Mitte, als Erhalter, als Katechon des Status quo, verfällt. Sie steht damit nicht in einem Jenseits, sondern in etwas, was man eine dialektische Mimikry nennen könnte, die standhält, statt ins Zentrum hinauf oder hinab zu springen.

bis zur Askese, sind nur Formen, die den Aussteiger mit dem Manager verbinden, die beide ihren Traum von Unabhängigkeit noch im Untergang des eigenen Subjekts in ihnen träumen, und die nur dem (unentwegt vernichtenden) Status quo zugute kommen, dem sie entfliehen möchten. Wirkliche Aufklärung dagegen muss daher darum bemüht sein, anstatt sich in sich selbst zurückzuziehen (Wissenschafts- und Fortschrittsgläubigkeit) oder sich einem Subjektjenseits (Meditation, Askese, Hedonismus) zu übergeben, zu einem spannenden Liebesverhältnis, zu einem Bündnis (von Geist und Körper, zwischen Selbst und Anderen, zwischen Sich und Sich) zu kommen, das der Faszination des Jenseits der Indifferenz nicht mehr erliegt und den Gefahren der Wirklichkeit begegnen kann, ohne an ihnen zu resignieren und der Enttäuschung, auch über ihr eigenes Scheitern, anheimzufallen.[235]

---

[235] Also *„nicht entmutigen lässt durch Enttäuschung"*, wie lt. Rolf Bossart Über Klaus Heinrich: vom bündnis denken (www.theoriekritik.ch/?p=758) dieser es formuliert haben soll. Und vielleicht mehr noch, dem Scheitern zu begegnen, indem man es einbezieht. Zur Rolle des Scheiterns bei Walter Benjamin siehe Rolf Michael Böttcher. Si vis vitam para mortem. In Bezug auf die Literatur hat David E. Wellbery in einem Vortrag darauf hingewiesen, abgedruckt unter dem Titel „Schopenhauers Bedeutung für die moderne Literatur" (München 1998). Nach Wellberys eingehender Analyse liefert Schopenhauer dem modernen Schriftstellern eine semantische Vorlage, sofern diese thematisch eine existentielle und literarische Bedeutung entwickeln, die in der Nichtigkeit (im Scheitern) von Bildern und Worten das Formproblem jeder Darstellung begreift. Weiter oben wurde in diesem Zusammenhang der Zusammenfall von Form und Inhalt bei Joyce und Beckett erwähnt. Die Negativität des eigenen Schreibens sowie das Geheimnis einer sich jeder Erkenntnis entziehenden Autorität des Schreibens, die sich selbst subvertierende Darstellung wirken so schon z.B. in Kafkas Roman „Das Schloß". Auch Maurice Blanchot hat in seinen theoretischen wie literarischen Schriften hier immer wieder angesetzt.

III

Notizen zu

Ein deutsches Stichwort: Gemütlichkeit

In: Reden und kleine Schriften. Neue Folge 1

Ça ira Verlag Freiburg, 2020

> *„Und von dort, woher ich komme, trägt der Wind*
> *mir den Geruch von halb vergess'ner alter Angst,*
> *von Haß und Ekel wieder zu ...*
> *Und wenn ich erst den Namen kenne,*
> *bringt dies Gift mich nicht mehr um.“*
> (Hannes Wader 1972)

> *Das Werk des Philosophen und des Psychoanalytikers gleichen sich.*
> *Beide bringen Verborgenes ans Licht, wo es irritiert*
> *und dann in eine neue Sicherheit mündet.*
> *Wobei es aber sein kann, dass die Aufgabe unabschließbar ist.*
> (Veraunir 2021)

Die dritte Studie der „Neuen Folge 1" der „Reden und kleine Schriften" beginnt Klaus Heinrich mit einem Knall. Der erste Satz lautet: *„Gemütlichkeit ist kein harmloses Wort."*[236] Danach ist gemütlich nicht mehr weiterzulesen. Das Wort ist mit einem Schlag aus seiner Gemütlichkeit des Gebrauchs, mit der man es einmal hingenommen hatte, höchstens leicht amüsiert durch den leicht biedermeierartigen Anklang, herausgerissen.

---

[236] Heinrich, S. 63

187

„Gemütlichkeit" ist, so hält Heinrich fest, ein unübersetzbarer Ausdruck und daher ein nationaler, der in zahlreichen anderen Sprachen Gastrecht gefunden hat. Also ähnlich wie das englische „fairness". Als nationaler Ausdruck birgt es ein Moment des Protestantismus, welcher zu den grundlegenden Zügen von diesem gehört, die protestantische Verinnerlichung, also die Wendung und Ableitung der Seelenkräfte nach Innen. Der Protestant vermag durch sie anders und eher Gott für und in sich zu erfahren, ja muss es sogar, als der katholische oder orthodoxe Christ, die beide weithin auf die Vermittlung ihrer Kirchen und deren Sakramente angewiesen sind.[237] Katholische wie orthodoxe Christen bedürfen des Zuspruches, der Fürbitte, während bei Luther das zu lesende und selbst erfasste Wort und vor allem

---

[237] Da der Kirche Christus der Erlöser und zwar der alleinige ist kann es außerhalb des Bekenntnisses zu ihm, also außerhalb des Christentums, keine Erlösung geben. Da die Kirche, und vor allem die katholische, sich als Stellvertreterin, als institutionelle Verkörperung Christi auf Erden versteht und in ihrer Geschichte und Machtposition in diesem Sinne eingerichtet hat, daher bei Augustinus auch zum Gottesstaat auf Erden wird, zur sichtbaren Gestalt des Gottes Jesus Christus, ist nur durch das Bekenntnis zu ihr Erlösung möglich. Dies legitimiert die sichtbare Kirche (als Institution) gegen die unsichtbare der Mystik (des Herzens). Da es das Heil für den Menschen nur in und durch Gott Christus geben kann, kann es dies folglich nur durch und in der Kirche. Alles was außerhalb von ihr und ihrem Dogma verbleibt ist verdammt und bleibt unerlöst. Die gewaltigen psychischen Erschütterungen dieses Alleinvertretungsanspruches durchzittern das ganze MA. Die Kirche als mit der alleinigen Macht der Sündenvergebung versehene Instanz, welche den Eingang zum Heil und zum Reich Gottes für den Menschen öffnen kann, steht somit auch in der Forderung eine einzige, alle Christen umfassende Kirche, also katholisch zu sein, die keine Abspaltung neben sich anerkennen kann und zur Mission, zur Bekehrung des Heidentums aufgerufen ist. Wer der katholischen Kirche nicht angehört, ob Heide oder Häretiker, bleibt von aller Vergebung ausgeschlossen. Um in sie einzutreten bedarf es des Sakraments der Taufe. Siehe dazu ausführlicher die obigen Notizen zu K. Heinrichs Text: „wie eine religion der anderen die wahrheit wegnimmt". Dieses Muster wird durch den Lauf der Zeiten hindurch allen Ideologien, religiösen wie weltlichen, anhaften.

die Gnade, d.h. die willkürliche, autonome, beeinflussungslose Entscheidung Gottes, im Vordergrund stehen.[238] Die

---

[238] *Fußnotenexkurs 18*: Hierum dreht sich der alte Streit um Gnade und Werk. Zum Sturm entfacht wird dieser bei Augustinus. Bei Augustinus wird der philosophische Begriff der Gottheit (Inbegriff aller Wahrheit) mit dem religiösen Begriff der Gottheit als absoluter Persönlichkeit zusammengedacht und beide untrennbar vereinigt. Gott ist das höchste Sein (summum esse) und als solches höchste Wahrheit (summa veritas). Insofern ist er dann auch höchstes Gut (summum bonum) und höchste Glückseligkeit (summa beatitudo). All dies aber ist der Erkenntnis einsehbar, von ihr erfassbar. Daher wird Gott zum Ursprung der Erkenntnis wie zum Erkenntnisvermögen selbst. Daraus folgt: Der Mensch seinerseits kann Erkenntnis Gottes nur durch und über die Selbsterkenntnis erlangen. Denn nur indem er diese Erkenntnis seiner selbst analog zur Erkenntnis Gottes, als dessen Abbild er geschaffen wurde, weiterführt, ist ihm sichere Erkenntnis überhaupt, und letztendlich die Erkenntnis Gottes möglich. Hier schon der Angang zur Wahrheit über das Selbst, das Eigene des Menschen, was noch in Schopenhauer und Heidegger und darüber hinaus, insbesondere im Existentialismus, wirksam sein wird. Auch hierbei ist Augustinus einer der Stammväter, zumindest wichtige Durchlaufstation. Und auch hier zeichnet die entsprechende Bewegung im Johannes-Evangelium die Blaupause.

Um aber bei Augustinus zu bleiben, weil Erkenntnis Gottes eben Erkenntnis ist, spricht Augustinus anthropologische Grundlegung der Philosophie dem Willen eine zentrale Rolle zu, sieht in ihm das Wesentliche allen Geschehens. *„omnes nihil aliud quam voluntates sunt"* (zitiert nach Wilhelm Windelband. Lehrbuch der Geschichte der Philosophie, S. 231). Doch auch theologisch ist ihm der Wille von Bedeutung, auch wenn er nur in der freien Wahl besteht gut oder böse zu handeln, d.h. richtig oder falsch zu wählen, Gott oder Teufel. Dies ist schon daher notwendig, insofern ein prädestiniertes Böse kein Böses aus sich sein könnte und daher schwerlich sträflich. Zumindest Adam muss daher für Augustinus mit dem freien Willen begnadet gewesen sein.

So sehr Augustinus aber Verfechter der Willensfreiheit des Einzelnen ist, so sehr argumentiert er aus einer anderen Position heraus auch gegen sie. Denn als Vertreter und Verfechter der Kirche kommt er zu völlig anderen Schlüssen über die Möglichkeit der Willensfreiheit, da die Macht der Kirche in ihrer Erlösungsgewalt begründet liegt. In dieser Position kann es nach Augustinus Freiheit in der Welt nicht geben, da diese und der Mensch in ihr mit dem Stigma der Erbsünde gezeichnet sind, die herrscht und alle Freiheit (von ihr, der Sünde in der Welt) ausschließt. Daher sind auch alle ungetauften Kinder und Gerechten aller Zeiten verdammt, wie oben geschildert wurde. Freiheit kann es daher nur in einem jenseitigen, paradiesischen Bereich geben. D.h. Adam war als Mensch noch frei von der Herrschaft der Sünde und besaß die Wahlfreiheit der eigenen Willensentscheidung. Durch die falsche Wahl aber verlor er dieses Privileg und mit ihm verlor es die Menschheit als solche, da diese in ihm präformiert war und ihm entstammt. Adams Sünde wurde zur Erbsünde. Diese ist ausnahmslos und alle Menschen sind mit ihr behaftet und strafwürdig, der Ausschluss jedes Menschen von der Seligkeit Gottes ist daher berechtigt und nicht zu beklagen. Würde Gerechtigkeit das Urteil Gottes bestimmen, die nach Verdienst angesetzt würde, so gäbe es für keinen Menschen die Möglichkeit der Erlösung, sondern nur die Verdammung. Als Gott daher Christus zur Welt schickte, um diese zu erlösen, war dies ein reiner Akt der Gnade und kein Akt des Rechts, was eine selten bemerkte Abspaltung des Christentums vom Gesetz (des Judentums) und damit des Bündnisgedankens ist. Damit liegt die Erteilung der Gnade aber auch ganz in den Händen Gottes und erfolgt seiner Willkür entsprechend und kann vom Menschen nicht durch Werke befördert werden. Die Gnadenwahl Gottes als antiker Hausvater stellt den Menschen in den Stand der Prädestination, der Vorbestimmtheit, unterwirft ihn voll und ganz der Determination. Jegliche Autonomie, jegliche Freiheit ist damit abgetan. Am Ende steht: Da Christus nun der Erlöser – und zwar der alleinige ist – kann es außerhalb des Bekenntnisses zu ihm, also außerhalb des Christentums, das in seiner legitimen Form durch die Kirche vertreten wird, keine Erlösung geben.

Noch einmal: Die über die Willensfreiheit laufende Selbstgewissheit des Einzelnen tritt hinter die historisch natürliche Sündhaftigkeit der Allgemeinheit zurück. Hier gilt, dass die Menschheit im Ganzen der Erlösung bedarf, die sie selbst nicht zu leisten vermag und nur durch die Gnade Gottes erlangen kann. Da aber jeder Einzelne nun Teil dieses Ganzen ist, ist auch jeder Einzelne dem Gnadenakt voll und ganz ausgeliefert, ohne dass er ihn selbst in irgendeiner Weise mitbestimmen könnte. Das impliziert die Sündhaftigkeit des jeweils Einzelnen von Beginn an, der er als Teil der Allgemeinheit nicht zu entkommen vermag. Da somit kein Mensch aus eigener Kraft fähig ist sich von der Ursünde zu lösen und daher jeder Mensch von Geburt an immer sündig, hat kein Mensch Anspruch auf Gnade und Erlösung, egal wie gut sein Lebenswandel sein mag. Daher ist es auch keine Ungerechtigkeit Gottes, wenn er sie einigen zuteil werden lässt und anderen nicht, und es ist völlig willkürlich, wer sie aus Gottes Hand erhält und wer nicht. Die Erteilung der Gnade durch seine Offenbarung bleibt dem unerforschlichen Ratschluss Gottes vorbehalten. Die Prädestinationslehre, die eine zentrale Stelle in Augustinus theologischem Werk behauptet, ist zur vollkommenen Verneinung jeder menschlichen autonomen Willensfreiheit (auf dem Weg zur Erlösung) geworden, von der Augustinus für den Einzelnen zunächst ausgegangen war. Der Kirchenvater Augustinus wird damit sowohl zum christlichen Ahnherrn der Willensfreiheit des Subjekts, das mit Erkenntnis und Werken den Weg zur Erlösung angelegen kann, wie zum Ahnherrn der Gnadengabe der Offenbarung, bei der die Vergebung der Sünde, die vollkommen willkürlich nur in der Macht Gottes liegt, nur durch diesen oder seiner Stellvertretung auf Erden, also der Kirche, erteilt werden kann. Die Freiheit jedes Einzelnen ist erloschen. Nur die Kirche ist in der Lage zur vollkommenen Erlösung zu führen.

Im Halten beider Positionen, wenn auch in eindeutiger Gewichtung, erweist sich Augustinus als ein umso besserer Garant der Kirche als diese mit der Verneinung der Werke vor dem Problem steht, wie sie moralische Forderungen begründen soll, da, sofern dem Einzelnen keine Möglichkeit gegeben ist durch sittliches Verhalten zur Vergebung seiner Sünden beizutragen und alles in der Willkür Gottes liegt, der Einzelne auch keine Gründe mehr hat, sich an sittliche und moralische Vorschriften zu halten. Ein Problem, das Augustinus ebenfalls zu lösen anstrebt. Und zwar nun mit dem alten Verweis auf die Willensfreiheit. Augustinus argumentiert, und hält damit die Tür für den menschlichen Willen offen, dass Gott in seiner Gnade Erkenntnis nur denjenigen zukommen lasse, die durch gute Handlungen und Verhaltensweisen, die ihrerseits wieder durch die Qualität ihres Willens entstehen, sich auszeichnen, was aber nahe an eine Einschränkung der Willkür der göttlichen Allmacht, also der Unbedingtheit eines absoluten Gottes heranrückt, den Willen wieder aufwertet und zahlreiche kirchengeschichtliche Kontroversen auslöste. In Augustinus kreuzen sich zwei fundamentale Ansätze des Denkens, Individualismus und Universalismus. Die Selbstgewissheit des bewussten Einzelgeistes steht der alles autonome menschliche Handeln überwölbenden Heilslehre der Gnade entgegen. Dieser Gegensatz wird das MA bestimmen und weit über dieses hinaus wirksam sein.

Die Wahrheitsfrage durchläuft bei Augustinus „die letztlich unvereinbarten Strukturunterschiede, die zwischen einem Wahrheitsbegriff bestehen, der von einer – wie auch immer gearteten – spekulativen Erkenntnislehre getragen wird, und andererseits einem Offenbarungsdenken, das auf die Autorität der Heiligen Schriften sich stützt." (Carl Andresen. Die geoffenbarte Wahrheit und die sich offenbarende Wahrheit oder Das Verhältnis von Wahrheit und Autorität bei Augustin. S. 213)

Betroffen ist dabei über den Einzelnen hinaus auch die Geschichte als solche. Denn Augustins Prädestinationslehre legt sowohl den Verlauf der gesamten Geschichte bzw. Heilsgeschichte fest, wie auch die Stellung, die jeder Einzelne in dieser einnimmt. Aber die Frage drängt sich auf, wenn all dies so völlig jenseits der Entscheidungen und Handlungen des Menschen durch göttlichen Ratschluss sich vollzieht und alles in diesem Vollzug festgelegt ist, ist dann nicht alles eine Art leeres Schattenspiel, fruchtloses Tun, leeres Bemühen? Bis heute ein Streitpunkt ob und wieweit der Mensch fähig ist in Geschichte einzugreifen. (Die Umweltproblematik scheint hier zunächst ein deutliches Zeichen zu setzen, wird von der Frage aber sofort wieder eingefangen, wenn der Mensch als Wesen unter ihn dominierende Vorgaben gesetzt wird. Wieder wird die Brisanz der Antwort auf die Autonomiefrage deutlich, die auch die der Auslegung Heideggers ist.) Auch das verlangt wieder Antworten. Es ist eine merkwürdige Dialektik, die sich hier vollzieht, denn kaum irgendwo anders ist der Mensch als solcher dermaßen entwertet worden wie bei dem großen Entdecker der Einzelseele Augustinus, der als solcher zugleich am Anfang aller Befreiung dieser und ihrer Erhebung steht. Luther hätte sein Werk kaum angehen können, wäre er nicht Augustiner gewesen.

Schon zu seinen Lebzeiten tritt Augustinus dabei ein gewichtiger Widersacher entgegen, der Mönch Pelagius. Er greift die von Augustinus verteidigte Prädestinationslehre an und pocht auf den freien Willen des Menschen und auf den Wert der Werke für die Erlangung der Erlösung. Es ist der erste heftige Konflikt um das Problem der Willensfreiheit, der bis heute anhält und immer wieder aufflammt, um autonomes, freies Denken versus Determinismus, aktuell z.B. im Rahmen der Neurowissenschaften diskutiert. Es ist auch die Auseinandersetzung darum, inwieweit der Mensch an seiner eigenen Erlösung mitwirken kann, aber auch darum, ob der Mensch Subjekt seiner eigenen Geschichte ist. Gegen Pelagius gerichtet verstärkt Augustinus, der sich auf der oben erwähnten Synode 418 in Karthago, auf der es zur Verurteilung der Lehre des Pelagius kommt, durchsetzt, die von Paulus gezogene Linie, welche von Adams Sündenfall als Erbsünde zum Kreuzestod Jesu als Erlösung verläuft, und entwirft seine oben geschilderte systematisch angelegte Sündenlehre. Nach dieser ist die Erlösung des Menschen ein reiner Gnadenakt Gottes, der möglich wird und nur möglich wird, wenn der Mensch sich zu Christus und zur Kirche bekennt. Aber auch dann liegt die Erteilung der Gnade ganz in den Händen Gottes und bleibt daher unsicher. Damit ist im Angriff auf Pelagius alles gestrichen, was bislang für und in der Antike galt, dass es darum ging ein gottgefälliges Leben zu führen, was analog zu den Bemühungen der hellenistischen Philosophien hieß, sich dem eigenen Innerlichen zuzuwenden. Innerlich dem Geistigen sich zuneigend und nach Außen Barmherzigkeit und Güte übend konnte der Christ bis dahin seiner Erlösung aktiv entgegen streben. Mit der Gnadenehre Augustins ist es nahezu unbedeutend. Über der Mühsal des gottgefälligen Lebens muss nach und mit Augustinus die Gnadenlehre stehen, in der die Kirche allein zwischen Gott und dem Einzelnen zu vermitteln vermag, einer Kirche, die allein den Einzelnen auf den richtigen Weg zu Gott zu führen vermag. Die (Institutionen-) Lehre Augustinus' ist ein einzigartiger Anschlag auf alle Freiheitsvorstellung und stellt eine der schicksalshaftesten Wenden in der Geschichte des abendländischen Denkens dar. Sie wird die Kirche in eine Machtposition bringen, die Ihresgleichen sucht. Worum es Augustinus geht, ist die Aufforderung zur völligen Unterordnung unter eine disciplina catholica und diese setzt er für beinahe die nächsten 1400 Jahre durch (um dann verkleidet in vielfacher Verzweiflung an vielfachen Orten weiterzuwirken).

Zur Auseinandersetzung Augustinus versus Pelagius lässt sich in jeder guten Philosophiegeschichte einiges finden. Empfohlen sei: Friedrich Ueberweg (Karl Praechter). Grundriß der Geschichte der Philosophie. Berlin 1920 ff (4 Bd.); Johann Eduard Erdmann (Clemens Ferdinand). Grundriß der Geschichte der Philosophie. Berlin 1930; Wilhelm Windelband (Heinz Heimsoeth). Lehrbuch der Geschichte der Philosophie. Tübingen/Leipzig 1908; Albert Schwegler. Geschichte der Philosophie

katholische Kirche hatte, wie im ersten der hier vorliegenden Texte gezeigt wurde, durch den dogmatischen Ausschluss solcher Verinnerlichung, als persönlicher, unvermittelter Zugang zu Gott, von Anfang an ihre Stellung und Machtposition aufgebaut und darum ihre, am Ende siegreichen, Kämpfe mit den Sekten, vor allem aber mit der Mystik geführt. Für die protestantische Kirche stellt dieser Zugang bis heute dagegen ein gewisses Problem dar und ist eine ihrer Stärken wie Schwächen geblieben.[239]

---

im Umriss. Stuttgart 1887 und Richard David Precht. Eine Geschichte der Philosophie. München 2015 ff (3 Bd.)

[239] *Fußnotenexkurs 19*: An diesem Punkt kann man auch die allgemeine Position des Protestantismus festmachen. In der Reformation und der evangelischen Kirche laufen zahlreiche Fäden der Neuzeit zusammen, darunter die Opposition gegen die Scholastik und das Emanzipationsstreben gegenüber der Autorität der katholischen Kirche – die in großen Teilen von einer Autorität durch Kenntnis zu einer Autorität durch Gewalt geworden war. Ebenso finden sich der Humanismus, das Aufstreben der Nationalstaaten und des Bürgertums, die Hinwendung zur Naturwissenschaft sowie das von der Theologie sich unabhängig machende Denken und anderes. Wenn auch sehr schnell in einen rigiden Dogmatismus umschlagend, war die Reformation zunächst doch vom Geist des Protestes getragen und ihre Bezeichnung als Protestantismus trifft einen Kern. Auch wenn es nicht falsch ist, dass Luther am Ende die Kirche als Glaubensinstitution wohl rettete. Dennoch, der Blick wendete sich vom Jenseits ab und richtete sich auf das Weltliche, das natürlich-sittliche, darunter das Subjekt in seinem Bestehen und mit seinen Überzeugungen und Rechten.

Was dabei stattfand ist eine Umwertung der Werte innerhalb der Umwertung der Werte, die Nietzsche mit dem Christentum eingetreten sah. War zuvor z.B. die Ehe nicht gottlos, aber gegenüber der Enthaltsamkeit etwas Sekundäres gewesen, so wurde sie nun zu etwas von Gott oder der Natur nach gewollten, was bis heute wirkt und sich erst in neuester Zeit auflöst, um anderen Formen privater Lebensgemeinschaften Platz zu machen. Galt einst die Armut als das Ideal gegenüber dem Besitz, so kehrte sich dies mit dem Protestantismus um. Ebenso die Wertung des beschaulichen, meditativen Lebens des Mönchs und des tätigen und agierenden des Laien, insbesondere des Handel treibenden Bürgers. Max Weber hat in seiner fulminanten Schrift „Die Protestantische Ethik" (Gütersloh 1984) diesen Zusammenhang insbesondere für den Calvinismus aufgezeigt und damit etwas vorgegeben, was trotz berechtigter Einschränkungen und Ausweitungen bis heute als Grundlagenthese trägt. Aber schon in diesen Anfängen, mit seinen befreienden Momenten, steckt auch

Dieser Zug der Verinnerlichung nun, den Heinrich für den Begriff der Gemütlichkeit als einen vom „Mut" zum „Gemüt" bezeichnet, birgt, so spürt Heinrich, aber stets auch die Gefahr des Umschlags, sobald diese geschaffene und gehütete

---

der Irrsinn des Endes mit seinen unterdrückerisch-zerstörerischen. Gemeint ist natürlich die der Neuzeit ganz eigene Identitätsfindung über die Wahrheit.

Max Weber hat das am Ende seines Buches in den zu recht berühmt gewordenen Zeilen festgehalten: *„Der Puritaner wollte Berufsmensch sein, - wir müssen es sein. Denn indem die Askese aus den Mönchszellen heraus in das Berufsleben übertragen wurde und die innerweltliche Sittlichkeit zu beherrschen begann, half sie an ihrem Teile mit daran, jenen mächtigen Kosmos der modernen, an die technischen und ökonomischen Voraussetzungen mechanisch-maschineller Produktion gebundenen, Wirtschaftsordnung zu erbauen, der heute den Lebensstil aller Einzelnen, die in dieses Triebwerk hineingeboren werden - nicht nur der direkt ökonomisch Erwerbstätigen -, mit überwältigendem Zwange bestimmt und vielleicht bestimmen wird, bis der letzte Zentner fossilen Brennstoffs verglüht ist. Nur wie »ein dünner Mantel, den man jederzeit abwerfen könnte«, sollte nach Baxters Ansicht die Sorge um die äußeren Güter um die Schultern seiner Heiligen liegen. Aber aus dem Mantel ließ das Verhängnis ein stahlhartes Gehäuse werden."* (Die protestantische Ethik. Gütersloh 1984) Die Identitätsfindung ist wohl einzigartig innerhalb der Menschengeschichte und kann vergangenen, aber vermutlich auch kommenden Epochen nur als Irrsinn erscheinen. Identität erreicht der Mensch in der Neuzeit über seine Arbeit. Schon ein Blick auf die Wortbedeutung macht das Unfassbare daran deutlich, bedeutet Arbeit doch Plage, Mühe, Not. Auch darin, wie in der Gemütlichkeit, findet sich einiges der protestantischen Mentalität.

Und, um noch ein weiteres Beispiel anzuführen, auch das dritte kirchliche, geistliche Gelöbnis[239], der Gehorsam, musste im Protestantismus hinter der Freiheit des je einzelnen Christen zurücktreten. Vor allem trat der Mensch in ein direktes, eigenes Verhältnis zu Gott, das der Vermittlung durch das Priesteramt nicht mehr unausweichlich bedurfte, so dass der Mensch selbst sein Geschick im Heilsprozess bestimmte bzw. aus den Händen der Kirche nahm und ganz in die Gottes und dessen Willkür legte. Der Mensch begann zunächst Gott und dann seine Persönlichkeit in sich selbst zu finden und deren Wesen und Zweck nicht von der Kirche zu erwarten und vorgegeben zu bekommen. Dem Erlösungsgedanken direkt Gottes Gnadenwerk, anstelle der Fürbitte der Kirche, folgte mit zunehmender Verweltlichung bald der Erlösungsgedanke durch sich selbst. Wie im Begriff der Gemütlichkeit führte der (Erlösungs-)Weg nach Innen mit einer nach Außen hin dann umso heftiger agierenden Seite. Damit teilt der Protestantismus den Wesenskern der neueren Philosophie und leitet zu dieser hin. Wo aber der religiöse Geist des Protestantismus an der Bibel stehenblieb, da fragte der philosophische bald auch hinter diese zurück.

Sphäre bedroht scheint. Je verdichteter, hermetischer diese Sphäre sich einrichtet, umso gewaltiger wird ihre Reaktion auf Bedrohungen sein. Vielleicht spielt aber auch noch ein zweiter Zug eine Rolle. Denn eine solche Sphäre, die ihre Identität in sich selbst findet, muss sich, will sie sich beweisen, abgrenzen gegen andere und da, wo sie sich als Ideal versteht, dieses Andere als potentielle Bedrohung seinerseits der Bedrohung aussetzen. Die Verträumtheit des Eigenen ist schreckhaft.

Wie muss man sich nun die Einrichtung solcher Sphäre vorstellen? In ihr kommt es zu einer Entleerung, einer Abweisung aller äußerlichen, öffentlichen Interessen[240], das Private zieht sich ganz aus dem Allgemeinen zurück und überhebt sich diesem gegenüber. Nun wird deutlich, warum und inwiefern die drei Aufsätze zusammenhängen und durch einen roten Faden miteinander verbunden sind. Es ist ein der konfessionellen Wahrheit des Johannes-Evangeliums wie der fernöstlichen Meditation und Askese durchaus vergleichbares, was hier stattfindet. Auch hier wird die/eine wahre Welt gefunden gegenüber der die andere zur unwahren, bedeutungslosen, z. T. bedrohlichen wird. Nur dass es dieses Mal kein Jenseits der Welt ist, welches aufgesucht wird, kein Sprung aus der Welt, weder einer hinauf, noch einer hinab, sondern der Rückzug in eine bürgerliche, zunächst seelische Innerlichkeit, dann aber auch in eine gesellschaftliche Mentalitätswelt, die beide von der (sozialen, geschichtlichen) Welt abschirmen. Es ist nicht ein Sprung aus der Welt, sondern einer innerhalb der Welt, einer zur Seite. Die Welt wird nicht wie im Als-ob(-nicht) des Evangeliums des Geistes übertrumpft, nicht wie im Sprung ins Zentrum bei der

---

[240] Hierin liegt der Anknüpfungspunkt zu Heinrichs zweiter Studie des Bandes: „Sprung ins Zentrum / Hausverlassen / Revolutionärer Quietismus".

fernöstlichen Mystik zurückgelassen, sondern wird für einen Augenblick, den Augenblick der Gemütlichkeit, in Klammern gesetzt, wird ausgeklammert. Statt das Haus zu verlassen zieht man sich in die gute Stube zurück und schließt die Tür. In der Gemütlichkeit richten sich die inneren Empfindungen also in einer ihnen genehmen Weise ein, die zunächst die des „frommen Gemüt" ist, dann aber zusehends verweltlicht und ein „*weltlich-wohliges*", [241] man könnte auch sagen „wohnliches" [242], Gefühl bezeichnet.

Ganz in diesem Sinne spricht auch das „Große Dudenwörterbuch der deutschen Sprache" von ihm, vermerkt es unter einer Anzahl angenehmer Qualitäten. Es fehlt also nicht nur das, was, wie Heinrich anmerkt, Hermann Paul 1897 in seinem „Deutschen Wörterbuch" ihm zuschreibt, die Färbung des „*bequemen Spießbürgertums*", sondern auch jeglicher Hinweis auf sein Gefahrenpotential, auf das es Heinrich ankommt. Dieses macht es notwendig, so Heinrich, das Stichwort heute aufzugreifen, sofern es sich aktuell wieder einzurichten gedenkt und dieses Gefahrenpotential in einer undenkbaren Gewalt sich gerade in der jüngsten deutschen Vergangenheit, die, das sei bemerkt, keineswegs mehr die jüngste ist [243], Bahn gebrochen hat. Gemeint ist

---

[241] Heinrich, S. 63

[242] Man merkt, wie nahe man hier Heidegger und der Gelassenheit wieder ist.

[243] *Fußnotenexkurs 20*: Wie schon in den Notizen zur ersten Studie Heinrichs festgehalten, scheint mir die fortgesetzte mediale Re-educationpolitik höchst fragwürdig, ja kontraproduktiv zu sein. Von Nationalsozialismus als „jüngste deutsche Vergangenheit" zu sprechen wird mehr und mehr ein Zug dieser, der die uns heute bedrängenden Wegmarken der Nachkriegszeit zu leicht übergehbar macht und eine dringend notwendige Auseinandersetzung mit diesen versperrt. Es war ja die Tragik des „Historikerstreits", dass der Vorwurf der Historisierung traf, aber zugleich auch selbst historisierte. Mit ihr wird der NS in eine Sonderstellung und Einzigartigkeit abgekapselt, die seine Schrecken und Möglichkeiten, vor denen es sich zu wappnen gälte, als heute unbedrohliche, ja unmögliche suggeriert. Aber das

Gebannte vermag durchaus den Bann zu sprengen und das Verdrängte kehrt, wie man weiß, als verzerrtes stets wieder. Zu leicht wird das Vergangene, auch dort, wo es gebannt werden soll, verklärt. Überhaupt, darauf sollte man achten, ist Historisierung als politisches Instrument der Gegenwart immer wieder zu finden. *„Wo immer auf Altes zurückgegriffen wird"*, so schlussfolgert Heinrich, muss daher *„nach der spezifischen Intention des Rückgriffs"* gefragt werden. (Psychoanalyse. Dahlemer Vorlesungen Bd. 7, S.103) (Siehe neben den hier im Text genannten Beispielen ein weiteres bei Jürgen Ebach „Amputierte Antike", wo der Umgang der Altertumswissenschaften mit dem Judentum beschrieben wird.)

Dies soll kein Plädoyer für eine Nivellierung des Nationalsozialismus sein, im Gegenteil. Dessen Instrumentarium einer totalen Herrschaft sollte sehr genau bekannt sein, will man dessen sublimierte Handhabung anderswo und zu anderen Zeiten nicht übersehen und hinnehmen. Der Nationalsozialismus ist Paradigma, als solches aber strahlungsmächtig. Die sublimierte Brutalität könnte sich summa summarum als weit katastrophaler herausstellen als die offene. Auch konnte man die offene zumindest, in welcher Art auch immer und sicherlich unter den größten Schwierigkeiten, verneinen, und sei es nur das Brecht'sche „Nein" des Herrn Egge gegenüber dem Agenten der Gewalt. (Geschichten vom Herrn Keuner. Maßnahmen gegen die Gewalt. In: Gesammelte Werke Bd. 12: Prosa. FfM 1977). Wohingegen ein zentraler Zug der sublimen sein könnte, diese bejahen zu müssen, weil man glaubt, es zu wollen. Konnte man der einen gegenüber, wie schwer auch immer dies war, sehend begegnen, auch wenn dies weitgehend nicht getan wurde, so ist man der anderen blind ausgeliefert, durch diese geblendet und sich der eigenen Stellung nie ganz sicher. Vielleicht vermag ein zurückhaltendes, aber tendenziell gleiches, stärker am Ende zu wirken, als ein brachiales, wie Heinrich dies im Vergleich von Johannes-Evangelium und der Gnosis des Marcion andeutet (s.o.). Wie man sich in einer Diktatur und ihrer vertikalen festen Hierarchie positionieren kann, in einer brachial-brutalen totalen Herrschaft mit ihren diffusen Machtgeflechten aber kaum, so in einer sublimen nahezu gar nicht. *„Ideologiekritik lautete ein heute fast vergessenes Stichwort"* bemerkt Klaus Heinrich in Festhalten an Freud. Eine Heine - Freud Miniatur zur noch immer aktuelle Rolle des Aufklärers Freud (Sonderdruck der Zeitschrift für psychoanalytische Theorie und Praxis. FfM 2007, S. 377 f). Siehe zur Indoktrinierung bzw. Formierung in der Moderne vor allem Jacques Ellul. Propaganda. The formation of men's attitudes. NY 1973 und Walter Lippmann. Public opinion. NY 1941 (Die öffentliche Meinung. Wie sie entsteht und manipuliert wird. FfM 2018). Desgleich auch Elisabeth Noelle-Neumann. Die Schweigespirale – Öffentliche Meinung – unsere soziale Haut (München 2001). Erinnert sei aber auch an „linke" Perspektiven in dieser Richtung wie Herbert Marcuse. Der eindimensionale Mensch. Berlin 1968 oder Johannes Agnoli. Die Transformation der Demokratie. Berlin, 1967 sowie an „rechte" wie Carl Schmitts Rede „Das Zeitalter der Neutralisierungen und Entpolitisierungen" von 1929 (wiederabgedruckt in

natürlich die Zeit des Nationalsozialismus. Spätestens seit dieser Zeit verbietet es sich den Begriff zu betrachten oder zu gebrauchen, ohne dessen Potential zum Umschlag, dessen Aufschlag, Heinrich fasst beides geschickt in den Begriff Revers, zu bedenken.[244] Das im Aufschlag der inneren Behaglichkeit Sichtbarwerden des Begriffs Gemütlichkeit ist für Heinrich dann die Brutalität.

Wohlgemerkt, diese reine Begriffsbetrachtung wird dann erst wirklich virulent, wenn sie über das Privatmoment hinausgeht und den spezifisch nationalen Begriff „Gemütlichkeit" als „*Charakteristikum einer spezifisch nationalen Mentalität*"[245] erkennt. Es ist die Mentalität der

---

Positionen und Begriffe. Hamburg 1940.) Und im Zusammenhang mit den Formationsinstrumenten der Kontrolle und Überwachung sei noch einmal an die Bücher von Bernhard, Welzer oder Snowden erinnert (s.o.). Auch bei diesen Techniken verläuft der Weg, oder um es modern auszudrücken, geht der Trend ja von der reinen Fremdüberwachung zur Fremd- und Selbstüberwachung.

[244] Zwar ist Heinrichs Blick auf den Nationalsozialismus konzentriert, dennoch scheint es angebracht seine Diagnose der Gemütlichkeit auszuweiten und auf andere historische Epochen und nicht zuletzt auf die heutige Zeit anzuwenden, und sei es, um der Historisierung zu entgehen. In diesem Sinne wird zumindest hier Heinrichs Text betrachtet werden, der aber auch selbst daran keinen Zweifel lässt.

[245] Heinrich, S. 64. Heute schießen dabei natürlich ganze Legionen an Fragen auf. Allen vorweg, ist es wirklich eine nationale Mentalität? Ist diese tatsächlich nur auf Deutschland, wie zuweilen im Text angedeutet scheint, zu beziehen? Was aber heißt eigentlich Deutschland? Stehen hinter solchen Hypostasen, solchen Kollektivbezeichnungen nicht immer Menschen? (Dazu siehe im Text den Abschnitt über nationale Identität. Und wäre wenn die hier Geborenen gemeint sind, nicht wieder eine Anknüpfung an das jus soli gegeben?) Oder ist diese Mentalität nicht durchaus auch anderswo zu finden und die Bezeichnung national irreführend und national eigentlich international und als Identitätsmoment eines jeweiligen nationalen Kollektivs zu verstehen? Und vermag man heute noch von einer nationalen Mentalität zu sprechen, wo Nationen sich aufzulösen scheinen, nationale Gesellschafen sich zersplittern, also die Bevölkerung eines Landes nur noch schwerlich als homogene Masse zu verstehen ist; darf von nationalen Mentalitäten gesprochen werden, wenn überall zugleich der humanitäre, seinerseits politisch äußerst fragwürdigen Begriff der „Menschheit" propagiert wird usw.? Dies ist

„Bande". Um diese geht es Heinrich, sie ist abzuwehren und ihrem Wiederaufblühen Einhalt zu gebieten.[246]

---

keineswegs als Kritik an Heinrich zu verstehen, wo sie nicht zutreffen würde, sondern steht als allgemeines Fragenkonvolut des gegenwärtigen Zeitgeistes zur Debatte. Ob er im Konzil der Gegenwart überhaupt vorgetragen werden darf wird sich zeigen.

[246] *Fußnotenexkurs 21*: Ein hoch aktueller Ansatz. Denn dieser Bandencharakter wird als Vorwurf derzeit international von den gespaltenen Gruppierungen der Gesellschaften gegenseitig erhoben, insbesondere vielleicht im Kontext der Geschehnisse in Frankreich, Deutschland und den USA. Die öffentlich-rechtliche Medien- und Kulturlandschaft schreibt diesen Charakter Bewegungsströmungen innerhalb der Gesellschaft zu, welche sich zunehmend auszuweiten scheinen und sich nicht mehr mit den etablierten Strukturen und deren Wahrheitsanspruch (was immer auch Machtansprüche sind) identifizieren können. Von daher kann man in ihnen in der Tat Widerstandspotential gegen die Zurichtungsmechanismen einer Gesellschaft erkennen, welche durch sie beleuchtet und in ihrer Fragwürdigkeit sichtbar werden. Fatalerweise verbindet sich dieses Potential aber zumeist auch mit einer höchst reaktionären Einstellung, die eher in die alten tödlichen Abgründe der Ursprünge führt, als aus diesen heraus, oder, vielleicht noch schlimmer, sie sind nur weitere verkappte Erweiterungen des Status quo. Eine Variante der alten Aufteilung des Konservatismus in einen (neo-)liberalen (marktkonforme Gestaltung von Gesellschaft und Wirtschaft) und einen (zumeist traditionell gebundenen) Wertkonservativismus, der zuweilen in reaktionäre rechte Bereiche abrutscht. So fällt es den sich seit langem gemütlich eingerichtet habenden, etablierten Machtgruppen leicht, diesen Bewegungen eine „Bandenmentalität" unterzuschieben, was auch nicht ganz falsch ist. Aber macht dies diese nicht umso bedrohlicher? Insgesamt, wie im Falle der aktuellen Re-education, könnte man heute, so ist zu befürchten, Hölderlins berühmten Satz aus dem Patmosgedicht: *„Wo aber Gefahr ist wächst das Rettende auch"* mit bitterem Sarkasmus wenden und sagen, „Wo gerettet wird wächst auch die Gefahr." Peter Furth hat in seinem luziden Aufsatz „Kategorielles zur Political Correctness" (s.o.) die Finger ebenso treffend wie schmerzhaft in die Wunde gelegt. Schon der Begriff der Gerechtigkeit ist im Grunde nicht mehr festzulegen und deutet Intentionen an, die nur je nach Entscheidung für wünschenswert und richtig oder bedenklich bis prekär zu halten sind. Eine beklemmende Situation. Zumal sich die verschiedenen Strömungen beide auf die Demokratievorstellung berufen. Ein aktuelles Beispiel dafür wäre der Sturm auf das Capitol in Washington am 6. 1. 2021. Als etwas kleineres Parallelereignis ließe sich der Versuch eines solchen Eindringens in das Reichstaggebäude am 29. 8. 2020 betrachten. Beide Häuser sind explizit architektonische Symbole der Demokratie. Beide Male wurden dieser Sturm aber interessanter Weise in Namen der Demokratie und deren Verteidigung

unternommen. D.h. die Repräsentanten der bestehenden Demokratie werden keineswegs mehr als Repräsentanten wirklicher Demokratie angesehen.

Und hier kehrt sich der Bandenvorwurf. Nun wird er den etablierten Schichten, die im Zuge eines neoliberalistischen Kapitalismus auf ihren Beutezügen sichtbar geworden sind, entgegengehalten, was auch nicht ganz falsch ist. Und zwar entgegengehalten von sich bildenden Machtgruppen, die um ihren Bildungszustand, der derzeit aus einem Nischendasein in eines des Mitspielers übergeht, sehr wohl wissen oder diesen, in aller Gemütlichkeit, empfinden. Zwar wird dieses Wachsen immer wieder unterbrochen und heruntergefahren, ein einfacher Blick auf die Tendenzen der letzten Jahrzehnte lässt aber kaum Zweifel an dessen Anwachsen zu und sollte wachsam und hellhörig machen, anstatt immer wieder mit Beschwörungsformeln verharmlost zu werden. Noch einmal die These, die auch oben im Text immer wieder vertreten wurde: Die Sichtbarmachung, die Benennung eines Konflikt vermag diesem eher zu begegnen als seine Verdrängung. (Die Selbstbefragung hieße hier: unterwerfender mythischer Glaube an die Macht des Namens (s.o.) oder befreiendes psychoanalytisches Instrumentarium?)

Im aktuellen Konflikt jedenfalls lässt sich der kuriose Umstand beobachten, dass sich beide Gruppen je gegenseitig ins Recht zu setzen scheinen, besser: ins Unrecht. Gerade im jeweils vorgetragenen Anspruch auf Wahrheit zeigen sich beide als Unwahrheit ihrer selbst. Und dem Zuschauer des Ringens wird angst und bange, um das Geschehen wie um sich selbst, wenn er sich dabei ertappt, dass jede Gruppe mit ihren Angriffen auf die andere, diese andere ins Recht bringt, sofort aber ins Unrecht läuft, wo sie sich selbst feiert. Es scheint, als ob nur noch der Vorwurf, nicht aber mehr das je eigene Handeln zu bejahen wäre. Keine gute Ausgangsposition für eine Konfliktlösung.

Und, um nochmals auf das Moment der Frage der Demokratie zu kommen, was etwas anderes ist als die Frage der Republik, was als Fakt bedenklich ist und einiges ins Licht stellt, ist, dass Demokratie beiden Gruppierungen, welche in den genannten Gesellschaften agieren, die eine „Wahrheit" zu sein scheint, um die gefochten wird. Bei beiden wird aber gar nicht mehr nach der Gestalt solcher Demokratie gefragt, sondern diese einfach in der eigenen Auslegung als wahre Demokratie empfunden. Auch die aktuelle Geschichte verläuft immer noch auf dem Boden, unter den Auspizien der Aufklärung, wie für die Nachkriegsjahrzehnte schon Reinhart Koselleck verdeutlicht hatte und diese immer noch in den Vorgaben der Wahrheitsfrage. Auch daraus erklärt sich die Unversöhnlichkeit der hartwerdenden Ränder dieser Gruppierungen. Martialisch gesagt, es würden nicht Kriege, sondern Bürgerkriege sein, würde das Verdrängte zum Ausbruch gelangen, was, wie alles Verdrängte, außerhalb des Vorstellungsbereiches liegt. Darüber hinaus scheint es auch, als ob bei all dem die Wahrheit der Demokratie mit sich selbst deckungsgleich geworden wäre. War da nicht etwas beim Wortspiel der Kinder? Natürlich, man ist noch weit vom sich Andeutenden entfernt, alles kann sich noch drehen, aber zeichnen sich da nicht Muster ab? Nicht Recht zu behalten wäre da von Vorteil. Und die Dialektik der Gemütlichkeit, die Heinrich erwähnt? Ist sie nicht das, was aktuell mit Händen zu greifen ist? Schlägt die Gemütlichkeit des Etablierten in ihrem medialen und diskursiven Vorgehen gegen alle und alles sie Beeinträchtigenden nicht in Brutalität um, so wie die Gemütlichkeit des Nischendaseins der jenseits davon stehenden Gruppen sich zunehmend in Brutalität entlädt? Sprachpolizei und Schlägertrupps entsprechen sich. Aktuell ist dies im Zuge der political correctness überdeutlich und höchst brisant. Es ist nicht uninteressant, dass der etablierten political correctness eine im Unetablierten gegenübersteht. Wieder scheint die Umkehrung von Hölderlins Satz zu greifen. Aber auch parlamentarisch entsprechen die Vorwürfe der einen Partei an die andere sich in Wortnutzung und Denkfiguren. Ein Dialog ist hier nicht absehbar. In beiden Fällen wirkt die Außenseite von Indoktrination und Kontrolle. Und in jedem Zug dieser Dialektik steht der Gemütlichkeit das Brutalverhalten zur Seite, ist unabtrennbar das eine mit dem anderen verknüpft.

Ein „Alles nicht so schlimm", „Überbewertet", „Es wird schon gut gehen", „Insgesamt geht es vorwärts" usw. mag (noch) zutreffen, könnte aber auch reine Verdrängung sein. Das Anwachsen solcher Bewegungsströme einerseits, wie staatlicher und gesellschaftlicher Kontrollorgane andererseits, kann durchaus als Hinweis darauf gelesen werden. Auf beiden Seiten wird freiheitliche Demokratie, unter der Berufung sie zu retten, abgeschafft. Rettung scheint derzeit nur das Fatale zu liefern, zumindest zur einen Seite hin, wenn die neoliberale Gebundenheit der Repräsentanten solcher Bewegungen sichtbar wird. Aber beruhigt das wirklich? Man stelle sich einmal vor, diese würden einen ihrer Kardinalfehler im politischen Machtkampf ablegen und sich der Katastrophenproblematik von Umwelt zuwenden, anstatt diese zu leugnen. Ein explosionsartiges Anwachsen wäre durchaus nicht ausgeschlossen. Denn die Formulierung *„gedanklich entsichert"* (Georg Mascolo) (in der Sendung vom 17. 1. 2021 auf phoenix: Internationaler Frühschoppen. Der Amtswechsel.) trifft mehr als sie auf den ersten Augenblick vielleicht ausdrücken soll. In der gleichen Gesprächsrunde berichtete Alexandra von Nahmen, dass sie in Gesprächen mit Anhängern von Donald Trump immer wieder hörte, dass deren Wahl zu einem großen Teil ein Schlag gegen die etablierte politische Elite sein sollte. Auf die Nachfrage, ob sie soweit gehen würden, dass damit auch das politische System zerstört würde, antworteten nach Frau Nahmen viele mit „Ja".

Oder man stelle sich einmal vor, die Kontrollmittel heutiger Systeme gerieten in die Hände von Interessensvertretern bestimmter religiöser, politischer oder ökonomischer Bestrebungen, die sich wenig um den Firniss einer zerfallenden Demokratie scheren und die institutionellen Schaltstellen im System, die solche Machtkonzentrationen verhindern sollen, ausschalten oder vereinnahmen könnten. Hier ist der NS ein gutes Beispiel. Die Beschwichtigungsformel, dass all Maßnahmen

in diesen Richtungen (derzeit) ja nur unter demokratischen Prinzipien stattfinden würden, unterläuft nicht nur sich selbst, sondern ist auch schlichtweg das, was sie ist, Beschwichtigungsformel. Dass da etwas schief läuft sollte allein schon der Umstand sichtbar machen, dass solche Maßnahmen immer weiter mit den immer gleichen Begründungen ausgedehnt werden (müssen). So nimmt es nicht wunder, wenn die Demokratieverbundenheit entweder immer weiter abnimmt oder sich immer mehr auf jeweilige Eigeninteressen konzentriert. Vor allem aber ist der Gedanke, dass dies sich im Rahmen der Demokratie vollziehende Geschehen ungefährlich ist, solange das (demokratische) Regime, System nicht wechselt, schon an sich falsch. Denn der Wechsel findet ja gerade innerhalb des Systems statt. Aber ist es ein Wechsel oder ist es ein Wechsel, der kein Wechsel ist, sondern nur ein Umbau, eine Restaurierung innerhalb des Systems, bei der aus der Villa Demokratie das Fabrikgebäude und Labor einer Oligarchie wird? Stattfinden tut dieser innerhalb einer scheinbar funktionierenden Demokratie und einem proklamierten Ausbau an Freiheitsräumen, die durchweg sekundäre sind. *„Die Auflösung der Demokratie geschieht im Rahmen der Demokratie."*(Harald Welzer. Die smarte Diktatur. S. 200)
Nicht allzu weit scheint mir die Aussage eines Bekannten von mir zu sein, der meinte, der BRD habe er sich wenn auch kritisch immer verbunden gefühlt, mit Deutschland aber verbinde ihn nichts. Auf welcher Grundlage kann man deswegen zürnen? Alle Positionen erweisen sich heute immer wieder den Positionen der von Sokrates Befragten ähnlich, nämlich als bodenlose, als Selbstlegitimationen. Dies zeigt die Erschütterung der Demokratie in ihrem Gegenwartsbestand deutlich. Wie aber eine neue Vernunft finden? Es hilft wenig, immer wieder zu sagen, dass dies falsch sei. Taschenspielertricks wie meine Gegenfrage an den erwähnten Bekannten: „Auch nicht Kultur und Sprache?", lassen sich leicht mit Gegenfragen wie „Welche?" oder „Gibt es die noch?" abtun. Sinnlos ist es auch, immer wieder auf Errungenschaften hinzuweisen, da diese in den Augen der Andersdenkenden keine sind. Dies ist sehr ähnlich in der Migrationsfrage. Zu stellen wäre zunächst eher die Frage: Wie konnte es dazu kommen, dass eine Beschädigung, die als Konsequenz einen Zusammenbruch in Kauf nimmt, solch eine große Faszination und solch eine Befriedigungswirkung entfalten konnte? Was ist an den bestehenden demokratischen Systemen dermaßen falsch, dass es solche Reaktionen hervorruft? Die Antwort wäre vermutlich: einiges. Ein erster Ansatz aber wäre vielleicht auch der Blick darauf, ab wann das demokratische System so fragwürdig an sich selbst wurde. Und hier ist die Antwort eben sehr deutlich festzumachen und lautet, seit ihrem Schulterschluss mit der neoliberalen Ökonomie. Eine These, die zu vertreten der Autor keinen Hehl macht, wohlwissend was da auf ihn zukommen mag.
Klaus Heinrichs Warnung vor dem Selbstzerstörungstrieb der Gattung haftet vielleicht ein wenig der Verfehltheit der Größenordnung an, ein wenig enger gezogen jedoch vermag sie sehr konkrete Formen anzunehmen.

Brutalität als Revers von Gemütlichkeit. Dies wundert zunächst, denn im Sinne des Umschlagcharakters hätte man eher Ungemütlichkeit bzw. Ungemütlich-werden erwartet. Dass Heinrich sich für das Wort Brutalität entscheidet, mag auch daran liegen, dass darin die soziale Bedrohung, die der Umschwung ins Ungemütlich-werden mit sich führt, in ihm deutlicher wird und über die Innerlichkeit des Personenbezugs merkbar hinausführt, zur (psychisch wie physischen) Gewalt werden lässt.

Wo lässt sich solche Brutalität nun beobachten. Insbesondere sicherlich im Nationalsozialismus, aber nicht auch anderswo? Nicht auch in den Vernichtungsprozeduren und Opferritualen der westeuropäische und US-amerikanische Gesellschaft der letzten Jahrhunderte? Und zwar vor und nach dem NS? Dem hier Schreibenden zumindest scheint es so. Man begegnet ihr im Zuge des Imperialismus wie in den Welt-, aber auch den nachfolgenden Stellvertreterkriegen der Supermächte. Doch das ist nicht alles. Denn Vernichtungsprozeduren und Opferrituale sind längst nicht mehr Ausnahmesituationen, der Ausnahmezustand, der sie einst (vielleicht) waren, sondern sie sind zur alltäglichen, unentwegten und damit unbemerkten Gegenwart geworden. Sie sind längst nicht mehr nur die großen Ausbrüche der Weltgeschichte, sondern die normalen und alltäglichsten überall und jederzeit. Und nicht nur das, sondern das gesamte Alltagsleben beruht in den Gesellschaften der modernen westlichen und östlichen Welt genau auf solchen Prozeduren, die tagtäglich stattfinden, ohne registriert zu werden.[247] Es besteht ein globales

---

[247] Aber war das je anders? Ist nicht die Nichtregistrierung, das Empfinden von Normalität, das in der Gemütlichkeit des Alltags verborgen liegt, in der Geschichte stets gegenwärtig gewesen. An anderer Stelle hätte daher seine spezifische moderne Ausprägung genauer untersucht zu werden. Insbesondere auf die Frage hin, wie

Verknüpfungsband von Monokulturen, Massentierhaltung, großflächigem Ressourcenabbau, den Kriegen in abgelegenen Regionen der Welt, ausbeuterischen Praktiken auf fremden und dem eigenen Kontinent und tagtäglichen Hedonismus- und Selbstfindungsübungen des Verschlingungs- und Konsumverhaltens im Namen von Bequemlichkeit und Normalität, wie es einen nicht unbedeutenden Teil von Gesellschaften der Welt kennzeichnet und wie es als Ziel propagiert wird.[248] Durchgeführt von jedem von uns, so fern uns solches auch liegt. Die Gemütlichkeit als Bandenmentalität ist nicht zuletzt der Schutz der Normalitätsgeborgenheit. Das Hausverlassen ist die exotische Variante dieser Gemütlichkeit. Beides ist das wahre Leben, beides steht unter dem Motto: *„Das ist das wahre Leben!"*, in das im wahrsten Sinne des Wortes hineingelebt wird, wie man es zuvor in der Teilnahme am Geist Gottes eingeübt hatte. Man will das Wahre. Die Wahrheit und nichts als die Wahrheit, so wahr Gott helfe. Auch die Gemütlichkeit als Bandenmentalität ist ein Sprung ins Zentrum, der in etwas hinein führt. Ist ein Sprung hinein in ein Diesseits, das sich als Jenseits seiner selbst erfährt, in dem der Springende festgestellt und in seiner „Eigentlichkeit" (Heinrich möge mir

---

solche Normalität im Lauf der Geschichte immer wieder aufgebrochen werden konnte, gerade auch im abendländischen Geist (s. Elluls Bemerkung in Verrat am Abendland), und wie ein solches Aufbrechen heute zu denken wäre.

[248] Eine Normalität des „Muß!". Der Befehl *„Genieße!"* aus: Der verliebte Teufel von Jacques Cazotte (Heidenheim 1961) gehört vielleicht zu den schlimmsten erdachten Imperativen der Hölle und scheint in weiten Teilen der Moderne häufig hörbar zu werden. Die „Wachstumsökonomie" ist dabei ein unbarmherziger Gott, das „erfüllte Leben" zuweilen ein Beispringer, zuweilen nicht. Am Beispiel einer Zahnbürste hat Jonathan Coe literarisch ein paar Fäden dieser Zusammenhänge geschildert in: Die ungeheuerliche Einsamkeit des Maxwell Sim. München 2010.

die Wortwahl verzeihen) geopfert wird, sofern er der Mentalität der Bande unterliegt.

Zunächst zieht Heinrich die Kreise aber enger. Als kleinere Beispiele solchen Potentials des Umschlags in Brutalität, das die Berührungsängste des gefundenen, zur privaten Heimat gewordenen Schutzraumes transportieren, gibt er zum einen eine Textstelle Husserls aus der philosophischen Sphäre an, und zum anderen die meist alkoholisiert vorgetragene Floskel: *„Ein Prosit der Gemütlichkeit"* aus dem Vulgär- und Beschwörungsbereich, um anschließend auf das Subjekt, welches den Umschlag von Gemütlichkeit in Brutalität und umgekehrt trägt, zu sprechen zu kommen. Zuvor jedoch gibt Heinrich noch ein Beispiel von dessen Verdinglichung, der repräsentative Form dieses Ineinander von Gemütlichkeit und Brutalität. Es findet sich in der architektonische Gestaltung Albert Speers der „Straße des 17. Juni", der ehemaligen Ost-West-Achse der Reichshauptstadt. In diese ist sie noch heute eingeschrieben[249] als das *„Außenmöbel zum Interieur"*[250] der geschleiften „Neuen Reichskanzlei". Beide erbaut im *„Schlafzimmerlicht"* einer *„Gräberstraße"*, beide den Konnex Gemütlichkeit und Brutalität wiederspiegelnd, wie Heinrich mit den ihm eigenen geschärften Augen sieht und in der ihm eigenen Sprache formuliert.

Solche Architektur fängt ein und repräsentiert Gemütlichkeit und Brutalität als eine Bandenmentalität, die einem „kollektiven Bedürfnis" entspricht und entgegenkommt. Genau dies ist der Punkt auf den es ankommt. Es gibt ein kollektives Bedürfnis auf das hin alle Faszination überhaupt erst wirken kann. Die Faszination eines wahren, personalen

---

[249] Detailliert siehe dazu: Klaus Heinrich. Dahlemer Architekturvorlesungen. Eine architektonische Auseinandersetzung mit dem NS. Schinkel. Speer.
[250] Heinrich, S. 66

Gottes, eines Sprunges ins Zentrum, einer Mentalität der Gemütlichkeit. Das aus vorliegenden gesellschaftlichen Zuständen - die es sichtbar zu machen gilt - entstehende Bedürfnis erklärt[251] die Faszination, die den Nationalsozialismus zur Volksbewegung[252] werden ließ,[253] die

---

[251] Vorsichtiger Weise wäre hinzuzufügen, als ein Punkt von vielen.

[252] *Fußnotenexkurs 22*: Es ist und bleibt natürlich problematisch ein ganzes Volk in die Verantwortung zu nehmen und zu stigmatisieren. Auch Volk ist wie Nation, Staat, Markt oder entsprechendes nur eine Hypostase. Auch drängt sich die bittere Frage auf, ob man mit solcher Verwendung von Hypostasen und Kollektivschuld die nationalsozialistische Ideologie nicht sogar ansatzweise bestätigt. Dies hat die Diskussion um die Thesen Daniel Goldhagens vor einigen Jahren wieder sehr deutlich gemacht. Auch ist stets zu betonen, dass es auch im Falle des Nationalsozialismus fraglich ist, ob man von einer Ursache oder nicht besser von einem Geflecht ausgehen sollte. Dennoch ist es überaus wichtig auch dessen einzelne Züge sehr genau zu kennen. Ich würde es bevorzugen und Heinrich in dem Sinne lesen wollen, dass das Subjekt solcher Vorgänge nicht das Volk an sich (was immer das ist) ist, sondern eine Mentalität des Einlebens, die mehr oder weniger weit sich erstreckt (was auch ein Kriterium der Einordnung einer Zeit sein könnte), der Mentalität des Verdrängens von Entscheidung, Urteil und Stellungnahme, die Weigerung des Nachdenkens und Hinnahme von Gegebenheiten, was Hannah Arendt im Zusammenhang mit Eichmann spektakulär als die „Banalität des Bösen" bezeichnet hat und wogegen sie aufrief. Denn aus schlummernder Banalität vermag immer urplötzlich eine aktive zu werden. Augenblicklich kann Gemütlichkeit in Brutalität umschlagen. Aber nicht nur Arendt wäre hier hilfreich, ebenso könnte man hier von Carl Schmitt lernen. Eine solche Lesart zumindest trüge über die Zeit des NS hinaus und könnte zum Widerstandsinstrumentarium - nicht nur, aber auch gegen eine Rückkehr der repressiv-reaktionäre Herrschaft - jeder Zeit werden.
Es mag nicht uninteressant sein im Zusammenhang des Volksbegriffes - auch dies wie Gemütlichkeit ein nationaler Begriff, so spricht man im Französischen und Englischen von peuple bzw. people, was ganz andere Konnotationen mit sich trägt, weshalb man im akademischen Diskurs auch dazu übergegangen ist von der Bevölkerung zu sprechen; allerdings ist auch dies wieder ein von Intentionen getragener Begriff, sofern er die Migrationsproblematik zu überdecken versucht -, es mag also nicht uninteressant sein, darauf hinzuweisen, dass dieser Begriff Volk Gewicht wahrscheinlich durch den sogenannten Volkskrieg gegen Napoleon mit der siegreichen Völkerschlacht 1813 bei Leipzig bekam. Der Ruf „Wir sind das Volk", der bei der Auflösung der DDR ebenso zu hören war wie auf den Pegidademonstrationen in Dresden - eine Parallele, die von den einen abgelehnt, von den anderen angedacht

wird -, wurde zuerst von Georg Büchner in seinem Stück Dantons Tod 1835 formuliert, fand dann aber auch in einem Gedicht („Trotz alledem") 1848 von Ferdinand Freiligrath Aufnahme. Man kann so darin auch einen Anknüpfungspunkt an den Ursprung, also der Konstitution der deutschen Nation, erkennen. Wie auch immer, es lohnt sich die Passage bei Büchner einmal als ganze nachzulesen. Auf die Frage „*Was ist das Gesetz?*" (was bereits einen seltsamen Gleichklang zur Frage: „*Was ist Wahrheit?*" hat) antwortet dort Robespierre „*Der Wille des Volkes*". Worauf ihm durch den Ersten Bürger entgegnet wird: „*Wir sind das Volk, und wir wollen, daß kein Gesetz sei; ergo ist dieser Wille das Gesetz, ergo im Namen des Gesetzes gibt's kein Gesetz mehr, ergo totgeschlagen!*" Was hier auffällt, neben der Konsequenz des Totschlagens, ist auch eine Aufgabe des Willens des Volkes in seinem eigenen Namen – was wiederum sehr an das Geschehen der Wahl des NS erinnert. Was auffällt, auch im hier behandelten Zusammenhang, ist das Zugleich von Sein und Nicht-sein, von Bestand und Nicht-Bestand. Der Clou ist weiter, dass Robespierre diese Forderung des Bürgers zunächst ablehnt, dann unter der Ägide des Gesetzes aber bejaht. Aber wird der Wille des Volkes damit wieder eingesetzt oder missbraucht, verwirklicht oder verworfen? Und die Frage, ob der Wille des Volkes automatisch der richtige ist, macht wieder ein ganz anderes, hoch fragiles, kompliziertes Feld auf. Dennoch, die Blutströme der Guillotine sollen legal oder durch Wahrheit, durch das Rechte und das Recht begründet fließen. Besser könnte man die Situation der Gewalt – und zwar egal in welcher Sphäre - kaum beschreiben. Immer geht es um Rechtfertigungen: im Namen des jeweils wahren Lebens - Gottes, 1. Text; Zentrums, 2. Text; Gemütlichkeit, 3. Text. Es sollte im Verlauf dieser Notizen deutlich geworden sein, dass diese Namen wechseln können und bei weitem mehr sind, als die von Heinrich als Beispiele, wenn auch signifikanten, aufgeführten. Namen unter die auch zunächst positiv besetzte zu finden sind und gerade bei ihnen die Gefahr besonders hoch sein könnte. Objektive Wissenschaft und allumfassende (katholische!) Toleranz sind nicht die letzten darunter. (Wo aber könnte man einer Toleranz ruhigen Gewissens Grenzen setzen? Nur in sehr wenigem scheint es dem Autor.) Das macht sie nicht falsch, ihre Ansprüche aber fragwürdig und von Fall zu Fall zu bedenken. Zuweilen aber scheint es, als ob den Blutströmen der Guillotine kein Einhalt zu gebieten ist, was aber dennoch vom Versuch, auch wo dieser in die Irre führt, nicht entlastet, auch wenn es ihn belasten mag. Doch auch das ist nicht ohne, und führt leicht in die Untiefen der Wahrheitskonfessionen zurück oder verfängt sich zumindest in diesen.

[253] In Bezug auf den Nationalsozialismus scheint mir dies, und auch Jacob Taubes hat sich einmal so geäußert, die entscheidende Frage zu sein. Was machte die Faszination am Nationalsozialismus aus? Eine zweite Frage wäre, wie gestaltete er diese zur identitätsstiftenden Mentalität? Diese scheint mir heute gleich hinterher gefragt werden zu müssen. Eine dritte wäre dann, wie und auf welchem Boden gelingt es dann diese als Wahrheitsanspruch zu installieren? Interessant ist auch eine andere Bemerkung, die Klaus Heinrich einmal machte, dass das, was ihn hellhörig mache

ihn – und hier zeigt sich das tragende Subjekt – quer durch alle sozialen und intellektuellen Schichten bejahte und, nicht 1000, aber immerhin 12 Jahre lang, erhielt. Die „Volksgemeinschaft" war eine demokratisch gewählte, vielleicht besser erwählte, die es als (gefundene) Gemütlichkeit mit aller Brutalität zu verteidigen galt. Damit ist das Subjekt des NS ausgemacht wie auch seine Faszination.[254]

Die Faszination an dieser Mentalität, stellt Heinrich weiter fest, hat eine lange Vorgeschichte. Sie prägte schon die Gruppen beim Wartburgfest, Studentencorps, die schlagenden Verbindungen, die Truppen der Jugendbewegung in Kaiserreich und Republik. Und hinter all jenen wiederum findet sich die Faszination an der (plündernden und feiernden) Räuberbande. Darin wird der Aufbau der Bandenmentalität sichtbar als Stigma eines Auseinanderklaffens zwischen *„gesellschaftlicher verbindlicher Reflexion"* und „Vitalsubjekt",[255] dem Unbehagen in der Kultur. Notwendige

---

stets der Singular beim Bewegungsbegriff sei. Man mag anfügen, wohl deshalb, weil ein solcher zumeist mit einer als alleingültig verstandenen Wahrheitsvorstellung und –konfession verbunden ist. Hiervon spricht insbesondere der erste Text Heinrichs. Aber auch das *„anything goes"* Paul Feyerabends als Stigma der sogenannten Post-Moderne ist am Ende nichts weiter als ein Wahrheitsanspruch. Auch der Anspruch auf ein Nicht der Wahrheit ist einer auf Wahrheit. Genau darum geht es in den Formen der Dialektik der Moderne. Das alte große philosophische Problem des Kreters, also das Paradoxon des Epimenides, welches von Paulus (Brief an Titus 1, 12) nicht weniger aufgenommen wurde als von Bertrand Russel, ist auch das der Moderne. Als Dilemma erfuhr es zu Beginn dieser Epoche als erster vielleicht Friedrich Nietzsches, der seine Kritik nur auf dem Boden des Kritisierten durchführen konnte und daran zerbrach. Wir heutigen haben gelernt tagtäglich damit zu leben. In Frage steht für uns nur das „Wie?". *„Die Auflösung der Vernunft erfolgt per Vernunft. Die Wahrheit der Auflösung von Wahrheit bedingt die Wahrheit."*(Veraunir, 2020)

[254] Zumindest eine, wenn auch wichtige, Facette davon.
[255] Heinrich, S. 67

gesellschaftliche Strukturen, notwendig zur Erhaltung und dem Funktionieren von Gemeinschaft, verdichten sich dermaßen, dass sie nicht mehr mit den vitalen Bedürfnissen des Subjekts übereinstimmen, sondern diese im steigenden Maße bedrängen und bedrücken. In ihr spiegelt sich die Ermüdung der Sublimierungsprozesse der Zivilisation. Diese scheint immer wieder aufzutreten, ist in den erstarrten Formen der Gesellschaften vor dem I. Weltkrieg ebenso auszumachen wie in den verschwimmenden vor dem II. Weltkrieg.[256] Und heute? *„Ich will relaxen"* heißt es in heutiger Sprache. Die ihr verfallenden empirischen Subjekte fühlen sich von signifikanten Momenten des Gesellschaftsgeschehens abgeschnitten, fühlen sich in diesem nicht heimisch und repräsentiert. Folgerichtig weigern sie sich ihrerseits dieses zu repräsentieren und schließen sich zur Bande als neuer Heimat zusammen. Wir kennen das Muster aus den beiden vorangegangenen Texten über das Johannes-Evangelium und die fernöstliche Mystik. Eine Spaltung, Entfremdung, die die Philosophie in Subjektlosigkeit zu transformieren versuchte, die Religion in Subjekterhebung und die fernöstlichen Meditationspraktiken in Subjektauflösung.

Aber wie kommt es zur Übertragung dieser Mentalität auf den Großteil des/eines Volkes quer durch alle Schichten und Altersklassen? Heinrich bemerkt, dass dies an anderen Orten

---

[256] Die Bedrückungen und Belastungen des Vitalsubjekts können also ebenso durch erstarrte wie durch verfließende Gesellschaftszustände hervorgerufen werden. Vielleicht kann man in diesem Wechsel von Notwendigkeit einer Gemeinschaftsbildung und deren Zerfall an diesen sich verfestigenden oder verflüchtigenden Notwendigkeiten sogar eine Dialektik von Gesellschaft entdecken, die in der Gefahr und damit in der Entscheidung steht, ob sie in einem sicherlich schweren, aber doch „friedlichem" Übergang sich vollzieht oder im Ausbruch eines katastrophalen Ereignis.

über Geheimgesellschaften geschieht und so beschränkt bleibt.[257] Im modernen Deutschland aber war diese Geheimgesellschaft öffentlich und allen zugänglich und nannte sich als Partei NSDAP. Schon der Zusammenklang von National und Sozialistisch deutete den umfassenden, beherbergenden Gemütlichkeits- und Zusammengehörigkeit- also auch Identitätscharakter der Mitgliedschaft der Bande an, deren Aufgenommene als Bandenmitglieder alles außerhalb von ihnen von dem sie sich bedroht fühlen mit ihrem Zorn überziehen.

Die Faszination der Bande NS, die sie besaß, da sie Heimat und Abenteuer bot, Gemütlichkeit und Brutalität, strahlte aus und zog an. Bezeichnungen ihrer Untergruppen wie Horden, Stamm[258], Fähnlein usw. sprechen für Heinrich eine deutliche Sprache. Von Heinrich auf die Begrifflichkeit der Psychoanalyse gebracht. Der Bandenchef war erster unter Gleichen als aufbegehrender Sohn gegen die etablierten Vatermächte und strafender Vater gegenüber seinen Brüdern zugleich. Auch die Umzüge im Land und die späteren Kriegszüge durch die Welt entsprachen ganz dem Bandenduktus.

Dies alles ist nur, das jedoch ein starkes „nur" ist, die Disposition, in der sich vergrößert der Umschlag von Gemütlichkeit und Brutalität zeigt. Denn *„Gemütlichkeit und Brutalität sind die psychischen Determinanten des*

---

[257] Zur signifikanten Rolle der Geheimgesellschaften im Geschichtsprozess siehe in anderem Zusammenhang und am Beispiel der Freimaurerei Reinhart Koselleck: Kritik und Krise.

[258] Und innerhalb dieser Bande gab es dann eine bruchlose Überleitung von der Jugend- zur Erwachsenenbande. Nebenbei, es ist nicht ohne Witz, wenn einem einfällt, dass sich die Gruppe der Exilanten um Hannah Arendt ausgerechnet als der „Stamm" bezeichnete.

Bandenlebens“.[259] Das Zu- und Abnehmen des Gebrauchs des Begriffs Gemütlichkeit könnte daher ein Hinweis sein auf das Zu- oder Abnehmen solcher Bandenmentalität. Wohlgemerkt, an der Gemütlichkeit ist, wie Heinrich wortgewand festhält, nicht die in ihm ebenfalls vorhandene *„Spießbürgerlichkeit“* das Gefährliche, sondern seine *„Spießgeselligkeit“*.[260] Dass diese Faszination durchaus lebendig ist, macht Heinrich dann kurz an der Analyse einer Werbeaktion aus dem Jahr 1981 deutlich, die mit der „Gemütlichkeit“ wirbt, was zeigt, dass es Heinrich nicht nur um die Zeit von 1933 bis 1945 geht.[261]

Das Wesen der Faszination liegt, wie gesagt, im Bandenversprechen der *„repräsentativen Verbindung von Vital- und Reflexionssubjekt“*,[262] der alte politische Traum der (stabilen) Synthese von Subjekt und Gemeinschaft wird hier geträumt. Es ist das Phantasma einer umweglosen Wunscherfüllung, wie sie die Kunst sich ebenfalls zum Ziel gesetzt hat, und wohl z. T. auch Religion und Philosophie. Nicht der Umweg über die Außenwelt soll zum Ziel des Aufgehens von Subjekt und Objekt ineinander führen, sondern der direkte, im Nu des Sprungs erreichte Zusammenfall. Was aber artistischer Wunsch der Kunst ist, ist der aller Menschen. Auf ihn setzen außer der Bandenmentalität auch andere Phänomene wie die religiöse

---

[259] Heinrich, S. 69

[260] Heinrich, S. 69

[261] Heinrich, S. 69 f. Zu erwähnen wäre, dass es auch die genau gegenteilige Werbung gibt, welche mit dem Phänomen der Aufmerksamkeit, des Sehens von im Alltäglichen Übersehendem spielt. Sogar eine, die man an die oben erwähnte kleine Anekdote zur Rettung eines Käfers durch Heinrich anknüpfen könnte. Gemeint ist die Werbung des Optikers Fielmann über die Rettung eines Regenwurmes. Man mag sogar spekulieren, ob der Autor dieser Werbung ein Heinrichschüler war und im fraglichen Seminar saß.

[262] Heinrich, S. 70

Erlösung, die fernöstlichen Meditationspraktiken[263], das ausgelebte wahre Leben und ähnliches.

Solch Ähnliches findet sich, stellt Heinrich fest, auch in der deutschen Gegenwartsgeschichte schnell. Darunter im Ostteil Deutschlands[264] der Mythos eines das Vitalsubjekt

---

[263] Siehe Heinrichs zweite Studie.

[264] Heinrich verfasste den Text 1984, also noch vor der Wiedervereinigung. Heute bietet sich vielleicht ein anderer Blick, bei dem Peter Furths Analyse der Massendemokratie verhelfen könnte. Bekanntlich überlebte der Kapitalismus und mit ihm seine Theorie (Liberalismus) und, als sein Subjekt und Objekt zugleich, die bürgerliche Gesellschaft, bislang alle Widersprüche und Gefährdungen, überwiegend durch Kaptivation, durch Aneignung und Angleichung. Von den drei Ideologien des 20. Jahrhunderts ist der Liberalismus eindeutig der Sieger geblieben, der dementsprechend seine Geschichte schrieb. Bis heute. Heute aber steht er erneut in der Krise und so sehr auch alle Erfahrung und Wahrscheinlichkeit dafür sprechen, dass er auch diese zu meistern verstehen wird, sicher ist das nicht. Neben den instrumentalen Mittel wie die Kaptivation, Begehrensproduktion usw. war es für Furth, der seinerseits Panajotis Kondylis referiert, insbesondere die Massendemokratie mit der die letzten großen Krisen des Liberalismus bewältigt wurden. Wie Kondylis sieht Peter Furth in ihr den Kompromiss zwischen Liberalismus (des Bürgertums) und Sozialismus (der unteren Schichten) als *„Abschluß der Kämpfe um den Nachlaß der bürgerlichen Revolution"*. (S. 151) Ein Kompromiss in dem beide Klassen oder alle Schichten ihre Ziele vertagten und als Masse, durch Konsum und Partizipation am Güterreichtum einerseits und Bewahrung von gesellschaftlichen und politischen Machthierarchien andererseits, in Gemütlichkeit versanken. So fasst der Begriff „Massendemokratie" für Kondylis und Furth *„das Angleichungs- und Erschöpfungsresultat der sozialen und ideologischen Kämpfe seit dem 18. Jahrhundert, eine Synthese aus den nicht enttäuschten, nicht ruinierten Bestandteilen der drei Ideologien, die in der Nachfolge der bürgerlichen Revolution um die Hegemonie kämpften"*. (Über Massendemokratie (I) S.56f) Vor allem aber bezeichnet er einen Bruch. *„Mit der Massendemokratie haben wir die erste globale Gesellschaftsformation vor uns, die zwar nicht das Ende der Geschichte, wohl aber das Ende der europäischen Neuzeit bedeutet"*. (Über Massendemokratie (II) S. 147) Heute aber scheint diese Saturiertheit der Massendemokratie durch verschiedene Faktoren verloren zu gehen und ein Auseinanderfallen des einst in der Massendemokratie Geklammerten einzusetzen. Einstige Identifikationsmythen wie Abstammung und Religion, Staat und Nation sind, überwiegend glücklicherweise, verlorengegangen und greifen nicht mehr, wo eine Atomisierung des Einzelnen oder von Gruppierungen vorrangig wurde. Wo aber Gemütlichkeit in Frage gestellt wird,

einbeziehenden kollektiven Arbeitsprozesses mit dem Agon der Betriebe (als Arbeitsbanden) im Wettbewerb der Planwirtschaft. Im Westteil eine *„analphabetische Massenpresse"*, [265] die als solche also keineswegs unabhängig

---

setzt Brutalität ein. Stimmt der Befund, so wäre eine höchst dringende Frage, wie dieser zu begegnen ist. Aber ist der Zerfall in seiner Form so eindeutig? Weder Kondylis noch Furth stellen sich die Frage, ob es innerhalb der Massendemokratie nicht zu einer Änderung der Massengestalt kommt, aus einer homogenen (national- oder machtblockgebundenen) eine nicht homogene sondern heterogene Masse wird, die Masse als solche also nicht aufgehoben wäre. Dies wäre aber anderswo zu bedenken.

[265] Heinrich, S. 71.

Fußnotenexkurs 23: Diese Formulierung Heinrichs lässt aufhorchen in heutigen Diskursen über die „Lügenpresse", wobei dies gewiss eine falsche Bezeichnung ist und eher von einer selektierenden und wertenden Tendenzpresse, besser Medienlandschaft zu sprechen wäre, in deren Zentrum die öffentlich-rechtlichen Sendeanstalten und das Medium Fernsehen stehen.

Natürlich liegt es bereits von jeher in der Rolle aller Medien als Nachrichtenträger selektieren zu müssen und damit Tendenzen zu folgen und zu forcieren. Das Problem des Vertrauenszweifels an den Medien brach aber erst auf und endete in kaum rückgängig zu machenden Vertrauensverlust als die Medien sich im Zuge des Andienens an den Neoliberalismus, der das Verhältnis von Politik und Ökonomie, also polis und oikos, endgültig gegenüber dem antiken Verständnis umdrehte, offen gleichschalteten, um ein böses Wort zu benutzen. Dies brach eine der Grundregeln der Formierung moderner Gesellschaften, wie sie Jacques Ellul beschrieben hatte. Die Regel des unauffälligen, unsichtbaren, sublimen und subtilen Agierens, dem auch das Positivum zu verdanken ist, eine Meinungsvielfalt zu präsentieren und Meinungen zu Einzelfragen, Komplexen und Ausrichtungen (innerhalb der herrschenden Ideologie) freizugeben. Die Formierung moderner Gesellschaften besteht ja gerade darin Indoktrination und Meinungsfreiheit zugleich zu sein, was ihre Bewertung so schwer macht und solche Formatierung weder rein zu bejahen noch zu verneinen ist. Auch hier ein Zugleich als Stigma der Moderne. Im Zuge der Einführung des Neoliberalismus fiel dies fort.

Ein auch nur peripherer Blick auf die privaten und im besonderen Maße auf die öffentlich-rechtlichen Sendeanstalten war ein Besorgnis erregender und ist es bis heute, trotz aller Gegenbestrebungen, geblieben. Der vielfach zu hörende Spott über ARD als Allgemeine Redundanz Dichte und ZDF als Zentrum der Finsternis mag überzogen sein, aber er trifft etwas. Der Punkt dabei war und ist neben der immer wieder angemahnten Verflachung und Wandlung zu Sport-, Quiz- und Vorabendseriensendern auf den Hauptkanälen, neben dem offenbaren Umschreiben des Sendeauftrags in die Aufgabe des Erhalts deutscher Filmproduktion und des Krimigenres, neben dem (zu) offensichtlich politisch gewollten Malen eines Bildes der Nation in harmonischen Farbtönen, neben der entstandenen Konkurrenz von Internet und sozialen Medien

(welche ihre eigenen Probleme bergen und mit den herkömmlichen Medien auch in einem oft übersehenden Wechselspiel stehen, bei dem die einen für die Popularität der anderen sorgen und diese dafür von jenen aktuelle Themen erhalten, die aber dennoch neben traditionellen Formen wie Büchern, Vorträgen und anderen Veranstaltungen Medienkritikern wie den ehemaligen Tagesschau-Redakteur Volker Bräutigam, den Medienwissenschaftler Hans Mathias Kepplinger oder den Journalisten Ken Jebsen, um von vielen die vielleicht prominentesten und umstrittensten zu nennen, oder einer oft erstaunlich gut informierten (leider aber ebenso oft auch das Gegenteil) jungen Generation - „Jung und naiv (Politik für Desinteressierte)" wäre ein beredtes Beispiel sowie zahlreiche Blogs ein anderes - Plattformen und Wege boten sich zu artikulieren und ganz neue Wege von Berichterstattung und Informationsmöglichkeiten öffneten; hier liegt Hoffnung)

dass, neben all dem und anderen es nicht die inzwischen geballte, aber auch bemerkte Ausrichtung von Informations- und Politiksendungen,

(Ausnahmen wie die Politmagazine und zuweilen stattfindende Ausstrahlung wichtiger Filmwerke, beide abgedrängt in die Bedeutungslosigkeit von zeitlichen und spartenmäßigen Sendeplänen, bestätigen die Regel, Dokumentationen, die inzwischen den Bildungsauftrag noch am besten abdecken, bleiben historisch und zumeist ohne Gegenwartsbezug, außer vielleicht eine neue Art von Erinnerungskultur einrichten zu wollen)

nicht die Eindimensionalität unter der Oberfläche, die als Tragen des Mythos moderner westlicher Identität stets vorhanden gewesen sein mag, war und ist, die das hinnehmende Vertrauen aufsprengte, sondern dass diese Eindimensionalität, welche nun an die Oberfläche stieg, sich zusammenballte und sichtbar wurde als die Medien unisono sich der Einführung und Einrichtung des Neoliberalismus und dessen Ansprüchen verschrieben. Auch durchgeführte humanitäre Anstriche mochten dies nicht zu ändern - die zudem näher betrachtet keineswegs rein humanitär waren, sondern ebenso ganz im Sinne des Status quo erfolgten. Diese brachen im Gegenteil jetzt sogar neue Problemfelder auf. (Paradigmatisch sicherlich in der Migrationsfrage, die weder humanistisch noch anti-humanistisch in ihren Gründen, Behandlungen und Strukturen zu beantworten ist, zumal sie in verschiedenen Sphären verschiedene Antworten verlangt, was den Zusammenprall der Wahrheitsbehaupter hier besonders heftig macht.) Zusammen mit einer ebenso sich duckenden oder richtenden Kultursphäre wurde diese ungewohnte Eindimensionalität der und in den Medien als ungewohnt wahrgenommen und wie gewohnt auf das übertragen, was sie widerspiegelte, die Gesellschaftsformation. Die Formation der offenen Gesellschaft, um es kurios aber konkret zu sagen, kehrte sich plötzlich gegen diese.

Aber selbst ohne solches Sensorium kostete und kostet der Neoliberalismus, hinter dem wie bei allen Ismen konkret Menschen stehen, man denke an die oben zu findende Bemerkung Colpes, dass Machtdenken immer von Menschen ausgeübt wird, auch wenn es diese als System selbst umfasst, eine so hohe Anzahl an Opfer und riss die soziale Schere so weit auf, dass diese nicht mehr zu schließen und zu übersehen war. Schon gar nicht in medialen Preisung. Die blühenden Zustände ließen sich einfach in zu vielen Teilen der Gesellschaft und ihren Sparten nicht mehr als blühende Zustände ernsthaft verkaufen. Auch daher ist das philosophische „Gegen", die philosophische Irritation, das persönliche unter Schwierigkeiten aufgebrachte „Nein", von dem auch Brecht und Heinrich sprechen, so wichtig. Ebenso wie die Benennung der Akteure der Gegenwart anstatt zum wiederholten Male von Hitler zu sprechen. Eine Benennung der Akteure, die ihrerseits allerdings auch immer in der Gefahr der Denunziation und Steckbriefverfolgung – die „Hexenjagden" der Gegenwart sind kaum zu übersehen, auch in ihrem Ersatzcharakter - schwebt, findet sich ansatzweise bei Hans-Jürgen Jakobs, der dieser Gefahr aber souverän entgeht. Seinem Buch: Wem gehört die Welt? Die Machtverhältnisse im globalen Kapitalismus (München 2016) gelingt es, über die Benennung von Hauptakteuren das Systematische sichtbar werden zu lassen. Wichtig wäre aber darüber nicht zu vergessen, dass diesen Hauptakteuren unzählige Mitakteure auf den verschiedensten Ebenen im Systemverhalten entsprechen. Auch seiner selbst, wenn auch auf der untersten Ebene, sollte man nie zu sicher sein. *„So now I'm home investigatin' myself! Hope I don't find out too much . . . Good God!"*, Bob Dylan. Talkin' John Birch Paranoid Blues. Lyrics 1962 – 2001, S.44)

Die psychischen und sozialen, die ökologischen und infrastrukturellen Folgen des Neoliberalismus hatte schon der Jahrzehnte zuvor in den Diktaturen Südamerikas erfolgte Probelauf gezeigt, der unter der Ägide von, dabei auf Friedrich von Hayeck zurückgreifend, Milton Friedman und seiner Chicagoer Schule durchgeführt wurde. Die fundamentalistische Doktrin mit der Trinität von Privatisierung bei gleichzeitiger Abschaffung der öffentlichen Sphäre, der Deregulierung der Märkte und dem Einschnitt der Sozialausgaben wurden von ihren davon Profitierenden und der erzeugten Schar an Gläubigen entgegen aller katastrophalen Resultate und Folgen für den Großteil der in diesen Ländern lebenden Menschen (sowie Tieren und Umwelt) bis aufs Blut als Wahrheit verteidigt. (Plastisch eindrucksvoll beschrieben von Naomi Klein. Die Schockstrategie. Der Aufstieg des Katastrophenkapitalismus. FfM 2009).

Die Untergötter wie Kürzungen von Sozialleistungen, Privatisierungen öffentlicher Unternehmen, Lohnsenkungen, Steuererleichterungen für Konzerne, Deregulierung des Finanzmarktes und anderes konnten sich gar nicht schnell genug ausbreiten und sollten bald auf die westliche und östliche Welt übergreifen. Allein der Wechsel von der produzierenden Industrie weg, zu einer der Finanzwirtschaft als Träger der Akkumulation gesellschaftlichen Reichtums hin, brachte mit dem (für diesen Sektor) unabsehbare Vermögensanhäufung auch eine (ebenfalls für diesen Sektor) unabsehbare Machtakkumulation mit sich, wie sie bis dahin der Kapitalismus nicht gekannt hatte und die ins Gigantische ragt. Als der Neoliberalismus dann trotzdem bzw. gemäß den Intentionen seiner Propagandisten in den westlichen Industrieländern verstärkt unter der politischen Ägide von Ronald Reagan und George W. Bush jr., unter Margaret Thatcher und Anthony Blair, unter Gerhard Schröder und Angela Merkel, in den östlichen unter Boris Jelzin ein- und weitergeführt wurde, hatte dies dermaßen weitgehende Verarmungsfolgen, dermaßen weitreichende Verfalls- und Ausdünnungsfolgen in Infrastruktur und Versorgungsinstitutionen, dermaßen angstgetriebene Mentalitätsfolgen, dermaßen psychisch-physischen Erschöpfungserscheinungen und vieles mehr zur Folge, Phänomene, die in allen sozialen Schichten zu finden waren, dass am Ende der Instrumentalcharakter der Medien im Mantra der Bejahung zwangsläufig brechen musste und ihre Träger, aber eben auch Unterstützer sichtbar wurden. (Klartext spricht hier Robert Menasse. Die Zerstörung der Welt als Wille und Vorstellung. FfM 2010) Der Wohlfühlcharakter, das gemütlich wohnliche Gelassensein auch noch im kritischen Aufbegehren, der dem Subjekt immerhin Entfaltungsmöglichkeiten bot, war einer Empfindung der Dauerbedrohung und Dauerbelastung gewichen. (Auch von daher mag es solche „Geister" wie Taubes, Furth oder Heinrich im heutigen Akademiebetrieb, deren Fehlen nicht nur Max Glauner bedauert, nicht mehr geben.) Vertrauensinstitutionen wie Politik, Kultur, Medien waren desavouiert und konnten noch nicht einmal mehr ironisch betrachtet werden. Selbst Vertreter dieser Richtungen konnten irgendwann nicht anders als dies einzubekennen, wenn auch verhalten. So Wolfgang Schäuble in seiner Rede während der Karlspreisverleihung in Aachen. *„Und, meine Damen und Herren, das, was wir in diesem 21. Jahrhundert Globalisierung nennen, also die sich beschleunigende Entnationalisierung und Verflechtung ökonomischer, politischer, kultureller Systeme, das bringt neben großen Vorteilen – die darf man auch nicht vergessen – aber es bringt neben großen Vorteilen auch neue Unsicherheiten und neue Verteilungskonflikte mit sich. Proliferation von Massenvernichtungswaffen, Pandemien, Migration, labile Finanzmärkte, knapper werdende Rohstoffe – alles Probleme, die die Möglichkeiten der Nationalstaaten heute überfordern."* (https://www.karlspreis.de/de/preistraeger/wolfgang-schaeuble-2012/) Eine rhetorisch hochinteressante Passage, soll am Ende doch das, was die Probleme schafft diese beseitigen. Auch wird nicht gefragt, wem die Vorteile zufielen und diesen im ersten Satz sogar nicht einmal Nachteile, sondern nur „Unsicherheiten" zur Seite gestellt werden. Aber zumeist entbirgt Sprache sich selbst und wenn Schäuble betont, dass die Vorteile auch nicht vergessen werden dürfen, dann besagt das ja wohl, dass die Nachteile dermaßen gravierend sind, dass dies leicht geschieht. Zudem die Frage, wem kommen die Vorteile zu? Jenseits der wenigen Profiteure – man achte einmal auf die Schere der Reichtumsverteilung – gab es Vorteile noch nicht einmal in dem, was als Surrogat angeboten wurde. Die emotionalen Wirkungen einstiger, vom Mittelstand aufwärts verteilter (materieller) Befriedigungssurrogate konnten auch nicht annähernd adäquat durch angebotene finanzielle Anlagen und technische Produkte ersetzt werden, die nur weiter in Enttäuschungs- und Belastungsspiralen führten, gerade da, wo sie Erleichterungen versprachen. Dies aber kam natürlich auch wieder dem Konsum unter dem Imperativ des „Genieße!" zugute und damit den Profiteuren. Ob dies zum Besten ist, darüber mag man streiten. Daran knüpft auch die bis heute als „Neue Welt" erklärte und vorangetriebene Digitalisierung. Aber der Gedanke drängt sich auf, dass allein die Vorstellung einer besseren „Einrichtung der Welt" durch Technologisierung, aktuell Digitalisierung, wie er von der Digitalindustrie propagiert wird, selbst bereits Ideologie ist. Klaus Heinrichs in einem Gespräch geäußerte Einschätzung der Digitalisierung gibt René Aguigah in seinem Radiobeitrag wieder: *„Die Digitalisierung – als ein mit der Globalisierung verwandtes Phänomen – sei zunächst ein Gewinn an technischen Möglichkeiten. Das Problem bestehe darin, dass diese Möglichkeiten ,zentral werden und sozusagen uns vorgaukeln, die Substanz unserer Humanität zu sein' – auch wenn zukünftige Generationen damit ,vielleicht fertig werden'".* Woher Heinrich diesen Optimismus nahm, den er auch an anderen Stellen immer wieder erkennen ließ, bleibt dem Autor ein Rätsel. Andererseits außer der Verschärfung der Fremd- und Eigenkontrolle sowie der Beschleunigung der Arbeitsprozesse ändert die Digitalisierung an den gesellschaftlichen Strukturen wenig bis nichts. Harald Welzer hat in seinem Buch Die smarte Diktatur darauf hingewiesen, dass die Digitalisierung eine unendliche Zahl an Innovationen mit sich bringe, aber keinerlei gesellschaftlichen Fortschritt darstellt. *„Innovation ist symptomatisch für eine Kultur, in deren Überfluss man verlernt hat, nach Zwecken zu fragen."* (S. 44) So haben die meisten der heutigen (digitalen) Innovationen keinerlei Bezug auf etwas außerhalb von sich selbst, sind reine Selbstreferenzen, die wie Begriffe ohne Inhalt leer und blind bleiben, und zumeist als solche nur überflüssig Ressourcen verbrauchen. *„Innovationen sind trivial, Fortschritt ist es nicht ... Fortschritt ... ist kulturell, er braucht ein Kriterium jenseits der binären Logik"* (S. 222), summiert Welzer. Was also allgemein als Mythos „Fortschritt" heute verkauft wird, ist nichts weiter als Feststampfung des Status quo und seiner Machtverhältnisse. Auch hier ist der Faszinationscharakter, dem Heinrich sein Leben lang nachspürte, als Instrumentarium der Formierung äußerst aktiv und sollte zu bedenken geben.

Sicher jedenfalls ist, in diesem Moment sichtbar werdender Eindimensionalität brach der Vulkan aus und erlebt bis heute immer neue Ausbrüche, in diesem Moment begannen die Risse der Gesellschaften sich signifikant auszubreiten. Die einst flexibel reagierende, bewegliche, sich anpassende, deshalb aber auch erhaltene Kruste war starr geworden und dadurch brüchig. Erneut nach den Katastrophen des 20. Jahrhunderts zeigten und zeigen sich Risse im Firniss der Zivilisation, was immer die Befürchtung Klaus Heinrichs gewesen war. Ein Wiederholungsspiel? Nicht nur an eine solche erstarrte Zivilisation wie sie vor dem I. Weltkrieg bereits schon einmal vorlag, aber auch am Ende des MA, zur Zeit der Renaissance oder der Reformation

und überparteilich agiert und welche im Land den Mythos des stets reflektierenden und kollektiv urteilenden Vitalsubjekts aufbaut. Immer werden Gemeinschaft und Subjekt als Identität gedacht. Unisono pflegten Ost und West die

---

oder gar dem spätrömischen Reich könnte erinnert werden, sondern auch an andere (noch tiefere) Brüche. Welche man heranzieht ist fast beliebig. So kann man nicht nur die Zeitenwende mit Dodds als eine Epoche der Angst verstehen, sondern durchaus auch die unserige. Ob sie ein ebenso gewaltiger Bruch sein wird und wie gewaltig die aus den Rissen des Firniss aufschießenden Eruptionen sein werden, wird sich zeigen. Hoffnungsvoll kann man nicht sein, aber auch nicht hoffnungslos. Vermieden werden aber sollte auf jeden Fall fatal zu sein.

Um zum Thema Medien zurückzukehren. Bei den Medien kam es, wie gesagt, zu einem Vertrauensverlust, der aber auf andere Institutionen übergriff. Dies ist die zweite Quelle, neben dem Wechsel des Weltbildes auf naturwissenschaftlichen wie philosophischen Ebenen zu Beginn des 20. Jahrhunderts, welcher der gegenwärtigen Zeit den Boden unter den Füßen wegzieht. Insbesondere da Niklas Luhmanns pointierte Aussage: „*Was wir über unsere Gesellschaft, ja über die Welt in der wir leben, wissen, wissen wir durch die Massenmedien*" (Die Realität der Massenmedien. Opladen 1996, S. 9) immer noch Gültigkeit besitzt. Dem Zusammenbruch des Weltbildes folgte der seiner Vermittlung. Eng gezogen fällt all dies dann auch mit dem oben beschriebenen gesellschaftlichen Identitätsverlust durch die Auflösung der Identitätsmythen zusammen. Ob die Sendeanstalten Vertrauen zurückgewinnen können oder auch nur sollten, ist schwer zu sagen. Dass sie es aus sich selbst vermögen scheint beinahe unmöglich, zumindest deutet nichts darauf hin und so bleibt auch hier ein „Zentrum" der „Finsternis", in das hineinzuspringen man vermeiden sollte.

Nebenbei, dass Heinrich, wie Harry Nutt in seinem Nachruf Unsere Zeit verstehen: Zum Tod des Religionswissenschaftlers Klaus Heinrich Information Philosophie (information-philosophie.de/?a=1&t=9175&n=2) erwähnt, weder Fernseher noch Computer besaß, könnte seine Gründe haben. Klaus Heinrich spürte den Faszinationscharakter des Digitalen, der „*wie beim Grundschulkind*" derzeit bei dessen Anwendern glänzende Augen über das „*mit dem, womit man da spielen kann*" erzeugt. Sein eigenes Verhältnis den „*digitalen Spielzeugen*" hielt er im Gespräch mit René Aguigah fest: „*Wären sie erwachsenere, würde ich sie wahrscheinlich nutzen. Und wären sie bewusst kindlich, würde ich wahrscheinlich auch mit ihnen spielen.*" Der Glaube durch sie zur Weltverbesserung beizutragen ist Schulkinderglaube. Aber ist nicht auch dies zweischneidig, wie der zweite Teil des letzten Satzes von Heinrich anklingen lässt? Heinrich selbst scherzte einmal über Karl Löwith, dass dieser als Geschichtsphilosoph sich wohl geweigert hätte Zeitung zu lesen und damit von der Gegenwartsgeschichte abschnitt. Besteht da nicht doch eine Ähnlichkeit?

Bandenmentalität, ihr Dasein als Vital- und Reflexionssubjekt, dann in den Urlaubszügen, vielleicht besser Urlaubsumzügen, *„zur schönsten Zeit des Jahres"*.[266] Etwas, was bis heute gleich geblieben ist. Peter Furth bemerkte bitter: *„Der Massentourismus ... vereint die ehemals feindseligen Massen."* Um dem Bandenwesen und seiner Mentalität nun beizukommen bedarf es der Erkenntnis von deren Faszinationswirkung. Und um dieses zu erfassen muss das kollektive Bedürfnis erkannt werden, dem sie entspringt.[267]

---

[266] Über Massendemokratie (II). In: Massendemokratie. S. 151

[267] Ein erster Schritt diese Bedürfnisse nicht *„potentiell-mörderische(n) Formen"* von Heilsversprechen, gar solchen mit Wahrheitsanspruch, zu überlassen, hat für Heinrich damit verbunden zu sein, eine *„Neuformulierung von Arbeitsprozessen"* (S. 72), d.h. deren Abläufe, Wertschöpfungsprozesse wie deren Wertungen, zu finden. Dies gilt auch in Zeiten des Neoliberalismus, vielleicht eher mehr als weniger. Es geht in allen drei Texten darum, die Faszination an etwas zu erklären, auf das Bedürfnis zu kommen, welches diese ihre Wirkungsmacht entfalten lässt, um so über den Eingriff auf die diese Bedürfnisse schaffenden Umstände (und deren Mentalitätsprodukte wie Angst und Enttäuschung, aber auch Sinn- und Lustentleerung) auf jene zu wirken und damit der Faszination etwas von ihrer Macht zu nehmen, eine Macht, die im Ausschalten des je eigenen Denkens, der Vernunft zugunsten einer Hinnahme von Vorgegebenen (und dessen Verteidigung als Wahrheit), der Auflösung des Selbst besteht, ohne allerdings diese Macht als Möglichkeit des Lustgewinns ganz auszuschalten. Eine Wahrheits-doxa wäre durch eine Möglichkeits-doxa zu ersetzen, dem schlechten Status quo seine wahrheitsorientierte, postulierende Faszination (die nur vorgaukelt diesem zu entgehen) wegzunehmen, seine Begriffe zu entwenden, um diese als möglichkeitsorientierte, argumentative zu verwenden. Und all dies hätte ein Unternehmen des Eros, der Lust zu sein. Goethes *„nemo contra deum nisi deus ipse"* (*„Nur [ein] Gott gegen [einen] Gott)"*, aus Dichtung und Wahrheit, das die große Auseinandersetzung zwischen Hans Blumenberg und Carl Schmitt durchzog und sich in Heideggers titelgebende Aussage aus dem Spiegelinterview *„Nur ein Gott kann uns noch retten"* wiederspiegelt, könnte man umschreiben, dahin dass nur eine Faszination gegen die Faszination bestehen könnte. Erst dies, um ein schlechtes Bild zu gebrauchen, könnte vielleicht den Kreis der Identitätsfindung schließen und die Vernunft, in einem Zusammen von Vernunft und Empfindung (Lust und Mitleid), zu sich selbst bringen. Vielleicht. Wie gesagt, Sokrates trinkt, ist aber nicht trunken.

Dies könnte sich aber als unabschließbare Aufgabe erweisen. Vorsicht beim Auftauchen des Begriffs Gemütlichkeit ist daher allemal angebracht.

Nachbemerkung

Leser, wenn es denn solche gegeben hat, die sich der Mühe unterzogen den in der Ekstase der Fußnoten festgehaltenen Gedanken zu folgen, wird neben anderen vermutlich des Öfteren der Stoßseufzer entfahren sein: Wo führt das nun wieder hin? Zu Recht. Und unter normalen Umständen wäre dies sicherlich auch eher abträglich als einem Buch nützlich. Hier jedoch ging es um Notizen, d.h. kurz festgehaltene Assoziationen und Gedankengänge, die sich nach dem Lesen des Heinrich Textes einstellten und beim nächsten Lesen vielleicht sonst vergessen oder von anderen Assoziationen abgelöst oder ergänzt werden. Solcher, da ist sich der Autor sicher, denn der Text Heinrichs ist reich, wird es noch viele geben, wie der Leser an sich selbst und seinen eigenen vermutlich schon längst bemerkt hat. *„Fast jeder Einfall Heinrichs ist ein Sprung über Grenzen, jedes Gespräch mit ihm ein Ausflug in ein unvermessenes Land – auch für ihn selber"*, wie Eike Gebhardt trefflich bemerkt hat und weiter von den atemberaubenden Assoziationsketten schon auf den ersten Schritten des gemeinsamen Spaziergangs spricht. Ähnlich hier. Es handelt sich also um Notizen über Notizen, was zunächst als Notizen zu den Notizen Heinrichs zu verstehen ist, dann aber auch als Notizenstapel, da sich beim Lesen Notizen über Notizen häufen, Stationen, die man im unvermessenen Land ansteuerte. Das wird dem Leser nicht anders gehen, der seinerseits die vorliegenden sicherlich um ein vielfaches ergänzen könnte. Geschieht dies, so entspricht dies der einen in der Vorbemerkung angesprochenen Hoffnung des Buches. Auch wurde versucht möglichst viele Hinweise darauf zu geben, wo ein entsprechender Gedanke ebenfalls angelegt ist oder Unterstützung bekommen könnte, so dass dem Leser bei Interesse die Quelle schnell zugänglich sein sollte. Dennoch besteht natürlich das gute Recht, Notizen nur zu überfliegen oder einfach beiseite zu legen, nur

221

hier und da aufzunehmen und sich auf den Haupttext (die Hauptnotiz) zu konzentrieren.

Dass in diesen Notizen über Notizen auch der eine oder andere Gedanken und die eine oder andere Einschätzung einer Problematik angesprochen wird, die Empörung u.ä. hervorrufen mag, verantwortet der Autor natürlich ganz allein. Er ist aber in der glücklichen Lage, dass ihm dies vom Alter (und d.h. auch soziale Gebundenheit) wenig Kopfzerbrechen bereitet, er in manchem sogar wünschte, solange dies argumentativ geschieht, eines Besseren belehrt zu werden, in anderem aber dies selbst vielleicht getan, zumindest angeregt zu haben. Fast jede derartige Stelle im Text - es gibt Ausnahmen, wie z.B. den Respekt vor jeglicher Form des Lebens - ist also als Vorschlag, als Möglichkeit, als doxa zu verstehen, nicht mehr, aber auch nicht weniger.